Aktuelle und klassische Sozial- und KulturwissenschaftlerInnen

Reihe herausgegeben von
Stephan Moebius, Institut für Soziologie, Karl-Franzens-Universität Graz, Graz, Österreich

Die von Stephan Moebius herausgegebene Reihe zu Kultur- und Sozialwissenschaftler*innen der Gegenwart ist für all jene verfasst, die sich über gegenwärtig diskutierte, zuweilen auch fast vergessene, herausragende Autor*innen auf den Gebieten der Kultur- und Sozialwissenschaften kompetent informieren möchten. Die einzelnen Bände dienen der Einführung und besseren Orientierung in das aktuelle, sich rasch wandelnde und immer unübersichtlicher werdende Feld der Kultur- und Sozialwissenschaften.

Verständlich geschrieben, übersichtlich gestaltet – für Leser*innen, die auf dem neusten Stand bleiben möchten.

Marian Pradella

Zur Aktualität von Zygmunt Bauman

Einführung in sein Werk

Marian Pradella
Universität Siegen, Seminar für Sozialwissenschaften
Siegen, Deutschland

ISSN 2625-9389   ISSN 2625-9397 (electronic)
Aktuelle und klassische Sozial- und KulturwissenschaftlerInnen
ISBN 978-3-658-46092-1   ISBN 978-3-658-46093-8 (eBook)
https://doi.org/10.1007/978-3-658-46093-8

Die Deutsche Nationalbibliothek verzeichnet diese Publikation in der Deutschen Nationalbibliografie; detaillierte bibliografische Daten sind im Internet über https://portal.dnb.de abrufbar.

© Der/die Herausgeber bzw. der/die Autor(en), exklusiv lizenziert an Springer Fachmedien Wiesbaden GmbH, ein Teil von Springer Nature 2024

Das Werk einschließlich aller seiner Teile ist urheberrechtlich geschützt. Jede Verwertung, die nicht ausdrücklich vom Urheberrechtsgesetz zugelassen ist, bedarf der vorherigen Zustimmung des Verlags. Das gilt insbesondere für Vervielfältigungen, Bearbeitungen, Übersetzungen, Mikroverfilmungen und die Einspeicherung und Verarbeitung in elektronischen Systemen.
Die Wiedergabe von allgemein beschreibenden Bezeichnungen, Marken, Unternehmensnamen etc. in diesem Werk bedeutet nicht, dass diese frei durch jede Person benutzt werden dürfen. Die Berechtigung zur Benutzung unterliegt, auch ohne gesonderten Hinweis hierzu, den Regeln des Markenrechts. Die Rechte des/der jeweiligen Zeicheninhaber*in sind zu beachten.
Der Verlag, die Autor*innen und die Herausgeber*innen gehen davon aus, dass die Angaben und Informationen in diesem Werk zum Zeitpunkt der Veröffentlichung vollständig und korrekt sind. Weder der Verlag noch die Autor*innen oder die Herausgeber*innen übernehmen, ausdrücklich oder implizit, Gewähr für den Inhalt des Werkes, etwaige Fehler oder Äußerungen. Der Verlag bleibt im Hinblick auf geografische Zuordnungen und Gebietsbezeichnungen in veröffentlichten Karten und Institutionsadressen neutral.

© Mirco Toniolo/ROPI/picture-alliance

Planung/Lektorat: Cori Antonia Mackrodt
Springer VS ist ein Imprint der eingetragenen Gesellschaft Springer Fachmedien Wiesbaden GmbH und ist ein Teil von Springer Nature.
Die Anschrift der Gesellschaft ist: Abraham-Lincoln-Str. 46, 65189 Wiesbaden, Germany

Wenn Sie dieses Produkt entsorgen, geben Sie das Papier bitte zum Recycling.

Inhaltsverzeichnis

1 **Einleitung**.. 1
   1.1 Intention und Zielstellung 3
   1.2 Aufbau des Buches 6

2 **Bauman im Kontext: Leben und Zeitgeschichte** 9

3 **Auf dem Weg zu einer Semiotischen Kulturtheorie**............. 17
   3.1 Ambiguität & Kulturelle Ordnungen........................ 19
   3.2 Die Kulturtheorie als soziologischer Wegbereiter.............. 24

4 **Sozialismus: Utopien und Realitäten** 29
   4.1 Utopischer Sozialismus und seine Bewahrung 31
   4.2 Jenseits der Klassen..................................... 35
   4.3 In Richtung eines Postmarxismus? 39

5 **Die Funktion, die Aufgaben und die Möglichkeiten der Soziologie**... 43
   5.1 Soziologie als Kritische Wissenschaft....................... 44
   5.2 Hermeneutik in der soziologischen Forschung 48
   5.3 Soziologie für die Gesellschaft: Der Beitrag zur Alltagswelt 51
   5.4 Die Grenzen und Möglichkeiten von Baumans
        Soziologieverständnis 54

6 **„Die" Moderne und ihre Transformation**...................... 59
   6.1 Die Intellektuellen und die Gesellschaft 60
   6.2 Der Holocaust: Ein soziologischer Blick..................... 64
   6.3 Ambivalenzen der Moderne................................ 70
   6.4 Die Baumansche Trilogie: Ein Fazit 76

7	**Postmoderne: Ethik, Lebensstrategien und Kritik**	81
	7.1 Moralität statt Ethik in der Postmoderne	82
	7.2 Postmoderne Strategien des Lebens und der Soziologie	89
	7.3 Die Postmoderne Konsumgesellschaft	98
	7.4 Postmoderne: Eine kritische Reflexion	104
8	**Dynamiken der Flüchtigen Moderne**	111
	8.1 Der Wandel der Politik	114
	8.2 Flüchtige Zwischenmenschlichkeit	120
	8.3 Gemeinschaft in der flüchtigen Moderne	125
	8.4 Flucht und Migration	131
	8.5 Kritische Betrachtungen und zeitgenössische Relevanz	135
9	**Resümee**	143
	Literatur	149

Einleitung 1

Der im Jahr 2017 im Alter von 91 Jahren verstorbene Zygmunt Bauman kann bereits heute als junger Klassiker der soziologischen Disziplin gelten, der während seines langjährigen Schaffens beständig angestrebt hat, gegenwärtige gesellschaftliche Problemlagen offenzulegen. Seine herausragenden Beiträge, darunter „Modernity and the Holocaust" (1989), das mit dem Europäischen Amalfi-Preis für Soziologie und Sozialwissenschaften ausgezeichnet wurde, sowie „Liquid Modernity" (2000), bleiben bis heute in den Sozialwissenschaften als wichtige Ideenquellen präsent. Insbesondere durch seine zeitdiagnostischen Werke, die sich mit dem Wandel der soziokulturellen Makroformation „Moderne" auseinandersetzen, erlangte er auch weit über die Grenzen der Soziologie hinaus Bekanntheit und Anerkennung. Im Spätherbst seiner akademischen Laufbahn avancierte Bauman zudem zu einem einflussreichen *public intellectual*, was etwa seine Artikel für das journalistische Online-Portal „Social Europe", diverse Interviews in renommierten Zeitungen wie „Die Zeit" oder der „Süddeutschen" sowie sein Auftritt bei der „re:publica" im Jahr 2015 in Berlin belegen.

Überraschenderweise findet im deutschsprachigen Raum dennoch weiterhin nur selten eine explizite Auseinandersetzung mit Baumans überaus umfangreichen Lebenswerk statt. Die Beschäftigung mit seinen Werken beschränkt sich häufig auf eine Auswahl weniger Titel und auch in universitären Einführungskursen und -texten zur Soziologie wird Baumans Denken eher am Rande behandelt. Eine mögliche Erklärung hierfür könnte sein, dass das Werk schwerlich einer spezifischen soziologischen Strömung oder Subdisziplin zugeordnet werden kann, noch lässt Bauman sich als Begründer einer eigenen soziologischen Schule vorstellen. Im Unterschied zu anderen „Klassikern" der Soziologie hat Bauman nie angestrebt, eine umfassende Gesellschaftstheorie zu entwickeln und seine

Anknüpfungspunkte innerhalb der soziologischen Disziplin sind überaus vielfältig, erscheinen mitunter nahezu diffus. So weist Bauman in einer programmatischen Aussage dann auch selbst jegliche Versuche der Kategorisierung oder Eingrenzung seines Denkens zurück: Er habe „keinerlei Sinn für den Streit zwischen den Schulen, bei dem man etwa behauptet, Strukturalismus sei besser als Funktionalismus oder Funktionalismus sei besser als Phänomenologie usw. Ich befrage die Ansätze danach, was sie mir an Interessantem zu bieten haben und ich benutze das, was mir zum Verständnis von sozialen Prozessen weiterhilft" (Bauman/Bardmann 1997: 126). In Übereinstimmung mit diesem Selbstverständnis präsentieren sich auch die in der Sekundärliteratur identifizierten zentralen wissenschaftlichen Einflüsse auf Bauman als bemerkenswert heterogen. Abhängig von der jeweiligen Schaffensphase Baumans werden verschiedenste Denker als bedeutende Einflüsse auf sein Werk identifiziert. Zu diesen zählen unter anderem Julian Hochfeld, Stanisław Ossowski, Georg Simmel, Karl Marx, Antonio Gramsci, Jürgen Habermas, Karl Mannheim, Jacques Derrida, Michel Foucault, Theodor W. Adorno, Anthony Giddens, Emmanuel Lévinas und Claude Levi-Strauss (Smith 1999: 27 ff., Beilharz 2000: 49 f., Tester 2004: 14, 34 ff., Junge/Kron 2014a: 6 ff., Best 2020: 21). Obwohl Baumans Denken durch die Einflüsse dieser namhaften Persönlichkeiten geprägt ist, greift es immer noch zu kurz, ihn auf deren Denkrichtungen zu reduzieren. Darüber hinaus sind in seinem Werk wiederholt auch literarische Einflüsse erkennbar, beispielsweise von Milan Kundera, Franz Kafka, Robert Musil oder Jorge Luis Borges. In Anbetracht dieser interdisziplinären Vielfalt wird Bauman oft nicht lediglich als Soziologe betrachtet, sondern auch als Sozialphilosoph und -psychologe, als eine Art Sozialist oder gar als ein meisterhafter „Geschichtenerzähler" und „Lebensberater" (Smith 1999: 5, Blackshaw 2016: 8, Reese-Schäfer 2020: 70).

Bauman erscheint vor diesem Hintergrund als ein Denker, der sich kontinuierlich Versuchen der Kategorisierung entzieht und vor diesen mitunter bewusst zurückweicht. Kastner merkt an, dass sich Baumans Werk „kohärenter und konsistenter Theoriebildung widersetzt" und Baumans langjähriger Freund und Wegbegleiter Tester fügt bestätigend hinzu, dass „there is something about Bauman's work that means that it seems to escape all classification" (Kastner 2000: 12, Tester 2004: 16). Ein markantes Beispiel für dieses Entziehen von Kategorisierungen betrifft Baumans Auseinandersetzung mit der soziokulturellen Makroformation „Moderne". Ab den 1990er Jahren gilt Bauman zunehmend als Vertreter und Wegbereiter der Postmoderne, als ein Pionier in der soziologischen Ergründung dieser vermeintlich „neuen" soziohistorischen Epoche. Anthony Giddens etwa bezeichnet Bauman zu diesem Zeitpunkt als *den* Soziologen der Postmoderne, vergleichbar mit der Bedeutung Jean-François Lyotards für die Philosophie (Bauman 1995: Cover). Doch gerade als Bauman eine feste Position im soziologischen Diskurs zu finden scheint, distanziert er sich entschieden davon und überschreitet diese erneut. Mit der Veröffentlichung von „Liquid Modernity" im Jahr 2000 lässt Bauman den Begriff der Postmoderne endgültig hinter sich und wendet sich abermals neuen Beschreibungsformen zu.

1.1 Intention und Zielstellung

Vor diesem Hintergrund werden die Herausforderungen einer systematischen Aufarbeitung von Baumans Werk deutlich. Neben der scheinbaren Unklassifizierbarkeit seines Werkes kommt erschwerend hinzu, dass sich die Schaffensphase Baumans über mehr als sechs Jahrzehnte erstreckt, wobei eine quantitativ kaum noch überschaubare Vielzahl an Publikationen vorliegt: Es existieren über 50 Monografien, hunderte von Fachartikeln, eine Vielzahl an Interviewbänden und diverse journalistische Texte. Hierbei wird eine überaus vielfältige und breite Palette an Themen behandelt, die von Fragen der Arbeiterklasse und Kulturtheorie über die Auseinandersetzung mit dem Holocaust und der Entwicklung einer ethischen Perspektive bis hin zur Analyse des Wandels der soziokulturellen Makroformation „Moderne" (Moderne, Postmoderne, Flüchtige Moderne) reichen. Zwar bedeutet dies nicht, dass innerhalb des Baumanschen Werkes keinerlei Kontinuitäten existieren würden, allerdings weisen seine Schriften oftmals keine spezifische Systematik auf und so entfalten selbst zeitlich nah beieinanderliegende Publikationen mitunter sehr unterschiedliche Perspektiven. Insbesondere Baumans Spätwerk ist zudem von einer Vielzahl von Wiederholungen geprägt, wobei oftmals bestimmte Ideen, Metaphern oder Formulierungen in unterschiedlichen Büchern und Kontexten erneute Verwendung finden.

Angesichts der enormen Anzahl an Veröffentlichungen und der breiten thematischen Streuung kann dieses Buch nicht den Anspruch erheben, alle Facetten von Baumans Denken vollständig zu beleuchten. Das Hauptziel ist es dennoch, einer deutschsprachigen Leserschaft einen umfassenden Einstieg in das Denken Baumans zu ermöglichen. Während im englischsprachigen Raum Baumans Werk eine deutlich intensivere Rezeption erfährt und insbesondere auch in den Jahren nach seinem Tod zahlreiche ihm gewidmete Neuerscheinungen zu verzeichnen sind, existiert im deutschsprachigen Raum bislang lediglich eine monographisches Schrift, die eine systematische Aufarbeitung von Baumans Gesamtwerk anstrebt (Junge 2006). Diese Publikation nähert sich allerdings ihrem zwanzigsten Jubiläum und konnte aufgrund ihres Erscheinungsdatums viele nach 2005 veröffentlichte Bücher Baumans nicht mehr berücksichtigen. Darüber hinaus existieren zwar einige weitere Sammelbände und Studien, die sich jedoch zumeist nur auf spezifische Teilbereiche von Baumans Denken konzentrieren (Kastner 2000, Kron 2001, Junge/Kron 2014b, Platt 2020). In einem der seltenen neueren deutschsprachigen Werke über Bauman wird zwar angenommen, dass „im vorliegenden Band kaum ein Aspekt des Werks dieses bedeutenden britisch-polnischen Soziologen unausgeleuchtet geblieben sein dürfte" (Knöbl 2020: 22). Jedoch konzentriert sich auch diese Publikation – wie meistens im Fall von Bauman – hauptsächlich auf seine Betrachtungen „der" Moderne, wohingegen eine eingehende Beschäftigung mit der gesamten Entwicklung seines Werkes nur begrenzt stattfindet.

Die häufige Konzentration auf Baumans Spätwerk führt jedoch dazu, dass wesentliche Grundlagen seines Denkens unberücksichtigt bleiben, die für ein umfassendes Verständnis seines Gesamtwerks jedoch als essentiell gelten müssen. So betont der britische Bauman-Experte Tester, dass „it is necessary *as a minimum* to be aware of the work from the 1970 s in order to develop an appropriate interpretation and understanding of any given [Bauman] text" (Tester 2018: 115). An dieser Minimalforderung orientiert sich das vorliegende Werk und beschäftigt sich damit explizit nicht nur mit den bekannteren, späteren Schriften. Die Ausrichtung an dieser Minimalforderung führt gleichzeitig jedoch dazu, dass sich das Buch hauptsächlich auf die sogenannte „britische Periode" Baumans konzentriert. Bauman emigriert im Jahr 1968 aus Polen und nimmt 1971 einen Ruf auf einen Lehrstuhl für Soziologie an der Universität Leeds an. Während seiner „polnischen Periode" beschäftigte sich Bauman vorrangig mit der polnischen Gesellschaft im Spezifischen, dem Marxismus und der Arbeiterbewegung. Einige dieser frühen Werke werden im Rahmen dieses Buches an verschiedenen Stellen erwähnt, allerdings erfolgt keine detaillierte Aufschlüsselung. Die besagten Themen werden Bauman bis zu seinem Lebensende zwar nie vollständig verlassen, diese frühen Schriften liegen zumeist jedoch ausschließlich in polnischer Sprache vor und, entscheidender, blieben mit Blick auf die zeitgenössische Soziologie insgesamt wenig einflussreich. Wenngleich die Berücksichtigung einiger dieser Werke dennoch hilfreich ist, um die Entwicklung des Baumanschen Denkens nachzuvollziehen, begründet sich die Aktualität Baumans letztendlich durch jene Schriften, die *nach* seiner Emigration aus Polen entstehen und vor allem durch jene, die ab den 1980er Jahren sowie *nach* seiner Pensionierung im Jahr 1990 veröffentlicht werden.

Bauman selbst betont, dass zwei zentrale Themen sein akademisches Werk durchweg prägen. Zum einen die Konzentration auf das Leiden der Unterdrückten im Allgemeinen, insbesondere jedoch der Arbeiterklasse. Zum anderen die intensive

1.1 Intention und Zielstellung

Beschäftigung mit der Thematik der Kultur (Bauman 1992a: 206). Tatsächlich wird sich auch im Zuge dieses Einleitungswerks zeigen, dass beide Themen in unterschiedlichsten Kontexten immer wieder Zentralität erlangen. Während, wie Kap. 2 zeigen wird, Bauman in seinen frühen Jahren fest im sozialistischen Gedankengut verwurzelt ist, macht der Blick auf das Gesamtwerk deutlich, dass Exklusionsprozesse für Bauman mitnichten zwingend oder ausschließlich mit ökonomischen Faktoren zusammenhängen. Wie Beilharz vorschlägt, erscheint es sogar generell vielversprechender, einer stärker „kulturalistischen" Linie des Denkens Baumans zu folgen:

> For Bauman – and I think this is true across the extent of his work – the Weberian sensitivity to exclusion outpaces the conventional marxist concern with the figure of the proletarian and his exploitation. Bauman has understood all along that there is one fate worse than exploitation, and it is not being exploited, but being subject to economic and psychological exclusion instead. Outsiders, that is to say, are always likely to head up the queue of potential victims (Beilharz 2000: 14).

Bereits in den frühen 1970er Jahren wird Baumans Fokus auf die Dimension der Kultur und seine Zuwendung zu semiotischen Theorien offenbaren, dass er sich frühzeitig von einem orthodox-marxistischen Ansatz distanziert (Kap. 3). Diese Entwicklung impliziert jedoch keineswegs sein Desinteresse an der fortwährenden Problematik gesellschaftlicher Randgruppen und Ausgegrenzter. Dies wird insbesondere durch die Figur des „Fremden", die sich wie ein roter Faden durch Baumans gesamtes Werk zieht, bekräftigt.

Das vorliegende Einleitungswerk strebt an, sowohl die Werksentwicklung als auch Schlüsselthemen, Konzepte und Argumentationen in Baumans Œuvre offenzulegen. Ziel des Buches ist es damit, einen umfassenden Überblick über Baumans umfangreiches Schaffen zu bieten. Indem die Kernelemente seines Werkes herausgearbeitet werden, wendet sich das Buch einerseits an jene, die mit den Schriften von Bauman überhaupt das erste Mal in Kontakt treten. Andererseits soll es durch die Offenlegung der Werksentwicklung sowie den Blick auf unbekanntere Werke auch jenen einen Mehrwert bieten, die mit den Grundzügen des Baumanschen Denkens bereits vertraut sind. Es ist jedoch zu beachten, dass dieses Buch unmöglich einen Anspruch auf Vollständigkeit erheben kann. Angesichts der äußerst umfangreichen Publikationstätigkeit Baumans ist eine gleichmäßig intensive Behandlung aller seiner Werke nicht möglich und einige werden nur am Rande thematisiert oder finden insgesamt keine Erwähnung. Darüber hinaus erfordert Baumans von Metaphern und Bildsprache geprägter essayistischer Stil ohnehin eine Offenheit für unterschiedliche Interpretationen: „Reading

Bauman is conditioned by the conditions in which one reads him. The meanings of his works change depending on the direction from which the reader approaches them" (Palmer 2023: 166). Dementsprechend kann nicht davon ausgegangen werden, dass in diesem Buch eine einzig „richtige" Interpretation seiner Werke geliefert wird und es ersetzt keinesfalls die Lektüre der Originaltexte. Nichtsdestotrotz wird der Anspruch erhoben, eine Orientierungshilfe in Baumans vielschichtigem Werk zu bieten, indem die Hauptlinien seines Schaffens sowie zentrale Fragen und Begriffe herausgestellt werden.

Im Folgenden werden Baumans Werke ausschließlich in ihren englischsprachigen Originalfassungen zitiert. Dies soll einerseits der Konsistenz dieser Einführung dienen, denn Baumans Schriften liegen überhaupt erst ab den 1990er Jahren in deutschen Übersetzungen vor und bis heute wurden auch nicht alle späteren Werke, etwa diejenigen im Kontext der „flüchtigen" Moderne, ins Deutsche übertragen. Anderseits ermöglicht dies, Baumans Originalton zu vermitteln, der durch Übersetzungen möglicherweise nicht in seiner vollen Tiefe und Nuancierung wiedergegeben werden kann. Abschließend soll darauf verwiesen werden, dass das vorliegende Einleitungswerk nicht lediglich Baumans Schaffen selbst betrachtet und die Relevanz seiner Schriften in der Gegenwart hinterfragt, sondern es wird auch ein kritischer Diskurs geführt, der mögliche Lücken und Kritikpunkte in seinem Werk beleuchtet. Wenngleich Bauman ohne Zweifel das Verdienst zugeschrieben werden kann, als wichtiger Ideengeber in der Soziologie – und darüber hinaus – zu fungieren, bleibt eine kritische Auseinandersetzung mit seinem Werk unerlässlich.

1.2 Aufbau des Buches

Der Aufbau des Buches gliedert sich in neun Kapitel. Nach dieser Einleitung widmet sich Kap. 2 zunächst dem außergewöhnlichen biografischen Werdegang Baumans, wobei in diesem Kontext Baumans wissenschaftliche Karriere innerhalb der sogenannten „polnischen Periode" Berücksichtigung findet. Anschließend konzentriert sich Kap. 3 auf jene Phase des Werks, die den Übergang zwischen polnischer und britischer Schaffenszeit markiert. Hier wird ein erster zentraler Aspekt des Baumanschen Werkes fokussiert: die Dimension der Kultur. Im Gegensatz zu den späteren, stärker essayistisch geprägten, Arbeiten offenbart diese Schaffensperiode eine kulturtheoretische Ausrichtung, die an semiotische und strukturalistische Strömungen der 1960er Jahre anknüpft, wobei sich Ferdinand de Saussure und Claude Lévi-Strauss als wesentliche Referenzpunkte erweisen. In einer Betrachtung seines Gesamtwerkes werden diese Schriften der späten

1.2 Aufbau des Buches

1960er und frühen 1970er Jahren oftmals übersehen, allerdings bieten genau diese einen Schlüssel, der auch zu einem Verständnis und einer Einordnung des deutlich späteren Werks über „die" Moderne beitragen kann. So treten hier etwa erstmals Fragen der Ordnungsbildung sowie die Figur des „Fremden" in Erscheinung und auch der eingeführte Begriff der Praxis wird für Bauman bleibende Relevanz besitzen.

In den nachfolgenden Kapiteln richtet sich der Fokus auf Baumans Schaffensperiode von den mittleren 1970er bis zum Beginn der 1990er Jahre. Deutlich wird einerseits in Kap. 4 das bleibende Interesse Baumans an der Frage der Arbeiterklasse und dem Sozialismus nach seiner Emigration aus Polen. Bauman löst sich allerdings von einer marxistischen Perspektive, die primär auf ökonomische Prozesse fokussiert ist, und nimmt in diesem Zuge auch Abstand von positivistischen Erklärungsansätzen. Stattdessen strebt er eine Revision des marxistischen Projekts an, mit einem verstärkten Fokus auf den humanistischen Elementen des jungen Marx. Zudem werden Verknüpfungen zu Baumans Kulturtheorie skizziert und es erfolgt eine Gegenüberstellung vom Sozialismus als Realität und Utopie. Andererseits und hieran anschließend beleuchtet Kap. 5 Baumans Perspektive auf die Rolle und die Aufgaben der Soziologie als Disziplin, wodurch sein ihn prägendes wissenschaftliches Selbstverständnis verdeutlicht wird. Diese Analyse zeigt auf, wie Bauman die Soziologie nicht nur als akademisches Feld betrachtet, sondern auch als ein Werkzeug, das auch dem „gewöhnlichen" Menschen dazu dienen kann, gesellschaftliche Strukturen und Dynamiken zu verstehen und kritisch zu hinterfragen.

Das folgende Kap. 6 wendet sich erstmals jenem Thema zu, das für Baumans Bekanntheit und Aktualität entscheidend sein wird: Die Analyse des Wandels der soziokulturellen Makroformation „Moderne". Durch die eingehende Untersuchung seiner Werke „Legislators and Interpreters" (1987), „Modernity and the Holocaust" (1989) sowie „Modernity and Ambivalence" (1991) werden zunächst Baumans spezifische Auffassungen der Moderne dargelegt und die Fragen nach deren Transformation fokussiert. Das darauf folgende Kap. 7 konzentriert sich sodann auf Baumans „postmodernes Werk" aus den 1990er Jahren, beginnend mit der Inblicknahme einer eigenständigen ethischen Perspektive, die Bauman in „Postmodern Ethics" (1993) entfaltet. Weiterhin wird in diesem Kapitel das Verhältnis zwischen Moderne und Postmoderne beleuchtet, Baumans Definition dieser „neuen" Epoche sowie die in ihr aufsteigenden Lebensformen und Lebensstrategien der Individuen.

Mit der Veröffentlichung von „Liquid Modernity" (2000) verabschiedet Bauman den Begriff der „Postmoderne" gänzlich und sein Fokus verschiebt sich auf eine Diagnose der „Flüchtigkeit" der Gegenwart. Kap. 8 hinterfragt zunächst die

Gründe dieses Wechsels in der Terminologie und beleuchtet anschließend die sich wesentlich verändernde Rolle der Politik sowie die weiteren Auswirkungen dieser „neuen" Moderne auf das Individuum, unter anderem im Kontext von Partnerschaft und Sexualität. Die Rekonstruktion des Baumanschen Werkes abschließend, werden hier auch die jüngsten Schriften Baumans fokussiert, die sich vor allem mit den Themen Migration, Nationalismus und (Rechts-)Populismus auseinandersetzen. Das abschließende Kap. 9 zieht ein zusammenfassendes Fazit und reflektiert die fortwährende Relevanz der Baumanschen Soziologie in der Gegenwart.

Die Kapitel dieses Buches folgen jeweils einer ähnlichen Struktur, die die Orientierung im Text erleichtern soll. Anfangs werden die Schlüsselwerke und Hauptthemen der jeweiligen Schaffensperiode Baumans erörtert. Darauf folgt eine Auseinandersetzung mit den wesentlichen Kritikpunkten sowie eine Untersuchung der zeitgenössischen Relevanz seines Werks. Während sich die Kap. 3 bis 6 hauptsächlich auf spezifische Werke fokussieren, erfordert die Analyse von Baumans Perspektive auf die soziokulturelle Dynamik der (Post-)Moderne einen thematisch breiteren Ansatz. Insbesondere bei der Auseinandersetzung mit dem Konzept der flüchtigen Moderne zeigt sich, dass Bauman viele seiner Argumente in variierenden Formen über verschiedene Kontexte und Bücher hinweg wiederholt, was eine detaillierte Betrachtung einzelner Werke wenig ergiebig machen würde. Stattdessen liegt hier der Schwerpunkt auf der Entfaltung der zentralen Argumentationslinien.

2 Bauman im Kontext: Leben und Zeitgeschichte

> „[…] nothing interesting happened in my life. Nothing specific – many people went through all those turbulences. I am just a typical product of my times" (Bauman in: Wagner 2020: 401).

Die Debatte darüber, ob und inwiefern die Biografien von Wissenschaftlerinnen und Wissenschaftlern zum Verständnis ihrer Werke beitragen, kann durchaus als kontrovers gelten. Trotzdem bietet im Falle Baumans eine Betrachtung seines außergewöhnlichen Lebenswegs wertvolle Einsichten, um sein Denken und theoretisches Schaffen in einen historischen Rahmen zu setzen. Denn diese 91 Jahre umspannende Biografie von Bauman hat in der Tat einiges zu bieten und berührt bedeutende soziopolitische Entwicklungen des 20. und frühen 21. Jahrhunderts unmittelbar, was seinen Lebensweg zu einem faszinierenden Spiegel epochaler Veränderungen macht. Izabela Wagner merkt in ihrer 2020 veröffentlichten Biografie Baumans gar an, dass ein mögliches Hollywood-Drehbuch, basierend auf seinem Leben, wahrscheinlich unweigerlich als unglaubwürdig und überzogen kritisiert werden würde (Wagner 2020: 406). Wagners Interesse gilt hier weniger Baumans Werk im Spezifischen als vielmehr, im Sinne der soziologischen Tradition der University of Chicago, den Einflüssen politischer, historischer und ökonomischer Ereignisse auf individuelle Lebensgeschichten (Wagner 2020: 408). Doch lässt sich wohl mit gutem Grund vermuten, dass diese soziopolitischen Kontexte, zumindest implizit, auch Baumans wissenschaftliches Œuvre nicht völlig unbeeinflusst ließen.

Zygmunt Bauman, geboren am 19. November 1925 in Poznań, Polen, wächst in einer verhältnismäßig armen jüdischen Familie auf, die jedoch weitgehend als

„assimiliert" gelten kann: Polnisch ist seine Muttersprache, er besucht reguläre polnische Schulen und nimmt nur selten an Synagogengottesdiensten teil. Trotzdem wird seine jüdische Identität bereits in jungen Jahren zu einem prägenden Element seines Lebens, insbesondere durch Feindseligkeiten, die ihm im Schulumfeld begegnen (Wagner 2020: 404 f.). Der Ausbruch des Zweiten Weltkriegs markiert ein abruptes Ende von Baumans Kindheit in Polen. Mit dem Einmarsch der deutschen Truppen in Polen im September 1939 gelingt es seiner jüdischen Familie jedoch in die damalige Sowjetunion zu fliehen.

Während des Aufenthalts in der Sowjetunion schließt sich Bauman im Alter von 18 Jahren der Polnischen Division der Roten Armee an. Nach einer Verwundung in den Kämpfen bei Königsberg nimmt er ebenfalls an der sogenannten Schlacht um Berlin im Jahr 1945 teil. 1948 heiratet er Janina Lewinson und im darauffolgenden Jahr wird ihr erstes Kind geboren. In dieser Zeit dient Bauman weiterhin in der Armee, wo er rasch aufsteigt und 1950 schließlich zu einem der jüngsten Majore der Polnischen Volksarmee ernannt wird. Im Jahr 1951 tritt Bauman zudem der Polnischen Vereinigten Arbeiterpartei bei. In der Autobiographie Janina Baumans wird der Zygmunt Bauman dieser Zeit als überzeugter Kommunist beschrieben, der auch fest an die Prinzipien und die Führungsrolle des Staatssozialismus glaubt (J. Bauman 1988: 45 ff.).

Im Jahr 2006 deckt eine polnische Zeitschrift auf der Basis bis dahin unveröffentlichter Dokumente auf, dass Bauman bis 1953 zudem Mitglied des stalinistischen Geheimdienstes in Polen, des Innensicherheitskorps (Korpusu Bezpieczeństwa Wewnętrznego (KBW)), war. Dieser orientierte sich am Modell der sowjetischen Geheimpolizei und hatte die zentrale Aufgabe, jeglichen antikommunistischen Widerstand in Polen zu bekämpfen. Nachdem die Dokumente öffentlich wurden, äußerte sich Bauman nur spärlich zu den Anschuldigungen seiner Tätigkeit für den Geheimdienst. Er bestritt seine Beteiligung nicht, verweigerte jedoch gleichfalls eine oftmals in Polen von ihm erwartete Entschuldigung. Rückblickend betrachtete Bauman seine Rolle im KBW als „very dull" – ein monotoner Bürojob, zu dessen Aufgaben unter anderem das Verfassen politischer Pamphlete zählte (Edemariam 2007, Wagner 2020: 136 f.). Dennoch löste die Enthüllung von Baumans Tätigkeit für den Geheimdienst eine breite und kontroverse öffentliche Diskussion aus, die dazu führte, dass Baumans Person in Polen bis heute ambivalent wahrgenommen wird, er teilweise sogar heftigen Anfeindungen ausgesetzt ist. Ein Grund dafür ist, dass das KBW – mitunter äußerst brutal – auch gegen jene polnische Partisanen vorging, die sich sowohl im Zweiten Weltkrieg gegen die Deutschen als auch gegen die sowjetische Herrschaft in Polen gewehrt hatten.

Baumans spezifische Rolle im KBW wird vermutlich auch zukünftig ungeklärt bleiben, nach einer umfassenden Durchsicht historischer Dokumente wird Wagner jedoch resümieren, dass es letztendlich keinerlei Hinweise auf Verbrechen oder Gewalttaten gibt, die durch oder im Namen von Bauman begangen worden seien (Wagner 2020: 132). Trotzdem bleibt die Affäre um seine Tätigkeit beim KBW ein Schatten, der Bauman bis zu seinem Lebensende verfolgt: Beispielsweise wird eine Gastvorlesung in Polen im Jahr 2012 von rechtsradikalen Gruppen gestört, Bauman wird zudem Ziel handgreiflicher Angriffe und im Kontext der anhaltenden Vorwürfe lehnt er 2013 schließlich auch die Annahme einer Ehrendoktorwürde der Universität Breslau ab. In seinen letzten Lebensjahren wird Bauman den Beschluss fassen, nie mehr nach Polen zurückzukehren (Wagner 2020: 393).

Nachdem Bauman in den 1940er und 1950er Jahren rasch Karriere in der Armee macht und mehrfach befördert wird, folgt im Jahr 1953 seine plötzliche Entlassung. Diese steht im Zusammenhang und ist ein Nebeneffekt der sogenannten „Ärzteverschwörung", einem von Josef Stalin und Gefolgsleuten konstruierten angeblichen Komplott, das hauptsächlich jüdischen Ärztinnen und Ärzten zur Last gelegt wird. Dies führt in Polen zu weitreichenden Hinrichtungen und Verhaftungen. Vor diesem Hintergrund breitet sich rasch eine ausgeprägte antisemitische Stimmung aus, die auch das militärische Umfeld erfasst und in Plänen zur „Ent-Judaisierung" der Armee mündet, von denen Bauman direkt betroffen ist. Zusätzlich wird Bauman vom stalinistischen Regime verdächtigt, da sein Vater zu dieser Zeit bei der israelischen Botschaft um Emigration nach Israel ansucht, obwohl Bauman dem Zionismus selbst eigentlich skeptisch gegenübersteht (Tester 2004: 2, Wagner 2020: 166 f.).

Baumans unehrenhafte Entlassung aus der Armee markiert einen entscheidenden Wendepunkt in seinem Leben. Während seiner Zeit in der Armee hatte Bauman bereits mit dem Studium der Soziologie an der Warschauer Akademie für Politik- und Sozialwissenschaften begonnen, nun jedoch mit deutlich intensiviertem Fokus. Nach Abschluss seines Studiums folgt eine schnelle akademische Karriere in Polen. Zunächst wird er 1954 als Dozent an der Fakultät für Sozialwissenschaften der Universität Warschau tätig und promoviert dort erfolgreich. Ein postdoktoraler Forschungsaufenthalt führt ihn für ein Jahr an die renommierte London School of Economics and Political Science (LSE), eine Erfahrung, die seine spätere Habilitationsschrift beeinflussen wird. Diese veröffentlicht er 1960 unter dem Titel „Klasa, ruch, elita: Studium socjologiczne dziejów angielskiego ruchu robotniczego", die er später als „Between Class and Elite: Evolution of the British Labour Movement" (1972) unverändert in englischer Sprache erneut publiziert. In den frühen 1960er Jahren wird Bauman erst

Assistenzprofessor und avanciert bald darauf zum Lehrstuhlinhaber für Allgemeine Soziologie an der Universität Warschau.

Während Bauman in seiner Militärzeit als überzeugter Kommunist anzusehen ist, der auch die Führungsrolle der sozialistischen Partei kaum infrage stellt, wächst seine Skepsis im Laufe seiner akademischen Tätigkeit. Bauman wird Teil eines intellektuellen Zirkels in Warschau, der in der gegenwärtigen Soziologiegeschichte als die „Warsaw School of Marxism" bezeichnet wird (Gdula 2017, Błesznowski 2022). Zwar bleiben Baumans marxistischen Grundüberzeugungen erhalten, im nun engen Kontakt mit polnischen Soziologen wie Julian Hochfeld, Stanisław Ossowski, Leszek Kołakowski oder Adam Schaff wird Bauman jedoch eine revisionistische Position einnehmen und damit von der offiziellen Parteilinie der Polnischen Vereinigten Arbeiterpartei abweichen. Im Kern kritisiert dieser Revisionismus den realexistierenden Sozialismus Polens auf Grundlage kommunistischer Ideale, d. h. „[…] efforts to treat Marxism not as a dogma but rather as a living tradition that must be confronted both with changing social reality and with other scientific perspectives" (Gdula 2017: 198 f.). Vor allem Julian Hochfeld und Leszek Kołakowski, Verfechter eines „humanistischen Marxismus", üben einen tiefgreifenden Einfluss auf Bauman aus. Diese Strömung distanziert sich von einer rein ökonomistischen Interpretation des Marxismus und zielt darauf ab, den humanistischen Kern in den frühen Schriften von Karl Marx freizulegen. Der humanistische Marxismus beinhaltet somit einerseits eine Verpflichtung zur Menschlichkeit, andererseits fordert er nicht etwa die Aufgabe des sozialistischen Projekts, sondern vielmehr dessen „Rehumanisierung" (Junge 2006: 12, Brzezinski 2017: 67). Bauman wird diese Denkrichtung maßgeblich prägen, was etwa seine spätere Antrittsvorlesung an der Universität Leeds im Jahr 1972 verdeutlicht, in der er die Bestimmung der Soziologie darin sieht, „[to] become again a testfield of courage, consistency and loyalty to human values" (Bauman 2021 [1972]: 82).

Im Jahr 1964 kommt es in Polen zur Veröffentlichung eines „Offenen Briefes an die Vereinigte Polnische Arbeiterpartei" durch Karol Modzelewski und Jacek Kuron, der eine revisionistische Kritik des realexistierenden Sozialismus enthält. Bauman, der bereits seit 1959 aufgrund seiner eigenen revisionistischen Haltung unter Beobachtung der staatlichen Sicherheitsorgane steht, zieht durch seine Unterstützung der mit dem Brief sympathisierenden Studierenden zusätzliche Aufmerksamkeit auf sich. Diese Solidarität macht ihn in den Augen des Regimes endgültig zu einer Bedrohung für das Einparteiensystem (Wagner 2020: 230). Diese Entwicklungen bilden den Hintergrund für die nächste entscheidende Wendung in Baumans Leben. Im Zuge des Sechstagekriegs zwischen Israel und den arabischen Staaten Ägypten, Jordanien und Syrien intensivieren sich im realsozialistischen Polen anti-zionistische Kampagnen, begleitet von einer Welle des Antisemitismus. Juden werden zunehmend als innere Feinde des Staatssozialismus dargestellt, was zu weitreichenden politischen Säuberungen führt. Parallel dazu entwickeln sich jedoch umfassende Studentenproteste, die sich gegen die Polnische Vereinigte Arbeiterpartei richten und mehr liberale Freiheiten, wie Vereinigungs- und Meinungsfreiheit, sowie außerdem ein Ende des staatlichen Antisemitismus fordern. Bauman zeigt seine Solidarität mit den protestierenden Studierenden, indem er im Januar 1968 aus der Vereinigten Polnischen Arbeiterpartei austritt. Nur zwei Monate später wird er, gemeinsam mit fünf weiteren Professoren, fristlos entlassen und ihm wird dabei „nahegelegt" Polen zu verlassen. Die offizielle Begründung seiner Entlassung lautet, antisozialistische Studentenproteste angestiftet zu haben, doch kann davon ausgegangen werden, dass auch sein jüdischer Hintergrund eine wesentliche Rolle spielte (Tester 2006: 278 f.).

Bald nach den Ereignissen von 1968 verlassen Bauman und seine Familie Polen, um zunächst nach Israel zu emigrieren. Dort nimmt Bauman eine Lehrtätigkeit an der Universität Tel Aviv auf und übernimmt später eine dreimonatige Gastprofessur in Canberra, Australien. Trotz eines dauerhaften Jobangebots aus Australien entscheidet sich Bauman 1971, einem Ruf an die Universität Leeds auf einen Lehrstuhl für Soziologie zu folgen, eine Position, die er bis zu seiner Pensionierung im Jahr 1990 bekleiden wird. Während seiner Zeit in Leeds festigt Bauman seinen Ruf als angesehener Soziologe, doch bemerkenswerterweise veröffentlicht er erst gegen Ende seiner universitären Laufbahn und insbesondere nach seiner Pensionierung seine bekanntesten und einflussreichsten Werke. Erst jetzt beginnt seine produktivste Schaffensphase, oder, wie Tester formuliert: „The onset of retirement was the moment when Bauman's mind went into overdrive […]" (Tester 2004: 3). So veröffentlicht Bauman nach seiner Pensionierung noch über 30 monografische Werke sowie unzählige Artikel und auch das Buch „Liquid Modernity" – oft als Hauptwerk Baumans betrachtet – wird erst im Jahr 2000 publiziert. Nachdem Bauman gegen Ende seiner Anstellung in Leeds im Jahr 1989 bereits den renommierten Europäischen Amalfi-Preis für Soziologie und Sozialwissenschaften erhält, folgen nach seiner Pensionierung unter anderem der Theodor-W.-Adorno-Preis der Stadt Frankfurt am Main (1998), der spanische Prinz-von-Asturien-Preis (2010), den er gemeinsam mit Alain Touraine erhält, sowie im Jahr 2014 der Preis der Deutschen Gesellschaft für Soziologie für sein hervorragendes wissenschaftliches Lebenswerk. Im Dezember 2009 verstirbt seine langjährige Lebensgefährtin und Ehefrau Janina Bauman, mit der er drei Kinder hat. Im Alter von 85 Jahren heiratet Bauman 2012 die 80-jährige polnische Soziologin Aleksandra Jasińska-Kania. Gemeinsam leben sie bis zu Baumans Tod im Januar 2017 in Leeds.

Die kursorische Betrachtung der wichtigsten Stationen des Baumanschen Lebens zeigt, dass dieses maßgebliche soziohistorische Entwicklungen Europas im 20. Jahrhunderts berührt. Bauman erlebt die totalitären Regime des Nationalsozialismus und Stalinismus aus nächster Nähe, er ist anfangs überzeugter Unterstützer des Staatssozialismus, dient als Soldat und Politoffizier im realsozialistischen Polen und wird Opfer von Zwangsmigration. Später ist er in die polnischen Studentenproteste der 1960er Jahre involviert, ist Zeitzeuge des Kalten Krieges und des Zerfalls der sozialistischen Regime. Bauman selbst gibt an, dass das eigene „Jüdisch-Sein" in seinem Leben kaum eine Rolle gespielt habe (Bauman 1992a: 226). Allerdings zeigt sich, dass auch dieses mit entscheidenden Einschnitten in seinem Leben verknüpft ist. Zu nennen sind die notwendige Flucht vor dem Nationalsozialismus sowie das Erleben der Auswirkungen des Antisemitismus im realsozialistischen Polen: Dieser beendet zunächst seine Militärkarriere und später auch seine polnische akademische Karriere.

Wie das diesem Kapitel vorangestellte Zitat illustriert, betrachtet Bauman seinen eigenen bewegten Lebenslauf dennoch nicht als außergewöhnlich, sondern vielmehr als charakteristisch für seine Zeit. In der Tat reflektieren viele der in diesem Kapitel diskutierten, komplexen soziohistorischen Rahmenbedingungen, die Bauman beeinflusst haben, nicht nur seine persönlichen Erfahrungen, sondern auch die einer gesamten Generation. Eine Ausnahme könnte jedoch seine oben vorgestellte frühe Tätigkeit beim KBW darstellen, eine Angelegenheit, die ab 2006 in Polen zu kontroversen Diskussionen führte, die hier nicht weitergeführt werden sollen. Dennoch lässt sich in dieser Sache mit Kastner auf den Punkt bringen:

> Die Frage nach der Redlichkeit eines Autors/einer Autorin ist eine Sache. Sie ist im Falle Baumans nicht einfach zu beantworten. Die Frage nach der Stimmigkeit oder dem Wahrheitsgehalt seiner/ihrer Thesen aber ist eine ganz andere. [...] Das eine hat direkt mit der Biografie zu tun, das andere nicht. [...] Im Falle Baumans wird man dann schnell sehen, dass er sich auf beiden Ebenen, der biografischen wie der analytischen, deutlich vom Stalinismus abgewandt hat. Mehr noch, er schreibt im Grunde seit rund fünfzig Jahren dagegen an. [...] Zur antistalinistischen Aufarbeitung der Vergangenheit können die Aktenfunde natürlich dennoch beitragen (Kastner 2007: 17).

Obwohl somit die Betrachtung der biografischen Hintergründe für ein tieferes Verständnis der soziohistorischen Bedingungen und der Entstehungszusammenhänge von Baumans Werk durchaus relevant sind, muss eine Beurteilung der inhaltlichen Qualität und der analytischen Schärfe seiner soziologischen Analysen letztendlich unabhängig davon erfolgen. Vor diesem Hintergrund wird sich im Folgenden von biografischen Bezügen auch abgewandt und stattdessen der Fokus auf Baumans Werk selbst gelegt. Wie mit Kastner angedeutet, wird dabei ersichtlich werden, dass Bauman sich in diesem konsistent gegen Unterdrückungskonstellationen und -mechanismen ausspricht, wobei insbesondere totalitäre Strukturen immer wieder kritisch beleuchtet werden.

Auf dem Weg zu einer Semiotischen Kulturtheorie 3

> „[...] it is the author's contention that the structural approach [...] opens new vistas before sociological analysis. In particular, it promises to solve several peculiarly obnoxious problems, which so far have mounted allegedly insuperable obstacles on the road of the science of society and culture" (Bauman 1999 [1973]: 61).

Anfangs umfassen Baumans akademische Interessen an der Universität Warschau zwar hauptsächlich politische Themen im polnischen Kontext, die er überwiegend aus einer marxistischen Perspektive heraus analysiert, allerdings entwickelt er schon bald ein Interesse an der Dimension der Kultur. In Anlehnung an Marx und Engels neigt er zunächst zu einer materialistischen Interpretation von Kultur, die er als von der ökonomischen Basis determiniert ansieht. Während seiner „polnischen Periode" betrachtet Bauman Kultur damit als ein eher statisches Element, dessen Hauptfunktion es sei, gesellschaftliche Stabilität durch die Weitergabe von Normen und Werten zwischen Generationen zu fördern. Das menschliche Wesen erscheint in dieser Perspektive primär als passiver Empfänger und von Kultur geformt (Brzeziński 2022: 17, 27 ff.). Unter dem starken Eindruck von semiotischen und strukturalistischen Theorieentwicklungen wird Bauman ab Ende der 1960er Jahre sowie insbesondere nach seiner Ankunft in Leeds Anfang der 1970er Jahre jedoch eine grundlegend neue Perspektive entfalten, die für sein weiteres Schaffen wegweisend wird.

Zu diesen frühen kulturtheoretischen Schriften zählt einerseits das Werk „Sketches in the Theory of Culture" (1968), das noch in Polen entsteht. Im Zuge von Baumans Emigration wird das Manuskript allerdings konfisziert und gilt lange Zeit als verschollen, bis es 2015 völlig überraschend in der Bibliothek der Universität Warschau wiederentdeckt wird (Brzeziński 2018: viii ff., Wagner 2020: 307). Andererseits gehört zu diesen Schriften auch „Culture as Praxis" (1973), Baumans erstes Buch, das er nach seiner Übersiedlung im Vereinigten Königreich verfasst hat. Diese Werke sowie eine Reihe weiterer Aufsätze – etwa „Semiotics and the Function of Culture" (1968) und „The Structuralist Promise" (1973) – bilden den zentralen Teil seiner frühen kulturtheoretischen Arbeiten. Bemerkenswert sind diese nicht nur aufgrund der Hinwendung zu sprachwissenschaftlichen Theorieentwicklungen, vielmehr wird auch Baumans, sich bereits an der Universität Warschau abzeichnende, Abwendung von einem orthodoxen marxistischen Denken explizit. So fordert Bauman jetzt ausdrücklich: „Society generally tends to be analysed, explicitly or implicitly, mainly as a system serving the production, circulation, and distribution of goods. A necessary supplement to this analysis is looking at human behaviours from a semiotic perspective [...]" (Bauman 2018 [1968]: 72). In diesem, bemerkenswerterweise noch im realsozialistischen Polen entstandenen Werk spricht Bauman somit von der Notwendigkeit, marxistische Theorie durch andere Perspektiven anzureichern, wobei die vorsichtige Formulierung einer „Supplementierung" des Marxismus durchaus den restriktiven Bedingungen des wissenschaftlichen Arbeitens unter einem sozialistischen Regime geschuldet sein könnte (Dawson 2019: 434). Bei einem Blick auf das weitere Werk dieser Phase wird sodann schnell ersichtlich, dass Bauman insbesondere den Ausarbeitungen von Lévi-Strauss und Saussure wesentliche Bedeutung bei dieser „Ergänzung" des Marxismus beimisst.

Die strukturale Linguistik von Saussure konzipiert Sprache als ein System von Zeichen, wobei sie die inhärenten Regeln ergründet, die Sprache als System konstituieren und aufrechterhalten. Das Zeichen, definiert als die Verbindung zwischen dem Signifikanten (Lautbild) und dem Signifikat (die Vorstellung vom Gegenstand/das Bezeichnete), dient hierbei als grundlegende Analyseeinheit (Saussure 1959 [1916]: 65). Entscheidend ist Saussures Feststellung, dass zwischen Signifikant und Signifikat keinerlei „natürliche" Verbindung besteht. Bedeutung erhalten Zeichen vielmehr ausschließlich durch ihre (innerlinguistische) Unterscheidung von anderen Zeichen. Zeichen besitzen somit keine ihnen immanente Bedeutung, sondern erlangen diese lediglich durch die Abgrenzung zu anderen Zeichen. Auf diese Weise legt Saussure die Sprache als ein relationales und regelgeleitetes System von Differenzen offen und zeigt, dass Bedeutung maßgeblich aus Differenzen entsteht (Reckwitz 2000: 88, Moebius 2009: 420 f.). Später greift etwa Lévi-Strauss die Ansätze Saussures auf und interpretiert beispielsweise das Verwandtschaftssystem analog zum Sprachsystem als ein Klassifikationssystem (Lévi-Strauss 1992 [1949]). Bauman legt in einem retrospektiven Nachwort zur nachträglichen Veröffentlichung seiner „Sketches in the Theory of

Culture" dar, wie diese strukturalistischen Theorieentwicklungen seinen Blick auf Kultur nachhaltig prägen:

> As I learned from Lévi-Strauss' anthropological uses of Ferdinand de Saussure's linguistics (and then from others who followed his lead, particularly Mary Douglas and Edmund Leach), a particular kind of development used by culture is integration and separation, connection and disconnection, pairing and juxtaposing. From these manoeuvres, meaning emerges – by right of its provenance, shaky and unstable, changing and fluid (Bauman 2018 [1968]: 253).

In Anknüpfung an strukturalistische Perspektiven wird Bauman Kultur somit nicht länger als ein Element betrachten, das Stabilität stiftet. Stattdessen rückt er eine Rolle der Kultur in den Vordergrund, die sich durch eine Dynamik von Differenzbildungsprozessen definiert und stellt die Generierung von Bedeutungen ins Zentrum seiner Analyse. Für Bauman wird Bedeutung somit ein inhärent instabiles und fortwährend wandelbares Konstrukt.

3.1 Ambiguität & Kulturelle Ordnungen

Bevor Bauman diese Perspektive entfaltet, beginnt sein Buch „Culture as Praxis" zunächst jedoch mit einer generellen Kritik der vagen Anwendungsweisen des Kulturbegriffes in den Sozialwissenschaften der frühen 1970er Jahre. Bauman bemängelt, dass trotz einer weit verbreiteten Nutzung des Begriffs „Kultur" nur wenige Arbeiten konkretisieren, was darunter eigentlich zu verstehen sei. Bauman tritt dieser Unklarheit entgegen, indem er drei Konzeptionen von Kultur aufschlüsselt und differenziert: das hierarchische, das differentielle und das generische Verständnis von Kultur.

Das erste Verständnis zeichnet eine klare Trennlinie zwischen Hoch- und Alltagskultur. Innerhalb dieser Sichtweise wird der Hochkultur eine Überlegenheit über die Alltagskultur zugesprochen. Sie wird als alleiniger Träger kreativer Schaffenskraft gesehen, wodurch Kultur zu einem Attribut avanciert, das nur einer elitären Minderheit zugeschrieben wird, die als Verkörperung von „guten" oder „wahren" Werten gilt (Bauman 1999 [1973]: 5). Das zweite, das differentielle Kulturkonzept, ist eng mit anthropologischen Ansätzen verbunden. Hier dient Kultur als Differenzierungsmerkmal, das die Einzigartigkeiten verschiedener Kollektive – unterschiedliche „Kulturen" – hervorhebt: Kultur wird hier definiert als ein „self-contained system of traits which distinguishes one community from another" (Bauman 1999 [1973]: 26). Bauman weist beide

Perspektiven zurück, indem er einerseits auf die kulturgenerierenden Kräfte der Alltagswelt hinweist und andererseits die Gefahren eines essentialistischen Denkens hervorhebt, das zu einer Vorstellung vermeintlich klar abgegrenzter „Kulturräume" führt.

Das generische Kulturkonzept hingegen kritisiert diese Vorstellung geschlossener „Kulturräume" und hält an der Möglichkeit einer prädifferentiellen Einheit der Menschheit fest. Im Kern unterscheidet dieses Konzept also zwischen dem Menschlichen und dem Nicht-Menschlichen, wobei der Mensch als das einzige Wesen bestimmt wird, das Kultur besitzt (Bauman 1999 [1973]: 29). Kultur wird hier als ein Geflecht aus Symbolen und Bedeutungen aufgefasst, die ausschließlich vom Menschen erschaffen und verstanden werden können. Die Elemente der Kultur lassen sich dabei in immer neuen Kombinationen zusammenfügen und Bauman stellt daher fest: „[…] culture as a generic quality, as a universal attribute of mankind as distinct from all other animal species, is the capacity to impose new structures on the world" (Bauman 1999 [1973]: 41). In dieser Perspektive wird das menschliche Wesen daher nicht nur als Besitzer von Kultur gesehen, sondern auch als Schöpfer von Kultur, da es kontinuierlich an der Neuinterpretation und -definition von Bedeutung und Symbolik beteiligt ist. Diese Differenzierung von Kulturkonzeptionen mündet schließlich im Vorschlag einer semiotischen Kulturtheorie.

Hierbei wird Baumans Kulturtheorie dem Konzept der Praxis eine entscheidende Bedeutung verleihen, inspiriert durch die im generischen Kulturkonzept betonte Fähigkeit des Menschen zur Kulturschöpfung. In Anlehnung an Saussure begreift Bauman zunächst jedoch Signifikationsprozesse als den zentralen und grundlegenden Mechanismus:

> Since cultural ordering is performed through the activity of signifying – splitting phenomena into classes through marking them – semiotics, the general theory of signs, provides the focus for the study of the general methodology of cultural praxis. The act of signifying is the act of the production of meaning (Bauman 1999 [1973]: 96).

Vor diesem Hintergrund impliziert der Begriff der Praxis in Baumans Theorie, dass der Mensch unaufhörlich in Prozesse der Kategorisierung aktiv eingebunden ist, indem dieser bestimmte Anordnungen kultureller Elemente vornimmt. Sprache spielt dabei eine Schlüsselrolle, denn durch sie werden Klassifikationen geschaffen und (vermeintlich) notwendige Zusammenhänge postuliert. In diesem Licht betrachtet, sind Klassifikationspraktiken für Bauman von zentraler Bedeutung, und er definiert den Menschen daher als ein grundlegend nach Ordnung

3.1 Ambiguität & Kulturelle Ordnungen 21

strebendes Wesen: „The continuous and unending structuring activity constitutes the core of human praxis, the human mode of being-in-the-world" (Bauman 1999 [1973]: 43). In seiner ständigen Strukturierungsaktivität ist der Mensch damit beschäftigt, aus dem beständigen Strom des Zufälligen und Ungeformten Ordnung zu erschaffen. Die Praxis der menschlichen Ordnungsbildung ist somit für Bauman essenziell durch das Streben nach klaren klassifikatorischen Zuordnungen charakterisiert. Zustimmend bezieht sich Bauman in diesem Zusammenhang etwa auf Mary Douglas, die Vorstellungen von Schmutz und Reinheit in jeder Gesellschaft als kulturell konstruierte Kategorien offenlegt, die der Ordnung und Strukturierung dienen (Douglas 1966). Er teilt die Ansicht, dass das Streben nach Ordnung und die Bemühungen, „gestörte" Ordnungen zu reparieren, fundamentale Aspekte menschlicher Gesellschaften sind (Bauman 1999 [1973]: 110 f.).

Baumans kulturtheoretischer Ansatz betont, dass Bedeutungen und Sinn nur durch Prozesse der Differenzierung entstehen können, also durch das Ausschließen alternativer Bedeutungsmöglichkeiten. Da in Anknüpfung an Saussure nicht länger davon ausgegangen werden kann, dass sprachlichen Zeichen ein „eigentlicher" Bedeutungsinhalt innewohnt, wird Kultur zu einem umkämpften Bewältigungsfeld von Ambiguitäten. Bauman versteht Ambiguität daher als ein grundlegendes Merkmal der Kultur, das *„das kognitive Problem der Herstellung begrifflicher Zu- und Einordnung von Phänomenen"* darstellt (Junge 2000: 229 f.). Diese Betonung von kulturkonstitutiver Ambiguität impliziert, dass Signifikationsprozesse niemals endgültig abgeschlossen sein können, (sprachliche) Mehrdeutigkeiten beständig bestehen bleiben und Bedeutungen sowie Symboliken nie einen stabilen Status erlangen. Alle durch menschliche Praxis vorgenommenen Signifikationsakte sind demnach kontingent und die spezifischen „Inhalte" von Bedeutungen oder Symboliken können durch nachfolgende klassifikatorische Praktiken erneut modifiziert werden.

Bauman sieht damit Ambiguität als ein grundlegendes und unüberwindliches Merkmal der Kultur an, was eine beständige Möglichkeit der Veränderung von Kultur impliziert. Dies bedeutet jedoch nicht, dass der Prozess der Bedeutungsherstellung völlig willkürlich ist, denn klassifikatorische Zuordnungsweisen können sich verfestigen und historisch stark sedimentieren. Somit können durchaus auch relativ stabile kulturelle Ordnungen etabliert werden, die mit Bauman auch als Wissensordnungen verstanden werden können (Junge 2006: 68). Die grundlegende Voraussetzung der Entstehung solcher relativ stabiler kultureller (Wissens-)Ordnungen bleibt jedoch stets die Bekämpfung von Ambiguität und dies wiederum ist, semiotischen Prinzipien folgend, ausschließlich durch Exklusionsprozesse möglich. Bauman postuliert daher: „From whatever corner we start, we arrive inevitably at the same conclusion: the role of the rules of exclusion is crucial, indeed fundamental, pre-conditioning applicability of all other rules" (Bauman 1999 [1973]: 99). Kulturelle (Wissens-)Ordnungen fußen auf einer ordnenden Praxis des Menschen und diese wiederum beinhalten unausweichlich immer Ausschlüsse anderer Möglichkeiten von Ordnung, womit Exklusionsprozessen höchste Priorität zugeschrieben werden muss.

Weil die (relative) Stabilität kultureller Ordnungen auf dem Ausschluss alternativer Möglichkeiten beruht, sind soziale Phänomene der Exklusion und Marginalisierung unvermeidliche Konsequenzen des Strebens nach eindeutigen Klassifikationssystemen (Campain 2008: 195). In Folge von Exklusionspraktiken werden damit letztendlich jedoch auch immer die Grenzen einer Ordnung festgelegt und damit ein vermeintlich bekanntes und vorhersehbares „Innen" von einem ungewissen und vermeintlich gefährlichen „Außen" getrennt:

> Here, inside, the order is known, predictable and manageable. There, outside, all is darkness and uncertainty. Still, if only the frontiers between ‚here' and ‚there' are marked clearly and unmistakably, the ‚we-group' can do reasonably well even in the close neighbourhood of ‚them'. The group, in fact, would have invented ‚them' had ‚they' not been in existence before. Any ‚we-group' needs its own ‚them' as an indispensable complement and self-defining device (Bauman 1999 [1973]: 102f.).

Ein Fokus der Baumanschen Kulturtheorie liegt demnach auf den Hervorbringungen jener Grenzen, die ein „Wir" von einem „Anderen" trennen. Die Generierung trennender Kategorien und somit auch der Ausschluss des „Anderen" werden zur Bedingung der Möglichkeit der Etablierung von Ordnung. In diesem Kontext tritt in der Kulturtheorie erstmals ein Thema in Erscheinung, das – in vielfältigen Zusammenhängen – Baumans gesamtes weiteres Werk begleiten wird: die Figur des Fremden. Diese wird nun nämlich als maßgebliche Herausforderung jedes Ordnungsversuches vorgestellt.

Die Beschäftigung mit der Figur des Fremden knüpft an die Soziologie Georg Simmels an, der den Fremden in seiner klassischen Schrift „Exkurs über den Fremden" definiert: Dieser sei nicht „der Wandernde, der heute kommt und morgen geht, sondern der, der heute kommt und morgen bleibt" (Simmel 1908: 685). Der Fremde könne zwar durchaus Teil einer gesellschaftlichen Gruppe sein, besitze jedoch immer eine sonderbare Eigenstellung. Unter anderem wird dies von Simmel auf eine Gleichzeitigkeit der Kategorien von Nähe und Distanz zurückgeführt: Zwar trete der Fremde mit den Einheimischen in Kontakt, sei jedoch „mit keinem einzelnen durch die verwandtschaftlichen, lokalen, beruflichen Fixiertheiten organisch verbunden" (Simmel 1908: 687). Für diese Sonderstellung des Fremden interessiert sich auch Bauman, und er wird dessen

3.1 Ambiguität & Kulturelle Ordnungen

Status mit der Metapher des „Schleims" beschreiben. Diese „Schleimigkeit" des Fremden beschreibt, dass dieser sich den menschlichen Klassifikationsleistungen immer wieder erfolgreich entzieht: „The quality of ‚sliminess' fills the overlapping areas of the man-created distinctions […]" (Bauman 1999 [1973]: 112). In Bezug auf den Fremden versagen die typischerweise binären Klassifikationsweisen, und dieser erscheint als eine Figur, die weder innerhalb einer spezifischen Ordnung verortet ist, noch vollends außerhalb dieser steht. Insbesondere lässt er sich nicht in ein dualistisches Freund-Feind-Schema einordnen. Bauman zufolge irritiert und destabilisiert der Fremde bestehende Ordnungen, da eindeutige Kategorisierungsversuche im Umgang mit ihm versagen: „One cannot however think of any beneficial use to which the ‚we-group' can put its ‚inside-outsiders', belonging neither here nor there […]" (Bauman 1999 [1973]: 103). Als Grenzgänger unterminiert er vermeintlich starre Grenzziehungen und hinterfragt Vertrautes. In Baumans kulturtheoretischer Perspektive stellt der Fremde eine universale Figur dar, die zwar historisch und kontextuell variierende Erscheinungsformen annehmen kann, jedoch stets Teil von und Problem für Vergesellschaftungsprozesse ist.

Mit Baumans Kulturtheorie kann einerseits davon ausgegangen werden, dass Klassifizierungsleistungen unwiderruflich notwendig sind, denn nur durch diese kann das menschliche Wesen überhaupt Sinnhaftigkeit erzeugen und Orientierung in einer von Ambiguität durchzogenen Welt erlangen:

> „[…] what is at stake is the very existence of the comprehensible universe (and that is the only form in which the universe is of any importance to us). In fighting incoherent border monsters, we defend our own integrity and the very existence of our socially created world" (Bauman 2001 [1972]: 312).

Andererseits verdeutlicht insbesondere die Figur des Fremden, dass der Mensch kultureller Ambiguität immer nur zeitweilig Herr werden kann und alle Versuche, eine „vollständige" kulturelle Ordnung zu etablieren, letztlich zum Scheitern verurteilt sind. Zwar können temporäre Erfolge im Umgang mit Ambiguität durch ordnende Praktiken erzielt werden, jedoch entstehen unweigerlich neue Ambiguitäten, die wiederum bekämpft werden müssen (Junge 2014: 73). Da die Ambiguität der Kultur demnach als unüberwindbar gilt, ist es auch unmöglich, dass kulturelle Ordnungen einen „finalen" Status erreichen: „If no ‚fixed form' can claim foundation other than that of that human creative force which gave it birth, then no form is likely ever to achieve the status of an ‚ideal' – in the sense of a ‚final state', or ‚ultimate objective'" (Bauman 1999 [1973]: xix). Ein entscheidendes Element der Baumanschen Kulturtheorie ist somit die Betonung, dass kulturelle Ordnungen, obwohl sie stark sedimentiert und somit scheinbar stabil sein können, durch erneute menschliche Praktiken stets der Möglichkeit der abermaligen Modifikation unterliegen.

3.2 Die Kulturtheorie als soziologischer Wegbereiter

Mit Blick auf das Originalwerk von 1973 wird Bauman im Vorwort der Wiederveröffentlichung von „Culture as Praxis" im Jahr 1999 reflektieren: „There was as yet no Foucault nor Derrida around to help" (Bauman 1999 [1973]: viii). Bauman entwickelt seine kulturtheoretische Perspektive also noch bevor jene Denker im sozialwissenschaftlichen Diskurs auftreten, die bis heute als zentral für einen kulturtheoretischen Ansatz gelten müssen. Bauman macht damit zu einem ungewöhnlich frühen Zeitpunkt bereits auf die Relevanz semiotischer Regeln für die Soziologie generell sowie auf die Rolle der Kultur in Prozessen der Herstellung sozialer Ordnung im Spezifischen aufmerksam. Die Baumansche Kulturtheorie kann daher durchaus als ein früher Beitrag in der Herausbildung des „cultural turns" bestimmt werden – ein Paradigmenwechsel infolgedessen in der Soziologie und anderen akademischen Feldern kulturellen Phänomenen und Prozessen, etwa Symboliken, Zeichen und Bedeutungen, eine neue Priorität als Erklärungsfaktoren sozialen Handelns eingeräumt wird (Reckwitz 2000: 347 ff., Moebius 2020: 85 ff., Pradella 2023: 137 ff.).

Zwar baut Baumans Kulturtheorie hierbei zentral auf strukturalistischen Ideen auf, allerdings sollte Bauman keineswegs verallgemeinert als ein „Strukturalist" bezeichnet werden, und zwar nicht nur, weil sich Baumans wissenschaftlicher Fokus während seiner jahrzehntelangen Schaffenszeit immer wieder verschieben wird. Vielmehr deutet bereits die Baumansche Fokussierung der Kategorie der Praxis auf eine Überschreitung eines „klassischen" strukturalistischen Denkens hin. Denn ungleich einem solchen „klassischen" Strukturalismus – der Regelsysteme zu identifizieren strebt, denen eine tendenziell allzeitliche und globale Gültigkeit zugeschrieben wird – fordert der Praxisbegriff dazu auf, Prozesse der aktiven Gestaltung von Ordnung und Struktur in den Blick zu nehmen (Beilharz 2000: 73). Für Bauman verschiebt sich der Fokus damit „from ‚structure' to ‚structurization'" (Bauman 2018 [1968]: 253). Da mithilfe der Dimension der Kultur sichtbar gemacht werden kann, dass auch scheinbar völlig stabile Ordnungen erneut von Destabilisierungen betroffen sein können, enthält die Dimension Kultur für Bauman letztendliche gar ein utopisches Element: „Humanity is the only known project of rising above the level of mere existence, transcending the realm of determinism, subordinating the is to the ought. [...] [Culture is] a knife with its sharp edge pressed continuously against the future" (Bauman 1999

3.2 Die Kulturtheorie als soziologischer Wegbereiter

[1973]: 172). Indem mit der Kulturtheorie auf bestehende Alternativen zu existierenden Realitäten hingewiesen werden kann, liegt ihr ein emanzipatorisches Potenzial immanent zugrunde (Tester 2002: 66 f., Brzeziński 2022: 66 f.).

Darüber hinaus wird vor diesem Hintergrund deutlich, dass Baumans frühe kulturtheoretische Betrachtungen keineswegs ausschließlich an semiotischen Theorieentwicklungen ansetzen, sondern sich ebenso den „klassischen" Fragestellungen der Soziologie zuwenden. So ringt die Soziologie seit ihren Ursprüngen mit dem tiefgreifenden Mikro-Makro-Dilemma: Sollten die Untersuchungen der Disziplin beim Handeln einzelner Individuen ansetzen oder bei gesellschaftlichen Strukturen, die über das Individuum hinausgehen? Bauman vertritt die Ansicht, dass genau diese Problematik mittels eines kulturtheoretischen Ansatzes adressiert werden kann:

> The function of the sphere of signs and meanings, *i.e.*, the sphere called culture today, in relation to this structure is both creative and reproductive. The sphere of signs and meaning provides human interaction with a form which has been predetermined by that structure and which serves as a means of informing the participants interacting within the form (Bauman 1968: 29).

Bauman unterstreicht somit, dass zwar die existierenden Strukturen und Ordnungen das Handeln der Menschen prägen, dieses Handeln jedoch auch aktiv zur Entstehung neuer Strukturen und Ordnungen beiträgt. Umgekehrt wird hervorgehoben, dass der Handlungsebene eine signifikante Bedeutung beigemessen werden muss, während zugleich erkennbar ist, dass kulturelle Ordnungen durch Sedimentationsprozesse eine beachtliche Stabilität erlangen können (Kilminster/ Varcoe 1996: 216 f.).

Es ist diese ambivalente Doppelfunktion von Kultur, die entscheidende Relevanz besitzt und die den Kern seiner frühen Kulturtheorie bildet: „Being structured and being capable of structuring seem to be the twin-kernels of the human way of life, known as culture" (Bauman 1999 [1973]: 39). Bauman plädiert demnach für eine Sichtweise, die die Wechselwirkung zwischen etablierten sozialen Strukturen und der menschlichen Handlungsfähigkeit in den Blick nimmt: Sowohl eine einseitige Fixierung auf die Strukturseite als auch eine einseitige Fixierung auf die Handlungsseite wird zurückgewiesen. Beide gelten vielmehr als untrennbar verknüpft. Einerseits sind Handlungen von gegebenen – den Handlungen vorgängigen – sedimentierten Strukturen abhängig, gleichzeitig können auch scheinbar völlig starre Ordnungen transformiert werden, da menschliche Akteure über die Fähigkeit zur kreativen Neustrukturierung verfügen: „[…] what is at work here is not a passive ‚reflection' but an active creation of reality, not simply the ‚reflection' of the structure of a situation but the structuring of that situation" (Bauman 2018 [1968]: 78). Aufgrund dieser engen Verknüpfung von Handlungs- und Strukturebene kann die Baumansche Kulturtheorie als frühe Version einer Strukturationstheorie gelesen werden, die später insbesondere durch die Arbeiten von Anthony Giddens im soziologischen Diskurs Prominenz gewinnen werden (Giddens 1984, 1986: 11 f., Junge 2006: 42, Brzeziński 2022: 18, 65).

Deutlich wird in diesem Kontext zudem, dass Baumans kulturtheoretischer Ansatz eng mit Fragen von Macht verknüpft ist. Aus der eingenommenen Perspektive können nämlich insbesondere diejenigen als mächtig gelten, die über die größten Ressourcen und Möglichkeiten zur Strukturierung und Ordnungsstiftung verfügen. Diese einflussreichen Akteure können bestimmte Ordnungen etablieren und aufrechterhalten, beispielsweise indem alternative Handlungsoptionen und Deutungsmuster blockiert oder undenkbar gemacht werden. Auf diese Weise wird verschleiert, dass gesellschaftliche Ordnungen vor allem kulturelle – und damit kontingente – Phänomene sind. Machtlos sind hingegen jene, die bereits etablierte und strukturierte Ordnungen vorfinden, sich möglicher Alternativen nicht bewusst sind und auch nicht über die Ressourcen verfügen, um diese zu realisieren (cf. Abschn. 4.1 und Kap. 5). In Baumans kulturtheoretischer Perspektive ist die Dimension der Macht demnach eng an die Fähigkeit geknüpft, spezifische Unterscheidungen und Bedeutungszuschreibungen dauerhaft zu fixieren und gegen andere Deutungshorizonte zu verteidigen. Was eigentlich erst durch menschliche Praxis hervorgebracht wurde, kann auf diese Art als „natürlich" und immer schon existent erscheinen.

Letztendlich ist die frühe Kulturtheorie jedoch auch mit Blick auf die Werksentwicklung Baumans selbst relevant, denn mit ihr werden Grundzüge angelegt, die für seine weiteren Arbeiten prägend bleiben. So wird die, hier zunächst auf kulturtheoretischer Ebene diskutierte, Problematik der Ordnungsbildung später Baumans Analyse des Strukturwandels der Moderne maßgeblich beeinflussen und die erstmals vorgestellte, ebenfalls mit Fragen der Ordnungsbildung verknüpfte, Figur des Fremden begleitet Bauman bis in seine letzten Schriften. Zusätzlich zu dieser werksimmanenten Bedeutung, bleiben aber auch weitere spezifische Aspekte der Kulturtheorie überraschend aktuell. Beispielsweise erinnert Baumans Differenzierung von Kulturkonzeptionen an deutlich spätere Ausarbeitungen innerhalb des kultursoziologischen Diskurses. Illustrativ kann hier Andreas Reckwitz genannt werden, der analog zu Baumans Ablehnung eines hierarchischen und differentiellen Kulturverständnisses selbst eine normative (Hoch- vs. Alltagskultur) und eine differenzierungstheoretische Perspektive (spezifische Lebensformen einzelner Kollektive) zurückweist. Stattdessen plädiert Reckwitz für einen bedeutungsorientierten Kulturbegriff mit Fokus auf kulturelle Ordnungen und

3.2 Die Kulturtheorie als soziologischer Wegbereiter

Symboliken als Kern einer kultursoziologischen Analyse (Reckwitz 2008: 19 ff.). Nur diese erfasse die Kontingenzperspektive der Kultur angemessen – ein Aspekt, den bereits Bauman betont: Kultur darf nie als etwas Abgeschlossenes verstanden werden, sondern ist von permanenter Wandlungsfähigkeit geprägt, d. h. Kultur „as a *process*, rather than as a body of material that was constant, or set up for self-stabilization and permanence" (Bauman 2018 [1968]: 252).

Zusammenfassend stellen die Dimension der Ambiguität und die Kategorie der Praxis zentrale Elemente von Baumans früher Kulturtheorie dar. Der Mensch wird als ein nach Ordnung strebendes Wesen identifiziert, das auf Grundlage von Signifikationsprozessen beständig in Ordnungspraktiken involviert ist. Diese dienen dazu, in einer von Ambiguität durchzogenen Welt Orientierung zu erlangen. Dabei werden unweigerlich sowohl Inklusions- als auch Exklusionsprozesse in Gang gesetzt und „vollständige" kulturelle Ordnungen werden vor diesem Hintergrund als eine Unmöglichkeit offengelegt. Gleichzeitig können etablierte Ordnungsstrukturen das Individuum und sein Handeln maßgeblich prägen, und es wird damit letztendlich deutlich, dass Kultur mit Bauman als ein „Raum sowohl der Ermöglichung als auch der Begrenzung" definiert werden kann (Baum/Kron 2019: 362).

Nachdem Bauman sich in der Anfangszeit seiner Tätigkeit in Leeds zentral mit diesen kulturtheoretischen Fragestellungen auseinandersetzt, vollzieht sich ab Mitte der 1970er Jahre eine Wandlung seines wissenschaftlichen Fokus. Einerseits wird nun die Fortführung seines aus seiner „polnischen Periode" stammenden Interesses an der Arbeiterklasse und dem Sozialismus evident. Andererseits geht er verstärkt der Bedeutung, Funktion und den Aufgaben der wissenschaftlichen Disziplin der Soziologie nach, wobei er sich zunächst insbesondere einer hermeneutischen Wissenschaftstradition zuwendet. Die nachfolgenden Kapitel sind diesen Themen gewidmet.

Sozialismus: Utopien und Realitäten 4

> *„But no division seems to occupy an ‚over-determining' position in relation to others; one to which all other divisions could be related as its manifestations or modifications. [...] Action is ill-understood if interpreted as a reflection of underlying economic interests [...]"* (Bauman 1982: 31).

Dass Bauman auch nach seiner Ankunft in Leeds ein bleibendes Interesse an einer weiteren Auseinandersetzung mit Fragen der Arbeiterklasse und des Sozialismus besitzt, wird ab den 1970er Jahren insbesondere durch die Werke „Socialism: The Active Utopia" (1976) sowie „Memories of Class" (1982) ersichtlich. Hiervon zeugt zudem das Werk „Between Class and Elite: Evolution of the British Labour Movement", das bereits im Jahr 1972, also noch vor der Publikation von „Culture as Praxis", erscheint. Anzumerken ist jedoch, dass es sich hierbei um die übersetze und inhaltlich vollständig unveränderte Fassung von Baumans Habilitationsschrift handelt, die Arbeit ursprünglich auf das Jahr 1960 datiert und somit deutlich früher in Polen entsteht. Dennoch unterstreicht gerade auch diese Entscheidung zur Wiederveröffentlichung die kontinuierliche und nachhaltige Beschäftigung Baumans mit der Arbeiterklasse und eine zeitliche und thematische Konsistenz wird evident.

Die besagte Schrift „Between Class and Elite" analysiert die Geschichte der britischen Arbeiterbewegung in vier aufeinanderfolgenden Phasen: Die „embryonale" Phase von 1750 bis 1850, die Phase des „Erwachsenwerdens" zwischen 1850 und 1890, die Phase als Massenbewegung von 1890 bis 1924 sowie die Phase der Konsolidierung von 1924 bis 1955. Jede dieser Phasen ist gekennzeichnet durch ein spezifisches Verhältnis zwischen der Arbeiterklasse, der organisierten Arbeiterbewegung und der Arbeiterelite, wobei innerhalb der letztgenannten zwischen Agitatoren einerseits und (konservativen) Bürokraten andererseits differenziert wird (Bauman 1972 [1960]: 201 ff.). Baumans zentrales Anliegen besteht darin, einen historischen Prozess aufzuzeigen, in dem zunehmend konservativ-bürokratische Eliten die Vorherrschaft gewinnen und die Arbeiterklasse in diesem Zuge in den Kapitalismus integriert statt – entgegen vielfach geäußerten Prognosen – eine revolutionäre Bedrohung für das System darzustellen:

> [...] the working class as a whole won a recognised position within the capitalist social system and, in terms of the prevailing middle class hierarchies of social values, accepted both the system and its ideological super-structure. The emergent working class hitched its ambitions to the social system as it stood and in general adopted an increasingly conservative outlook, imbued with a desire to preserve the *status quo* [...] (Bauman 1972 [1960]: 254).

Die revolutionäre Arbeiterklasse wurde nicht lediglich in das kapitalistische Wirtschaftssystem integriert und dadurch befriedet; darüber hinaus stiegen ihre Führungspersönlichkeiten zu Mitgliedern der wirtschaftlichen und politischen Elite Großbritanniens auf.

Die Publikation „Between Class and Elite" verdient insbesondere Aufmerksamkeit, da sie bereits vor Baumans Zuwendung zur Kulturtheorie – und somit noch während seiner Zeit im realsozialistischen Polen – eine deutliche Distanzierung von orthodox-marxistischen Perspektiven offenbart. Bauman verzichtet in seiner Analyse auf die Annahme einer deterministischen Entwicklung der Arbeiterklasse hin zu einer vermeintlich revolutionären Zukunft. Stattdessen begreift er historische Abläufe als grundsätzlich offen und unvorhersehbar. Somit löst er sich von historisch-philosophischen Annahmen eines orthodoxen Marxismus und nähert sich der Untersuchung der Arbeiterklasse aus einer nicht-teleologischen Perspektive (Smith 1999: 71, Junge 2006: 27 f.). Genau diese Perspektive bildet auch eine Grundlage für die intensive Kritik, die die unveränderte Neuauflage des Buches Anfang der 1970er Jahre von Seiten einer britischen „intellektuellen Linken" erfährt. Wie Tester in einem aufschlussreichen Essay offenlegt, fühlten sich Vertreter*innen dieser Strömung durch Baumans Analyse, welche die Unwahrscheinlichkeit einer bevorstehenden proletarisch-sozialistischen Revolution aufzeigt, in ihrem eigenen politischen Vorhaben zutiefst herausgefordert und bedroht (Tester 2006).

Insgesamt lösen sich viele der polnischen Soziologinnen und Soziologen, die in den 1960er Jahren gemeinsam mit Bauman noch zur „Warsaw School of

Marxism" gezählt wurden, nach ihrer eigenen Emigration aus Polen zunehmend von marxistischen Perspektiven, wobei einige sogar gänzlich von diesen abrücken. Obwohl sowohl die Zuwendung zur Kulturtheorie als auch das Werk „Between Class and Elite" aufzeigen, dass Bauman ebenfalls nach Möglichkeiten sucht, die marxistische Theorie durch andere Perspektiven zu ergänzen, lässt er jedoch die marxistischen Kernideale nicht vollständig hinter sich. Er strebt vielmehr nach einer Rekonstruktion oder „Revision" des marxistischen Projekts und wendet sich von bestimmten Dogmen ab, plädiert jedoch weiterhin für die Bewahrung eines utopischen Potenzials, das er tief im marxistischem Denken verwurzelt sieht (Gdula 2017: 218 f.). Deutlich wird dies spätestens, wenn Bauman den Sozialismus Mitte der 1970er Jahre weiterhin als „*the* utopia of the modern epoch" sowie als „the counter-culture of capitalism" bestimmt (Bauman 1976a: 36 130). Im Folgenden wird diese Perspektive näher beleuchtet.

4.1 Utopischer Sozialismus und seine Bewahrung

In „Socialism: The Active Utopia" untersucht Bauman zunächst die historische Evolution des Sozialismus und hebt dabei zu Beginn eine möglicherweise überraschende, aber tiefe Verwandtschaft zwischen Kapitalismus und Sozialismus hervor: „Socialism may be seen, [...] as a radical but logical extension of capitalist liberalism" (Bauman 1976a: 43). Bauman argumentiert, dass Sozialismus und Liberalismus grundlegende Werte wie Gleichheit und Freiheit teilen, wobei der Sozialismus diese Ideale in einer deutlich radikaleren und umfassenderen Form interpretiert: Er sieht vor, dass die Verwirklichung dieser Werte die Überwindung der kapitalistischen Gesellschaftsstruktur erfordert. Laut Bauman impliziert Gleichheit im liberalen Sinne, dass alle Individuen denselben Marktregeln unterliegen, während Freiheit jedem das Recht gewährt, am Marktgeschehen teilzunehmen. Jedoch garantiert dies nicht eine gerechte Verteilung von Vermögen oder gleichen Zugang zu Bildung. Der Sozialismus strebt nach einer weitreichenden Realisierung von Gleichheit und Freiheit, einschließlich der gerechten Verteilung ökonomischer Ressourcen, um diese Ideale für alle Menschen zugänglich zu machen. Der Sozialismus erweitert somit die liberalistischen Prinzipien, mit dem Ziel, deren Versprechen tatsächlich zu erfüllen. In dieser Vision wird der Kapitalismus manchmal als notwendige Übergangsphase angesehen, die durch die Entwicklung moderner Technologien gekennzeichnet ist, welche wiederum im Sozialismus die Etablierung neuer universeller Standards der Gerechtigkeit ermöglichen sollen. Bauman betont jedoch, dass die Realisierung dieser Ideen in der Praxis weitgehend unerfüllt blieb (Bauman 1976a: 75 ff.).

Vor diesem Hintergrund kontrastiert Bauman das umfassende sozialistische Ideal mit dessen gescheiterter Umsetzung. Er argumentiert, dass der Staatssozialismus das ursprüngliche sozialistische Vorhaben zu einem Projekt der Industrialisierung umdeutete, mit dem primären Ziel, technologisch und hinsichtlich der Produktionskapazitäten mit dem fortgeschritteneren „Westen" gleichzuziehen. Die grundlegenden sozialistischen Ideale wurden dabei vernachlässigt und verloren zunehmend an Bedeutung (Tester 2004: 102). Während der Sozialismus ursprünglich als Herausforderer des kapitalistischen Ideals des „Westens" auftritt, verliert er im Laufe seiner Realisierung den Status als utopisches Gegenmodell:

> It is no longer a utopia situated on the other side of the industrialisation process, which socialism originally abandoned to the mercy (or, rather, to the mercilessness) of bourgeois domination. On the contrary, it is now a utopia of industrialisation as such; a capitalist utopia with no room for capitalists, a bourgeois utopia in which private tycoons of entrepreneurship have been replaced by the grey, smart conformity of the bureaucratic octopus, and risky initiative by secure discipline (Bauman 1976a: 91).

In seiner praktischen Umsetzung reduzierte sich der Sozialismus auf das Ziel, eine effizientere Form der Industrialisierung zu erreichen und produktiver als der „Westen" zu sein. Dabei wandelte sich das Konzept einer inklusiven Herrschaft der Arbeiterklasse zu einem System der Unterdrückung durch eine Elite, in dem politische Machthaber*innen ihre Privilegien um jeden Preis zu wahren suchen: „The broad humanistic ambitions originally attached to the idea of common ownership […] have gradually been shelved, if not abandoned or branded as heresy" (Bauman 1976a: 103). Somit wandelt sich die anfängliche kapitalistische Alternative in einen bürokratischen Industrie-Sozialismus, der durch konservative Bemühungen zur Absicherung eines *status-quo* geprägt ist.

Signifikant für Baumans Bestreben, das marxistische Projekt neu zu formulieren, ist die nun auffällige Bezugnahme auf die Arbeiten Antonio Gramscis. Obwohl der Praxisbegriff, der auch für diesen italienischen Philosophen und Marxisten zentral ist, bereits in Baumans Kulturtheorie implizit auf Gramsci hinweist – wie etwa in „Culture as Praxis", wo Gramsci allerdings noch keine direkte Erwähnung findet –, markiert die ausdrückliche Orientierung an Gramsci in „Socialism" die tiefe Verwobenheit von Baumans Fokus auf Sozialismus und Arbeiterklasse mit der Kulturdimension. Denn Gramsci distanziert sich von dem im orthodoxen Marxismus verankerten ökonomischen Determinismus und räumt der zivilgesellschaftlichen Sphäre eine prominente Rolle ein, die nicht mehr als ein bloßer sekundärer „Überbau" angesehen wird. Gramscis Denken lehnt zudem

4.1 Utopischer Sozialismus und seine Bewahrung

den marxistischen Ruf nach Revolution ab und betont stattdessen die Bedeutung eines langwierigen Kampfes um kulturelle Hegemonie: Ein „painstaking process of disseminating and instilling an alternative *forma mentis* by means of cultural preparation (i.e. intellectual development and education) on a mass scale, critical and theoretical elaboration, and thoroughgoing organization" (Buttigieg 1995: 14). Es handelt sich somit um eine Auseinandersetzung um kulturelle Vorherrschaft, wobei Hegemonie nicht ausschließlich auf Zwang fußt, sondern auf der Zustimmung und Unterstützung durch breite soziale Schichten. Der Kampf um die Emanzipation der Arbeiterklasse verlagert sich somit primär auf die kulturelle Ebene: Jede hegemoniale Formation zeichnet sich durch die Etablierung eines *common sense* aus, der Schaffung von als „natürlich" oder „richtig" wahrgenommenen Handlungs-, Denk- und Bewertungsmustern.

In „Socialism" legt Bauman dar, dass der Kapitalismus einen solchen hegemonialen Zustand erlangt und einen *common sense* geschaffen hat, der ein Denken außerhalb seiner Kategorien und Ideale nahezu verunmöglicht. Bauman argumentiert, dass die vorrangige Herausforderung für den Sozialismus daher darin besteht, selbst in den Kampf um Hegemonie einzusteigen, um seine Stellung als Alternative wiederzugewinnen zu können: „[…] the struggle for socialism is above all the struggle for a new culture. […] socialism cannot make a real advance so long as the dominant commonsense is cut to the measure of the capitalist system. At some point commonsense must undergo a drastic change if utopia is even to approach the stage of becoming a reality" (Bauman 1976a: 68). Das von Bauman bereits Mitte der 1970er Jahre diagnostizierte Scheitern des realsozialistischen Projekts wird somit darauf zurückgeführt, dass der Sozialismus sich als unfähig zeigt, seinem Projekt ein kulturelles Fundament zu verleihen. Vielmehr noch, der real verwirklichte Sozialismus wurde zum inhärenten Bestandteil der kapitalistischen Hegemonie, indem er dessen kulturelles Fundament vollständig akzeptiert: „The Soviet version of socialism offers in the field of culture little more than a brand of capitalism grossly inferior to its Western counterpart. The sole measure, on both sides of the barricade, is output per head, efficiency per unit of capital and per working hour, availability of commercialized paraphernalia, a ‚full life' defined as the volume of private possession etc. […]" (Bauman 1976a: 102). Die (utopischen) sozialistischen Ideen und Ideale fallen im Realsozialismus der Hinwendung zu den Zielen einer umfassenden Industrialisierung sowie dem Nacheifern des Ziels ökonomischer Effizienz vollständig zum Opfer.

Der kapitalistischen Hegemonie gelingt es zudem, sozialistische Kritik an sozialen Verhältnissen signifikant zu erschweren, indem sie sozialistische Ideale in ihr eigenes System einbettet und sozialistische Forderungen auf diese Weise erfolgreich absorbiert. Bauman verweist als Beispiel auf die „westlichen" Wohlfahrtsstaaten, die in den drei Jahrzehnten nach dem Zweiten Weltkrieg ihre „goldenes Zeitalters" durchlebten (Obinger/Petersen 2019: 23 ff.). Einerseits könnte die Implementierung solcher Maßnahmen in „westlichen" Gesellschaften, die darauf abzielen, dem Ideal umfassender Gleichheit zumindest annähernd gerecht zu werden, als ein Erfolg des Sozialismus gewertet werden. Andererseits erschwert dies dem Sozialismus letztendlich die Kritik am Kapitalismus hinsichtlich seines Versagens, einem Großteil der Bevölkerung materiellen Wohlstand zu verschaffen (Bauman 1976a: 107 f.).

Insgesamt präsentiert Bauman das Projekt des Staatssozialismus als gescheitert und zeigt kaum Hoffnung, dass dieser in seiner damals aktuellen Form noch das Potenzial besitzt, das Leben der Menschen substantiell zu verbessern. Obgleich der real verwirklichte Sozialismus somit mitnichten länger als Hoffnungsträger auf eine bessere Zukunft angesehen werden kann, bleibt für Bauman die Erinnerung an seine grundsätzlichen utopischen Ideale weiterhin von hoher Relevanz: „There is no challenge to the basic tenets of capitalist culture in the most powerful versions of the socialist utopia of today. […] The memory of socialism as a cultural project genuinely opposed to the dominant culture of capitalism is, of course, still alive" (Bauman 1976a: 104). Bauman betont die Notwendigkeit, an den grundlegenden Idealen festzuhalten, während er gleichzeitig einen unkritischen Glauben an das realsozialistische Projekt ablehnt, insbesondere angesichts der Unterdrückung sowohl externer als auch interner Kritik im Realsozialismus. Er begrüßt weiterhin die zentrale Idee des Sozialismus, doch um diesem Wirksamkeit zu verleihen, sieht er es als unerlässlich an, dass „socialist *utopia* must take a critical stance toward socialist *reality* as well as capitalist reality" (Bauman 1976a: 130).

Bauman versucht sich somit an einer Verteidigung der Utopie des Sozialismus sowohl gegenüber dem Kapitalismus als auch seiner verwirklichten Realität. Bauman greift schließlich auf die Überlegungen des französischen Soziologen Henri Lefebvre zurück, um zu unterstreichen, dass eine Gesellschaft, die „effectively eliminates alternatives to itself", als repressiv und unterdrückend betrachtet werden muss (Bauman 1976a: 123). Angesichts des festgestellten Scheiterns des Sozialismus als einer solchen Alternative, wird der Kapitalismus in diesem Licht als eine derzeit unhinterfragte und damit wesentlich unterdrückende Gesellschaftsform identifiziert. Zugleich betont Bauman gegen Ende von „Socialism" nicht nur diese Kritik am Kapitalismus, sondern auch seine Einwände gegen den Realsozialismus und dessen Unterdrückungsmechanismen, die er entschieden ablehnt: „We know of no example of people being forced into freedom; we know too many examples of people forced into slavery while they are told that they are being led to freedom" (Bauman 1976a: 140). Schon eine bloße Annäherung an sozialistische Ideale werde durch Zwang niemals erreicht und letztendlich könne dies nur durch (ergebnis-)offenen Dialog ermöglicht werden. Insgesamt ist Baumans zentrale These somit, dass die Aufgabe des Sozialismus darin besteht, als ein utopisches Gegenideal präsent zu bleiben, das auf mögliche Alternativen zum vorherrschenden *common sense* einer unterdrückenden kapitalistischen Hegemonie hinweist.

4.2 Jenseits der Klassen

Sechs Jahre nach der Veröffentlichung von „Socialism: The Active Utopia" legt Bauman mit „Memories of Class: The Pre-history and After-life of Class" ein weiteres Werk vor, das sich eingehend mit dem Sozialismus und der Entwicklung der Arbeiterklasse beschäftigt. In diesem Zusammenhang vertieft sich Baumans Distanzierung vom Marxismus nochmals und später wird Bauman dieses Werk retrospektiv als sein endgültiges „farewell to reading history as class history" charakterisieren (Bielefeld/Bauman 2002: 116). Bauman zielt in diesem Werk darauf ab, die Ursprünge und die spätere Krise jener Gesellschaften zu untersuchen, die im allgemeinen sozialwissenschaftlichen Diskurs zumeist als Klassengesellschaften charakterisiert werden. Er skizziert einerseits die späte Phase des 18. und den Beginn des 19. Jahrhunderts, um den Niedergang der traditionellen, ländlichen Gesellschaftsordnung und den Industrialisierungsprozess nachzuzeichnen. Andererseits richtet er sein Augenmerk auf die frühen 1980er Jahre – also die damalige Gegenwart –, die er durch eine ähnlich tiefgreifenden Krise gekennzeichnet sieht, wie sie zu Beginn des 19. Jahrhunderts stattfand (Bauman 1982: 4 f.).

Ein charakteristisches Merkmal des Buches ist die Kritik, dass der Klassenkategorie in den Analysen beider Krisenzeiten oft eine überbewertete Rolle zugeschrieben wird. Er stellt fest, dass die Arbeiterklasse nicht der primäre Motor der Entwicklungen im 19. Jahrhundert war, sondern diese eher als ein Nebenprodukt des Industrialisierungsprozesses zu verstehen ist. Mit anderen Worten: Bauman argumentiert, dass die Entstehung der „Klasse" nicht primär aus einem grundlegenden Verteilungskonflikt resultiert, sondern direkt aus dem Industrialisierungsprozess selbst, der neuartige und umfangreiche Mechanismen sozialer Kontrolle schuf: „[...] the class of industrial workers came into existence in the course of the producers' resistance against the new system of power; this was a battle for control over body and soul of the producer, and not for the division of surplus value; much less for the right to manage the surplus" (Bauman 1982: 18). Nicht der Aufstieg einer kapitalistischen Gesellschaft bedarf nach Bauman zentraler Aufmerksamkeit, sondern vielmehr die Spezifika einer aufkommenden Industriegesellschaft. Kern dieser Industriegesellschaft sei dabei jedoch keineswegs ein ökonomischer Verteilungskonflikt, sie sei vielmehr maßgeblich dadurch gekennzeichnet, zuvor völlig unbekannte Ausmaße an Kontrollmechanismen hervorzubringen, die bis in die Körper der Individuen hineinreichen: „[…] the industrial revolution consisted in the subjection of the bodies and the thought […] of the producers to the control of other people than the producers themselves" (Bauman 1982: 113).

Die Abkehr von einer orthodox-marxistischen Perspektive wird hier explizit und das Zitat deutet bereits an, dass Bauman sich nun verstärkt den diskurstheoretischen Arbeiten Michel Foucaults zuwendet, insbesondere dessen Analyse der Disziplinargesellschaft. Foucault beschreibt die Disziplinarmacht als eine Kraft, die durch die „Normierung der Tätigkeiten zu dauerhaftem, persönlichkeitsprägendem Verhalten" führt und eine „Erziehung zum Normalverhalten" bewirkt (Bogdal 2014: 74). In Foucaults Schrift „Überwachen und Strafen" (1975) wird als grundlegender Mechanismus der Disziplinargesellschaft das Modell des Panopticons vorgestellt und genau auf dieses greift auch Bauman zurück (Foucault 1977 [1975]: 251 ff.). Im Kern beschreibt das Panopticon die Architektur eines Gefängnisses, das so konstruiert ist, dass eine große Anzahl von Gefangenen von nur einem Wärter dauerhaft überwacht werden kann. Die Gefangenen können den Wärter niemals sehen, müssen jedoch ständig damit rechnen, beobachtet zu werden. Das Panopticon verkörpert somit eine Form anonymer Kontrolle, die konstant konformes Verhalten erzwingt. In Anschluss an Foucault wird Bauman das Modell des Panopticons als herausstechendes Merkmal der aufkommenden Industriegesellschaft identifizieren (Bauman 1982: 48 ff.).

Die Industriegesellschaft wird demnach primär durch die Entwicklung innovativer Kontrollmechanismen charakterisiert. Die Entstehung einer Klassengesellschaft sollte daher als sekundäres Phänomen, als Antwort auf die neuartigen Machtverhältnisse, die mit der Industrialisierung einhergingen, betrachtet werden. Die Kategorie der Klasse selbst stellt in diesem Kontext also nicht die treibende Kraft dar: „The formation of workers into a class was a response to the advent of industrial society; only obliquely, because of the circumstances of the time and place, can this formation be portrayed as a reaction to the capitalist form of industrial society" (Bauman 1982: 19). Den neuen Machtstrukturen und inhärenten Prozessen der aufkommenden Industriegesellschaft wird somit Priorität eingeräumt und erst anschließend wurde „the power conflict […] channeled into the struggle for the distribution of surplus" (Bauman 1982: 111). D. h., dass der Konflikt zwischen Arbeiter*innen und Fabrikbesitzer*innen für Bauman hauptsächlich als Widerstand gegen die neuartige Kontroll- und Disziplinargesellschaft zu

4.2 Jenseits der Klassen

verstehen ist und die Organisation der Arbeiter*innen in eine „Klasse" ein nachgelagertes Resultat dieses Widerstandes darstellt (Bauman 1982: 17).

Dadurch erklärt sich der Titel „Memories of Class" des Buches: Obgleich die Industriegesellschaft hauptsächlich durch eine neuartige Disziplinargesellschaft und bisher unbekannte Kontrollmechanismen zu charakterisieren sei, werde das 19. Jahrhundert retrospektiv fälschlicherweise vorrangig in Klassenkategorien gedacht. Die „Ökonomisierung" des Klassenkampfes erfolgte laut Bauman jedoch erst als nachträglicher Prozess: „The formation of class society was the outcome of the submission of the vast masses of expropriated and unemployed poor to a new type of work discipline, which entailed control over their bodies and denial of their personal autonomy as producers. [...] this essentially power struggle was soon ‚economised'" (Bauman 1982: 195). Bauman betrachtet die Herausbildung einer Arbeiterklasse somit nicht als eine direkte Reaktion auf den Kapitalismus, sondern diese entstand durch den Widerstand gegen die neuen Disziplinartechniken der aufkommenden Industriegesellschaft. Darüber hinaus waren laut Bauman nicht nur die Arbeiterklasse, sondern zunehmend auch die Mittelklasse von den neuen Kontrollmechanismen betroffen. Kurzum: Erst aus der Rückschau erscheint das späte 18. und frühe 19. Jahrhundert zentral durch die Bildung einer Klassengesellschaft geprägt.

Vor diesem Hintergrund richtet Bauman sein Augenmerk auf die Gesellschaft der frühen 1980er Jahre, die er als „späte" Industriegesellschaft definiert (Bauman 1982: 28). Er identifiziert hier eine abermalige grundlegende Krisenphase und sieht sogar eine „qualitatively new stage in history" emporsteigen (Bauman 1982: 33). Diese Phase ist vor allem dadurch charakterisiert, dass die während der Frühphase der Industrialisierung entwickelten Disziplinarmechanismen nicht mehr ausreichen, um die Gesellschaft noch effektiv zu kontrollieren und zusammenzuhalten: „What is increasingly evident is that the control over the bodies of producers is increasingly inadequate as a major vehicle of social integration and the reproduction of society. What is much less evident from the perspective molded by historical memory, is the nature of the social power which is likely to replace it" (Bauman 1982: 196). Zwar sei es noch unklar, was an die Stelle der Disziplinargesellschaft tritt, erneut könne mit Sicherheit jedoch ausgeschlossen werden, dass die alleinige Fokussierung der Klassenkategorie für eine angemessene Beschreibung dieser neuen Gesellschaft geeignet sei.

Im Kontrast zur frühen Industriegesellschaft, die vorrangig als eine Gesellschaft der Produzenten dargestellt wird, sollte die gegenwärtige Gesellschaft eher als eine Gesellschaft der Konsumenten verstanden werden: „The consumer orientation, first developed as a by-product, and an outlet, of the industrial pattern of control, has been finally prised from the original stem and transformed into a self-sustained and self-perpetuating pattern of life" (Bauman 1982: 179). Anstelle panoptischer Kontrollmechanismen rücken nun Aspekte wie Selbst-Identität, Authentizität oder das Streben nach einem „erfüllten Leben" in den Vordergrund. Die späte Industriegesellschaft sei dabei von einer mannigfaltigen Vielzahl an Problemlagen – Bauman spricht von einer Krise der Ökonomie, einer Krise der Politik sowie einer Krise der Kultur – gekennzeichnet. Es kommt zu einer immensen Ausdifferenzierung und Pluralisierung gesellschaftlicher Gruppen, Forderungen oder Programmen, wodurch es unmöglich wird, eine spezifische Gruppe als „historischen Akteur" im marxistischen Sinne – „as a class whose ‚group interests' are identical with the ‚interests of the society as a whole'" – zu identifizieren (Bauman 1982: 29). Die Fortführung der Beschreibung der Gesellschaft als Klassengesellschaft führt für Bauman somit in eine Sackgasse.

Die Erklärung der Gesellschaft in Klassenkategorien sei zwar weiterhin allgegenwärtig, jedoch stellt Bauman demgegenüber heraus, dass vielmehr eine fortlaufende Institutionalisierung des Klassenkonfliktes stattgefunden hat (Bauman 1982: 195). Er knüpft an seine Argumentation aus „Between Class and Elite" an und verdeutlicht, dass der Konflikt zwischen Arbeitnehmer*innen und Arbeitgeber*innen zu einem inhärenten Merkmal der kapitalistischen Gesellschaftsordnung geworden ist. Die Arbeiterklasse bildet keine revolutionäre Bedrohung für das kapitalistische System; vielmehr ist der ökonomische Konflikt – als einer unter vielen – ein integraler Bestandteil der kapitalistischen Struktur geworden. Der Klassenkonflikt weist daher nicht auf einen absoluten Bruch hin und es kann nicht von einer singulären vertikalen gesellschaftlichen Spaltungslinie ausgegangen werden. Stattdessen sollte ein „*horizontal pattern of inequality*" in den Fokus gerückt werden (Bauman 1982: 186). Das bedeutet jene Gruppen – „women, racial minorities, the chronically unemployed, old and sick, homeless, residents of the depressed areas" – zu betrachten, die innerhalb der neuartigen Konsumgesellschaft mit Exklusion bedroht sind und Bauman schließt daher, dass „the field of the most drastic inequalities, conflicts and unresolved problems has shifted in late capitalist society from the disputed ‚no-man's land' between the two powerful industrial class protagonists towards the deprived sectors of social life" (Bauman 1982: 191). In diesem Zusammenhang kritisiert Bauman abschließend nochmals die Wohlfahrtsstaaten des „Westens", denn trotz Umverteilungspolitiken zeigen sich diese keineswegs in der Lage, das Phänomen der Armut grundsätzlich zu beseitigen. Allerdings endet das Buch mit einem hoffnungsvollen Ausblick, denn Möglichkeiten der Veränderung seien durchaus gegeben. Hierfür müsse jedoch zentral anerkannt werden, dass nicht länger nur die ökonomische Dimension relevant sei. Nur durch eine Emanzipation der Politik von ihrer Unterordnung unter das Ökonomische werde eine Repolitisierung von Politik und somit Chancen der Veränderung möglich (Bauman 1982: 197).

4.3　In Richtung eines Postmarxismus?

Insgesamt zählen die Werke „Between Class and Elite", „Socialism: The Active Utopia" und „Memories of Class" zu den weniger bekannten Schriften Baumans und diese finden in der zeitgenössischen Auseinandersetzung mit seinem Werk oft höchstens am Rande Erwähnung. Ein Grund hierfür könnte sein, dass die in diesen Büchern enthaltenen Analysen der „westlichen" Gesellschaften der späten 1970er und frühen 1980er Jahre mitunter stark zeitgebunden erscheinen können. Gleichzeitig kann jedoch gesagt werden, dass gerade durch diese Werke für heutige Leser*innen ein kritischer zeitinterner Blick auf die einsetzende Spätphase des 20. Jahrhunderts ermöglicht wird. Wenn beispielsweise die Wohlfahrtsstaaten der 1970er Jahre gegenwärtig nostalgisch einseitig als ein „goldenes Zeitalter" erinnert werden, so machen Baumans Werke deutlich, dass dieser Blick Tatsachen verwischt. Denn auch innerhalb jener ausgeprägten kapitalistischen Wohlfahrtsstaaten waren maßgebliche Prozesse der Exklusion zu verzeichnen und letztendlich konnten auch sie keinen entscheidenden Fortschritt zur Beseitigung von Armut und Leiden der Menschen im Allgemeinen leisten. Daneben ist die Vernachlässigung dieser Bücher aber vor allem deshalb ungerechtfertigt, da sie entscheidende Hinweise für ein umfassendes Verständnis von Baumans Gesamtwerk enthalten.

Zunächst belegen alle drei hier thematisierten Werke die Kontinuität des Baumanschen Interesses an dem Sozialismus und der Arbeiterbewegung, wobei gleichzeitig jedoch der Prozess der Abnablung vom Denken eines orthodoxen Marxismus weiter evident wird. Ebenfalls zeigt sich, dass Baumans kulturtheoretischen Schriften der späten 1960er und frühen 1970er Jahre weiterhin Einfluss ausüben. Sowohl die Beschäftigung mit der Dimension der Kultur als auch mit dem Sozialismus sind für Bauman Wege, darauf aufmerksam zu machen, dass gesellschaftliche Ist-Zustände niemals als „natürlich" akzeptiert werden dürfen. Letztendlich wird Bauman die Dimension der Kultur sowie den Sozialismus sogar mit der gleichen Metapher beschreiben: Beide seien „a knife with the edge pressed against the future" (Bauman 1999 [1973]: 136, 1976a: 12). So stellen beide Perspektiven für Bauman Instrumente dar, die es ermöglichen, einen *status quo* sozialer Verhältnisse zu kritisieren und ein verfestigtes *common sense*-Denken aufzuweichen und zu überwinden.

Die bleibende Zentralität der Dimension der Kultur wird insbesondere auch durch Baumans nun konkret gemachte Anknüpfung an Gramsci ersichtlich. Mithilfe des Praxisbegriffes wird dem Individuum eine tragende Rolle zugeschrieben, denn es ist immer sowohl an der Reproduktion als auch an der Anfechtung sozialer Ordnung beteiligt. Bauman geht also weiter davon aus, dass durch politische Praxis gesellschaftlicher Wandel vorangetrieben werden kann, wie zu dieser Zeit etwa Baumans hoffnungsvoller Blick auf die ab 1980 aufkommenden Solidarność-Proteste, die sich gegen staatliche Repressionen und schlechte Lebens- und Arbeitsbedingungen im realsozialistischen Polen richteten, zeigt (Bauman 1981). Zentral ist für Bauman dabei die Zurückweisung einer einseitigen Fokussierung auf ökonomische Kategorien, die kaum noch als alleinige Erklärung für soziale Wandlungsprozesse angesehen werden können. Bauman ist „departing from the belief that different levels of social reality can be explained by their reference to the production process. […] this shift means that not all types of social oppression can be explained by their relationship to private property and control over work" (Gdula 2017: 219). Spätestens mit „Memories of Class" wird diese Perspektive explizit und auch die anschließende Hinwendung zu Foucault macht deutlich, dass Unterdrückungskonstellationen nicht länger lediglich auf materielle Faktoren zurückführt werden. So kennzeichnet Bauman „Memories of Class" dann auch selbst als eine „contribution to the ongoing effort to discard the [class] categories which do not help any more to understand the present crisis […]" (Bauman 1982: 32).

Mit einem erweiterten Blick auf das sozialwissenschaftliche Feld können Baumans Werke vor diesem Hintergrund sogar als frühe Beiträge zu dem Diskurs eines sogenannten Postmarxismus angesehen werden, der bis in die zeitgenössischen Gegenwart Einfluss ausübt. Obgleich Baumans wissenschaftliches Œuvre kaum Schnittpunkte zu den Werken von Chantal Mouffe und Ernesto Laclau aufweist, können diese exemplarisch für diese Verbindung zu einer solchen postmarxistischen Perspektive herangezogen werden. Kongruent mit Bauman findet sich etwa auch in der programmatischen Schrift „Hegemony and Socialist Strategy" (1985) eine explizite Anknüpfung an Gramsci sowie an das diskurstheoretische Denken von Foucault, mit dem Ziel, eine Dekonstruktion des Marxismus zu ermöglichen und dadurch einer neuartigen Heterogenität sozialer Kämpfe in den „westlichen" Gesellschaften der 1980er Jahren gerecht zu werden (Laclau/Mouffe 2001 [1985]). Diese Abkehr vom Marxismus bedeutet indes keineswegs den Verzicht auf die Frage, wie eine „bessere" oder „gerechtere" Gesellschaft möglich sein könnte. D. h., ein solcher *Post*marxismus teilt mit

4.3 In Richtung eines Postmarxismus?

> dem marxistischen Projekt die emanzipatorische Perspektive einer Kritik gesellschaftlicher Herrschafts-, Unterdrückungs- und Ausschließungsverhältnisse; in diesem Sinne sind sie post*marxistisch*. Sie bezweifeln aber, dass es so etwas wie ein Hauptwiderspruch geben könnte, der sich objektiv diagnostizieren oder gar endgültig überwinden lässt […] (Flügel-Martinsen 2020: 42).

Jene Spezifität einer gleichzeitigen Betonung von „post" und „marxistisch" kann für die hier in den Blick genommenen Werke Baumans ebenfalls als charakteristisch gelten. So verabschiedet Bauman einerseits einen orthodoxen Marxismus und weist zurück, dass mit einer einseitigen Fokussierung ökonomischer Kategorien die Gesellschaft der 1980er Jahre noch angemessen beschrieben werden kann. Nicht länger wird von der Relevanz eines singulären (ökonomistischen) Bruchs ausgegangen und von der Möglichkeit einer vollends befriedeten Gesellschaft. Andererseits begrüßt und verfolgt Bauman die grundsätzliche Idee des Sozialismus weiterhin, allerdings in Form einer beständigen Utopie, die nie final erreicht werden kann: „Socialism shares with all other utopias the unpleasant quality of retaining its fertility only in so far as it resides in the realm of the possible. The moment it is proclaimed as accomplished, as empirical reality, it loses its creative power […]" (Bauman 1976a: 36). Obwohl Bauman seinen marxistischen Grundidealen somit treu bleibt, fordert er die vollständige Erneuerung des sozialistischen Projekts, was eine kontinuierliche und scharfe Kritik der Versuche seiner realen Verwirklichung erfordert.

In vergleichbarer Weise liegt auch der Fokus von „Memories of Class" zwar weiterhin auf Unterdrückungskonstellationen und den Möglichkeiten ihrer Überwindung, jedoch wird eine Klassenperspektive aufgegeben. Im retrospektiven Blick charakterisiert Bauman das Werk dann auch als „a farewell […] to the identity between the working class and the problem of injustice, and inequality. The problem of inequality survived. But it is not related to the working class especially" (Bauman 1992a: 206). Bauman dissoziiert folglich die enge Verknüpfung zwischen Arbeiterklasse und Ungleichheitsproblematik, die im traditionellen Marxismus besteht und an die Stelle eines ökonomistischen Klassenreduktionismus tritt eine Perspektive, die Phänomene sozialer Ungleichheit und Ungerechtigkeit von einem singulären Fokus auf die Arbeiterklasse losgelöst analysiert. Die in diesem Zusammenhang stehende Diskussion um die Relevanz des Marxschen Denkens sowie um die Notwendigkeiten einer Modifikation seiner Thesen bleibt bis in die Gegenwart virulent. Dies manifestierte sich zuletzt etwa anlässlich von Marx' 200. Geburtstag im Jahr 2018, der von kontroversen Debatten um seine Aktualität, sowohl in der Wissenschaft als auch in einem breiteren öffentlichen Diskurs, begleitet wurde (Kurz 2018, Roth 2018, Deutschmann 2019).

In Bezug auf die Werksentwicklung bietet insbesondere „Memories of Class" zudem erste Einblicke in jene für den späteren Bauman zentrale Analyse der soziokulturellen Makroformation „Moderne". Wenngleich Begrifflichkeiten wie „Moderne" oder „Postmoderne" zu diesem Zeitpunkt noch keine tragende Rolle in Baumans Denken spielen, treten in dieser Analyse doch erste Aspekte zutage, die den Fokus seines späteren Œuvres ausmachen werden. So beschreibt Bauman erstmalig soziohistorische Transformationsprozesse, die den Übergang von einer feudalen Gesellschaft zu einer neuartigen Industriegesellschaft beinhalten sowie in der Gegenwart der 1980er Jahre allmählich von einer Konsumgesellschaft abgelöst werden (cf. Abschn 7.3). Zusätzlich findet die auch später noch zentrale Metapher des Panopticons erstmalige Verwendung, wobei Bauman jedoch schon zu erahnen scheint, dass diese für die Beschreibung der Gegenwartsgesellschaft nicht ausreichen wird. Denn er beschreibt, wie diese Überwachungstechnik im Konsumkapitalismus abgelöst wird durch „sophisticated agencies of promoting, advertising and otherwise creating and intensifying new appetites for marketable goods, together with the belief that personal problems consist in the lack of specific commodities and may be resolved by their acquisition" (Bauman 1982: 196). Es deutet sich also bereits das für den späteren Bauman zentrale Thema einer Verführung des Menschen durch den Konsum im Rahmen des Aufkommens eines völlig neuartigen Kapitalismus an. Im Spätkapitalismus werden, wie Bauman anführt, die für das industrielle Zeitalter prägenden Kategorien der Produktion und Arbeit zunehmend weniger wichtig.

Die Funktion, die Aufgaben und die Möglichkeiten der Soziologie 5

> *„My kind of sociology I call sociological hermeneutics. It consists in the interpretation of human choices as manifestations of strategies constructed in response to the challenges of the socially shaped situation and where one has been placed in it" (Bauman et al. 2014: 60).*

Neben der Auseinandersetzung mit der Dimension der Kultur und der Arbeiterklasse beschäftigt sich Bauman ab Mitte der 1970er Jahre mit sozialtheoretischen Fragestellungen und eruiert hierbei, welche Rolle der Soziologe als wissenschaftliche Disziplin zukommt und welche Aufgaben sie erfüllen kann. Obwohl dies zunächst als ein nochmals gänzlich anderes Themenfeld erscheint, reicht auch diese Fragestellung in Baumans Werk bis in seine „polnische Periode" zurück, wo bereits im Jahr 1964 das Werk „Socjologia na co dzień" („Soziologie für den Alltag") entsteht (Bauman 1964). Dieser Titel deutet dabei bereits darauf hin, dass Bauman der Soziologie eine Bedeutung jenseits des engeren wissenschaftlichen Feldes beimessen wird. Nach seiner Ankunft in Leeds weitet Bauman sodann seine Betrachtungen zur Funktion und den Möglichkeiten der Soziologie aus, wobei insbesondere eine hermeneutische Tradition in seinen Fokus rückt. Im Folgenden sollen mit „Towards a Critical Sociology" (1976), „Hermeneutics and Social Science" (1978) sowie „Thinking Sociologically" (1990) zentrale Texte aus diesem Werkabschnitt im Zentrum stehen.

5.1 Soziologie als Kritische Wissenschaft

Baumans Werk „Towards a Critical Sociology" (1976) entsteht im selben Jahr wie das im vorhergehenden Kapitel behandelte „Socialism: The Active Utopia". Wenngleich sich die jeweils herangezogenen wissenschaftlichen Bezugspunkte Baumans deutlich unterscheiden, ist der grundlegende Aufbaus beider Bücher durchaus vergleichbar. Wurden in „Socialism" zwei konkurrierende Gesellschaftssysteme – Sozialismus und Kapitalismus – kontrastiert, so stehen nun zwei konkurrierende sozialphilosophische Perspektiven gegenüber: Positivismus und Existenzialismus. Bauman rekurriert dabei auf eine Fülle von Autoren, von Auguste Comte, George Herbert Mead und Émile Durkheim über Erving Goffman, Alfred Schütz, Talcott Parsons bis hin zu Peter L. Berger und Thomas Luckmann oder Jürgen Habermas. Ohne dass im Zuge dieses Einleitungswerkes alle diese Autorenperspektiven im Detail entfaltet werden können, ist es dennoch möglich, das grundsätzliche Argument Baumans offenzulegen.

Zunächst wird deutlich, dass „Towards a Critical Sociology" neben der konzeptionellen Vergleichbarkeit mit „Socialism" von einer Thematik durchzogen wird, die bereits im letztgenannten Werk in Erscheinung tritt. Wie gezeigt, erlangt dort der Bezug auf Gramsci und insbesondere dessen Begriff des *common sense* zentrale Bedeutung. Ebendieser findet nun im Untertitel des zweiten, 1976 erschienenen Buches prominente Erwähnung: „An Essay on Common-Sense and Emancipation". Bauman verknüpft den Terminus jetzt mit der Konzeption einer „zweiten Natur", wobei im Kern beide auf die soziohistorische Sedimentierung bestimmter als „richtig" erachteter menschlicher Handlungs-, Denk- und Verhaltensweisen verweisen. Die „zweite Natur" ist demzufolge dafür verantwortlich, dass gesellschaftliche Realität bisweilen als statisch und unhinterfragbar erscheint: „[…] society is to men a ‚second nature', i.e., as unchallengeable and beyond their control as non-human nature is […]" (Bauman 1976b: 10). Die „zweite Natur" umreißt und begrenzt, was als möglich bzw. unmöglich, erlaubt oder verboten erachtet wird. Indem sie das Feld des Denkbaren absteckt – indem bestimmte Sachverhalte gar nicht erst im Bereich des Denkens in Erscheinung treten –, ist die „zweite Natur" für Bauman nicht weniger wirkmächtig als physikalische oder biologische Fakten (Beilharz 2016: 26). Das Konzept verweist darauf, dass der Mensch stets bestimmten gesellschaftlichen Zwängen unterworfen ist, wobei die konkreten „Inhalte" solcher Zwänge kontextspezifisch sind und sich im Zeitverlauf wandeln können (etwa im Zuge von Gesetzesänderungen). Vor diesem Hintergrund bestimmt Bauman die Soziologie letztlich als die Wissenschaft, welche sich zentral der gesellschaftlichen Genese der „zweiten Natur"

5.1 Soziologie als Kritische Wissenschaft

bzw. des *common sense* widmet: „The commonsense is the ultimate object of sociological exploration in the same inescapable way as nature is the ultimate object of natural science" (Bauman 1976b: 28). Im Weiteren diskutiert Bauman zwei sozialtheoretische Denkrichtungen hinsichtlich des Umgangs mit gesellschaftlichen Zwängen.

Einerseits handelt es sich um den Positivismus, welchen Bauman insbesondere einer „klassischen" Soziologie in der Tradition Durkheims bis hin zu Parsons zuordnet. Der Positivismus orientiert sich am Vorbild der Naturwissenschaften und ist bestrebt, das Soziale als „objektive Tatsache" zu behandeln. Bauman hebt hervor, dass gerade diese Denkrichtung dazu tendiert, das Soziale zu naturalisieren, wobei davon ausgegangen wird, dass dessen Regeln und Gesetzmäßigkeiten offengelegt werden können. Die Gesellschaft liegt in einem solchen Verständnis außerhalb des Einflussbereichs des Individuums: „The distinctive feature of Durkheimian sociology – one which has been […] absorbed by most of twentieth-century sociology – was the decoding of the experience of the ‚second nature' as a set of commonly held ideas, which impose themselves with invincible force thanks to the fact that they define the meaning of being human, moral, and good" (Bauman 1976b: 18). Soziale Zwänge erfahren in dieser Perspektive keine negative Bewertung, sondern erscheinen als „gute" oder rationale gesellschaftliche Regulierungen. Die Gesellschaft transzendiert hier das einzelne Individuum, dem keine entscheidende Rolle zukommt, da die Gesellschaft ihm gewissermaßen von „außen" auferlegt ist. Kurz: Das Wesen des Individuums wird durch die Gesellschaft determiniert. So könne eine Gesellschaft bei Durkheim zwar durchaus von Anomie geprägt sein, also dem Verlust traditioneller Werte und Normen, was der gesellschaftlichen Integration abträglich ist. Jedoch mache beispielsweise die Aussage, eine Gesellschaft sei „mangelhaft", in diesem Verständnis wenig Sinn: „[…] how could it be, if it is the only foundation, measure, and authority behind morality, the knowledge of good and evil" (Bauman 1976b: 16). Somit formuliert Bauman, dass die Gesellschaft im Positivismus zu einer durch das Individuum unhinterfragbaren „zweiten Natur" erhoben wird. Das Individuum orientiert sich demnach zwangsläufig an der durch die Gesellschaft vorgegebenen Ordnung und Moralität.

Andererseits betrachtet Bauman eine philosophische Tradition von Martin Heidegger und Edmund Husserl, aus der eine konkurrierende sozialtheoretische Perspektive hervorgehen wird: das existenzialistische Denken. Das Kernargument Baumans lautet, dass einer Ansicht, die das Soziale „außerhalb" des Individuums verortet, hier eine Absage erteilt wird. Dem Individuum kommt eine gestärkte Rolle zu, indem diesem die Möglichkeit zugeschrieben wird, selbst an der Hervorbringung von Gesellschaft beteiligt zu sein. Eine vollständige gesellschaftliche Determination des Individuums wird somit als Illusion entlarvt. Baumans Argumentation fußt dabei unter anderem auf der Phänomenologie von Alfred Schütz, die subjektiven Wahrnehmungen und Erfahrungen große Bedeutung beimisst: Im Austausch mit der sozialen Umwelt und anderen Menschen werden Interpretationen und Verständnisse der Welt beeinflusst und geprägt (Schütz/Luckmann 2003). Intersubjektive Verständigung und Kommunikation bilden hier die Grundlage für die Konstruktion sozialer Wirklichkeit und Gesellschaft wird somit nicht länger als etwas von „Außen" auferlegtes konzipiert. Vielmehr wird gesellschaftliche Wirklichkeit jetzt sowohl als Produkt individueller als auch gemeinschaftlicher Interpretationsleistungen begriffen (Bauman 1976b: 58 f.). Mit Bezug auf Berger und Luckmann begrüßt Bauman, dass den Handlungen der Individuen somit nicht länger nur eine passive Rolle eingeräumt wird: „The idea that there is only as much of the social order as there is of repetitious, routinized human action, and that there is no more ‚necessity' in such an order than that ongoingly generated by routinized action and the knowledge which accompanies it, has a genuinely emancipating effect" (Bauman 1976b: 68). Ein emanzipatorischer Effekt stellt sich somit ein, weil soziale Realität nun im Kern als ein Produkt menschlicher Praxis offengelegt und somit als veränderbar bestimmt wird.

Obwohl Bauman der existentialistischen Perspektive jenes Verdienst zuschreibt, zeigt er sich letztendlich auch von dieser nicht überzeugt. Er kritisiert, dass mit dem Existenzialismus keine adäquate Beschreibung der tatsächlich vorfindbaren gesellschaftlichen Gegebenheiten möglich sei: „With the same vehemence that Durksonians fight the ‚mysterious notion of free will', existentialist sociologists are bound to fight the ‚mysterious notion of social necessity'" (Bauman 1976b: 56). Bauman benennt einen Kritikpunkt, mit der sich die existentialistische Denkrichtung häufig konfrontiert sieht: Es liege die Tendenz vor, soziale Realität vollständig auf menschliches Bewusstsein zu reduzieren, was fälschlicherweise bedeute, dass sich soziale Realität allein aufgrund eines Wandels menschlichen Bewusstseins verändere: „It reduces the task of criticizing social reality to the critique of social knowledge" (Bauman 1976b: 69). Im Gegensatz dazu geht es Bauman nicht bloß um die Betonung der Veränderbarkeit sozialer Wirklichkeit. Vielmehr sucht er gleichzeitig nach einem Weg, den Wahrheitsgehalt von Aussagen über die soziale Realität weiterhin bemessen zu können. Bauman kritisiert demnach, dass im Existenzialismus nicht länger zwischen „wahr" und „unwahr" differenziert werden könne, und beharrt auf der Notwendigkeit einer solchen Unterscheidung.

In der Suche nach einem Ausweg wendet sich Bauman zunächst dem jungen Marx zu und weist eine einseitige ökonomistische Lesart äußerst entschieden zurück: „[…] in opposition to his primitive followers as well as to his equally

5.1 Soziologie als Kritische Wissenschaft

primitive and superficial critics, Marx did not reduce social life to economics, thereby offering another version of a ‚science of unfreedom'" (Bauman 1976b: 82). Vielmehr könne mit Marx die Historizität von Wahrheitsaussagen aufgezeigt und verdeutlicht werden, dass ökonomische Abhängigkeiten nur aufgrund spezifischer historischer Bedingungen sämtliche Lebensbereiche durchdrungen hätten, sodass der Kapitalismus zur „zweiten Natur" werden konnte. Mit dem jungen Marx will Bauman somit herausstellen, dass „Wahrheit" ein historischer Prozess ist und es keine überzeitlichen, stabilen Wahrheitssätze gibt. Im Gegensatz zu positivistischen Welterklärungen soll somit betont werden, dass auch eine ganz andere Welt prinzipiell möglich wäre. Eine bloße Orientierung am gegebenen *common sense* zementiere hingegen vielmehr Unterdrückungskonstellationen, etwa die Unterdrückung der ökonomisch Beherrschten. Als zweite Möglichkeit, den Aspekt der „Wahrheit" nicht aus den Augen zu verlieren, diskutiert Bauman mit Verweis auf Habermas das Thema des Dialogs. Grundvoraussetzung der Wahrheitsfindung durch Dialog sei, dass nicht allein die Meinungen diverser „Experten" Geltung erlangen, sondern diese mit den sogenannten „gewöhnlichen" Menschen in Kontakt treten (Bauman 1976b: 104 f.). Nur wenn nicht über die Köpfe eines Großteils der Menschen hinweg kommuniziert und entschieden werde, sei ein „wahrhaftiger" Austausch über das zu erstrebende Wesen der Gesellschaft möglich. Ein Zusammenbruch von Kommunikation wird in dieser Perspektive hingegen zur entscheidenden Gefahr: „[…] once placed outside the dialogue, in a subordinate and unfree position, the condemned group will never be able to engage in dialogue" (Bauman 1976b: 111). Wenn bestimmte gesellschaftliche Gruppen vom Dialog vollständig ausgeschlossen werden, besteht die Gefahr eines absoluten Bruchs und im Extremfall kann der ausgeschlossene Andere nun den Status des Feindes annehmen: Bricht der Dialog vollends zusammen, müsse dieser der (radikalen) politischen Praxis weichen.

Vor dem Hintergrund der diskutierten Positionen des Positivismus und Existenzialismus entwickelt Bauman in Anlehnung an den frühen Marx sowie an Habermas somit seine Vision einer „kritischen Soziologie". Zentral für diese ist zum einen, dass die in der sozialen Realität tatsächlich vorfindbaren verfestigten Strukturen und Unterdrückungsverhältnisse in den Fokus gerückt werden. Zum anderen gilt es jedoch gleichermaßen, den prinzipiell wandelbaren Charakter des Sozialen immer wieder herauszustellen und den Gestaltungsspielräumen menschlicher Praxis Priorität einzuräumen: „Human choices are no more determined – though no less either – than the moves of card players are determined by the cards in their hand. A placing in a situation manipulates the distribution of possibilities. It sets apart moves that are feasible from those that are not, and the more probable from the less probable. But it never eliminates choice altogether" (Bauman et al.

2014: 60). Nur mittels einer solchen Konzeption kann für Bauman in den Blick nehmen, dass auch eine äußerst stark sedimentierte soziale Realität letztlich einen transformierbaren Charakter besitzt und Unterdrückungsverhältnisse demnach nie als vollends zementiert hingenommen werden müssen.

5.2 Hermeneutik in der soziologischen Forschung

Nur zwei Jahre nach dem Erscheinen von „Towards a Critical Sociology" widmet sich Bauman in „Hermeneutics and Social Science" (1978) erneut der Frage nach den Aufgaben und Möglichkeiten der Soziologie. Überraschenderweise knüpft Bauman allerdings nicht unmittelbar an seinen Entwurf einer „kritischen Soziologie" an, sondern wendet sich jetzt vielmehr einer hermeneutischen Wissenschaftstradition zu. Im Allgemeinen versteht sich die Hermeneutik als eine Wissenschaft der Interpretation von Texten und anderen Formen menschlicher Kommunikation. Dabei wird davon ausgegangen, dass Bedeutung und Wahrheit nicht objektiv feststellbar sind, sondern von den Interpretationen der Rezipierenden abhängen (Phillips 1992: 2 ff.). Bereits diese grundlegende Bestimmung deutet an, dass Baumans in „Towards a Critical Sociology" geübte Kritik an positivistischen sozialwissenschaftlichen Erklärungsansätzen somit dennoch eine Fortsetzung findet. Erneut gerät insbesondere Durkheim als Gegner in den Fokus, dessen Tradition Gesellschaft als objektive Tatsache behandle, die geprägt sei von „the assumption that no significant difference exists between the situations in which the natural and social sciences operate" (Bauman 1978: 14). Damit wird die Kritik an Ansätzen bekräftigt, die davon ausgehen, „that social facts are ‚things' like all others, i.e. that they exist in their own right as real entities ‚out there', outside the realm of individual experience" (Bauman 1978: 15). Wie bereits in „Towards a Critical Sociology" dargelegt, will Bauman demgegenüber dem Individuum und seinem Handeln eine deutlich zentralere Rolle zuweisen.

Zwar wendet sich Bauman der Hermeneutik zu und verweist etwa auf eine deutsche hermeneutische Wissenschaftstradition, allerdings geht es insgesamt weniger darum, eine genuin „hermeneutische Schule" freizulegen oder spezifische Theorien und Strategien des Lesens von Texten darzulegen. So bleiben wichtige Vertreter der Hermeneutik wie etwa Paul Ricœur oder Hans-Georg Gadamer im Buch höchstens Randfiguren. Vielmehr soll gezeigt werden, dass hermeneutische Strategien in vielen sozialtheoretischen Ansätzen eine implizite, jedoch zentrale Rolle spielen, selbst dort, wo man diese nicht erwarten würde: In je einem Kapitel widmet sich Bauman Karl Marx, Max Weber, Karl Mannheim, Edmund

5.2 Hermeneutik in der soziologischen Forschung

Husserl, Talcott Parsons, Martin Heidegger und Alfred Schütz (Beilharz 2000: 68 f., Brzeziński 2022: 72).

Bauman geht es nicht in erster Linie um konkrete Strategien eines „deep readings", stattdessen konzentriert er sich auf die – durch die Hermeneutik eröffnete – Möglichkeit eines Dialogs zwischen verschiedenen und konkurrierenden Bedeutungszuschreibungen, die das menschliche Wesen der Welt verleiht. Als grundlegende Aufgabe der Soziologie wird vor diesem Hintergrund identifiziert, eine Kommunikation zwischen unterschiedlichen Weltwahrnehmungen und -deutungen zu ermöglichen und dabei die Kontingenz dessen aufzuzeigen, was als „objektiv gegeben" oder „natürlich" erscheint. Zentral wird für Bauman damit die Ermöglichung einer „Übersetzung" divergierender Perspektiven auf die Welt, mit dem Ziel, Distanzen zu überwinden und gegenseitiges Verstehen zu ermöglichen. Dadurch wird der hermeneutische Ansatz zum direkten Gegenspieler des Positivismus. Denn ersterer verdeutlicht, dass soziale Realität immer nur ein Resultat der interdependenten und komplexen Prozesse ist, in denen soziale Akteure das alltägliche Leben, ihre sozialen Bedingungen und Bedeutungszuschreibungen interpretieren, reinterpretieren und gemeinsam aushandeln (Davis 2020: 33). Da die Hermeneutik verdeutlicht, dass eine einzige und endgültige Wahrheit illusionär ist, wird der Ansatz für Bauman zur weiteren Möglichkeit, einen mitunter unüberwindbar erscheinenden *common sense* hinterfragbar zu machen.

Weil mit dem hermeneutischen Ansatz eine Offenheit für immer wieder neue Interpretationen und (Welt-)Deutungen gefordert ist, kann die Suche nach Wahrheit hier nicht als geradliniger Prozess gedacht werden. In diesem Kontext wird für Bauman das Konzept des hermeneutischen Zirkels zentral: „Understanding means going in circles: rather than a unilinear progress towards better and less vulnerable knowledge, it consists of an endless recapitulation and reassessment of collective memories – ever more voluminous, but always selective" (Bauman 1978: 17). Es wird somit stark gemacht, dass es keine „einfachen" Wege zum Verstehen gibt, sondern dieses stets prekär bleibt und erneuten Modifikationen unterworfen sein kann. Jene Veränderbarkeit und Offenheit für neue Denkwege und Interpretationen wird ausdrücklich begrüßt, denn nur wenn Wahrheit nicht als überzeitlich oder endgültig aufgefasst wird, werde ein adäquates Verständnis gesellschaftlicher Wirklichkeit möglich. Wahrheit wird somit als relational aufgefasst und entsteht aus der Entwicklung eines, stets prekären, Konsenses heterogener Perspektiven (Davis 2020: 34). Zur zentralen Aufgabe der Soziologie wird mit Bauman daher, verschiedene und konkurrierende Deutungen und Weltverständnisse auf eine „höhere Ordnung" zu überführen, die jene verschiedenen Perspektiven integrieren kann (Bauman 1978: 217).

Wenn Wahrheit auf der Entwicklung eines Konsenses unterschiedlicher Perspektiven beruht, folgt für die Disziplin der Soziologie daraus, dass deren Forschungsresultate und Wahrheitsansprüche ebenfalls aus einem Dialog hervorgehen müssen. In Anknüpfung an Giddens Konzept der „doppelten Hermeneutik" ist für Bauman zentral, dass die Soziologie – im Unterschied zu den Naturwissenschaften – hierbei unmöglich ohne Kontakt zu einem Laienpublikum agieren kann:

> *Understanding sociology [...] cannot help but be permanently engaged in a discourse with its own object: a discourse in which the object and the subject of study employ essentially the same resources.* If the truth of physicists is the derivative of agreement reached by the physicists regarding phenomena fully controlled by physicists, the truth of sociology is the derivative of an agreement reached (if at all) in the debate between sociologists and the objects of their study regarding phenomena whose control is shared between sociologists and their objects to the clear disadvantage of sociologists. *The truth of sociology has to be negotiated in the same way the ordinary agreement is* [...] (Bauman 1978: 234).

Wenn es solche engen Überschneidungspunkte zwischen Subjekt und Objekt der Soziologie gibt, kann die Soziologie keineswegs per se beanspruchen „bessere" Einsichten in die soziale Wirklichkeit zu besitzen und darf daher auch nicht das Ziel verfolgen, bestimmte Wahrheiten „von oben" an die sogenannten „gewöhnlichen" Menschen heranzutragen. Vielmehr kann sich der Wahrheit nur im Dialog mit eben jenen „gewöhnlichen" Menschen angenähert werden. Im Kontext der Baumanschen hermeneutischen Sozialwissenschaft tritt somit das – bereits in „Towards a Critical Sociology" in Anschluss an Habermas aufgeworfene – Thema der Wahrheitsfindung durch Dialog und Konsensfindung erneut in Erscheinung. Vergleichbar mit dem vorherigen Buch ist zudem eine Ansicht, die einerseits eine Relativität von Bedeutung und Wahrheit betont und somit auf die Unmöglichkeit verweist, eine endgültige Wahrheit zu finden. Andererseits betont Bauman erneut, dass die Soziologie dennoch weder die Suche nach Wahrheit noch die Hoffnung, einer solchen näherzukommen, aufgeben darf. Nur so könne sich die Soziologie einem Programm verschreiben, dass Wege aufzeigt „toward conditions progressively emancipated from obstacles to rational agreements"' (Bauman 1978: 245). Wenngleich das Ideal endgültiger Wahrheit unerfüllbar bleibt, dürfe die Soziologie Unterdrückungskonstellationen, soziale Ungleichheiten oder ökonomische Ausbeutung nicht als etwas „natürlich" Gegebenes hinnehmen, sondern – im Dialog mit „gewöhnlichen" Menschen – nach einer Überwindung gegebener sozialer Bedingungen streben (Davis 2020: 35).

5.3 Soziologie für die Gesellschaft: Der Beitrag zur Alltagswelt

Obwohl „Thinking Sociologically" (1990) über zehn Jahre nach „Hermeneutics and Social Science" publiziert wird, stellt es eine Fortführung der Baumanschen Beschäftigung mit den Aufgaben, Zielen und Möglichkeiten der Soziologie dar. Gewissermaßen kann das Buch sogar als frühestes Werk dieses Themenbereichs gelten, denn es baut auf dem zu Anfang dieses Kapitels erwähnten polnischen Werk der 1960er Jahre auf und versteht sich als ein Einführungswerk in das soziologische Denken, das sich nicht nur an Studierende, sondern gleichermaßen an ein interessiertes Laienpublikum wendet. Einleitend fragt Bauman hier, was die Disziplin der Soziologie von verwandten Disziplinen – etwa Politik- und Geschichtswissenschaften oder Anthropologie – unterscheidet und bietet eine vorläufige Definition: „[…] what sets sociology apart and gives it its distinctive character is the habit of viewing human actions as *elements of wider figurations*: that is, of a non-random assembly of actors locked together in a web of *mutual dependency* […]" (Bauman 1990: 7). Mit dem Rückgriff auf den Terminus Figuration schließt Bauman an Norbert Elias an, der Gesellschaft als das Resultat mannigfaltiger Interdependenzen zwischen Individuen betrachtet: Individuen sind immer unter- und voneinander abhängig, wobei dynamische Beziehungsgeflechte entstehen (Elias 2006 [1970]: 170 ff.). Vor dem Hintergrund jener an Elias angelehnten Definition erhält für Bauman das konfliktäre Zusammenspiel von Freiheit und Abhängigkeit zentrale Stellung.

Die erste Ausgabe von „Thinking Sociologically" – in den Jahren 2001 und 2019 werden, zusammen mit Tim May, vollständig überarbeitete Ausgaben erscheinen – enthält 12 Kapitel, wobei „[e]ach chapter is addressed to an aspect of daily life, to dilemmas and choices we confront routinely while having little time or opportunity to think about them in depth" (Bauman 1990: 18). Neben der Betonung der Gesellschaft als Beziehungsgeflecht stellt Bauman die Soziologie in diesem Zuge als Disziplin vor, die sich maßgeblich für das Leben der „gewöhnlichen" Menschen interessiert und neue Perspektiven auf alltägliches Handeln ermöglicht. So beginnen die jeweiligen Kapitel dann auch mit weithin bekannten Situationen – die (unbewusste) Verwendung von Satzphrasen, sich Geld leihen, Witze über bestimmte Personengruppen machen oder das Ausfüllen von Dokumenten – und diese dienen als Ausgangspunkte Baumans Überlegungen. Nicht alle Kapitel können an dieser Stelle adressiert werden, jedoch ermöglicht ein übergreifender Blick auf das Buch, die Baumansche Perspektive auf die gesellschaftliche Rolle der Soziologie nochmals zu konkretisieren.

Das einleitende Kapitel „Sociology – What For?" widmet sich einem bereits bekannten Thema: dem *common sense* (cf. Abschn. 4.1 und 5.1). Hierbei stellt Bauman heraus, dass „few sciences are concerned with spelling out their relationship to common sense; most do not even notice that common sense exists, let alone that it presents a problem" (Bauman 1990: 8). Für die Soziologie sei die Beschäftigung mit dem *common sense* hingegen maßgebliche Aufgabe, denn diese sei – insbesondere im Gegensatz zu den Naturwissenschaften – keine Disziplin von einem Wissen, das dem „gewöhnlichen" Menschen im Alltag verschlossen bleibt. Während beispielsweise spezifische Definitionen physikalischer Gesetze im alltäglichen Leben des Menschen selten eine explizite Rolle spielen, geht in der Soziologie jegliches Wissen auf die gelebten Erfahrungen der „gewöhnlichen" Menschen zurück: „All experience which provides raw material for sociological findings – the stuff of which sociological knowledge is made – is the experience of ordinary people in ordinary, daily life; an experience accessible in principle [...] to everybody [...]" (Bauman 1990: 9). Zwar nutzen sie selten explizit soziologisches Vokabular, mindestens implizit haben jene „gewöhnlichen" Menschen allerdings einen ähnlichen Wissensvorrat wie die Expertinnen und Experten der wissenschaftlichen Disziplin der Soziologie. Letztere besitzt somit eine äußert enge Verbindung zum alltäglichen Wissen und für Bauman ist daher im Folgenden entscheidend, die Unterschiede von Soziologie und *common sense* offenzulegen.

Bauman nennt vier Aspekte (Bauman 1990: 12 ff.). Erstens unterscheidet sich die Soziologie vom *common sense* indem sie verantwortungsvoll agiert, d. h. sie untermauert ihre Ergebnisse durch falsifizierbare Beweise oder empirische Fakten. Zudem berücksichtige die Soziologie alternative oder konkurrierende Perspektiven und präsentiere persönliche Meinungen, Mutmaßungen oder alltägliche Vorurteile nicht vorschnell als gesichertes Faktenwissen. Ein zweites Unterscheidungskriterium sei die Größe des Feldes, aus dem die Soziologie ihr empirisches Material gewinnt. Während sich der *common sense* stets am Alltäglichen der eigenen Lebenswelt orientiert, erweitert die Soziologie den Blick und berücksichtigt die immense Heterogenität existierender Lebenswelten. Drittens, während der *common sense* den Sinn von Handlungen immer auf Grundlage persönlicher Erfahrungen erklärt und Handlungen hierbei zumeist bestimmte Intentionen zuschreibt, ist die Soziologie vielmehr – Bauman schließt erneut an Elias an – von einem Denken in Figurationen geprägt. Die Soziologie betrachtet keine einzelnen Handlungen, sondern analysiert „the manifolds webs of human interdependence" und berücksichtigt vielfältige soziokulturelle Determinanten und Abhängigkeitsbeziehungen (Bauman 1990: 14). Viertens, die Soziologie unterscheide sich vom *common sense*, da nur letzterer mittels unhinterfragter

5.3 Soziologie für die Gesellschaft: Der Beitrag zur Alltagswelt

Routinen oder Gewohnheiten ein sozial Gegebenes als Realität fixiert, d. h. durch Prozesse der Wiederholung. Ganz im Gegenteil sei es Kern der Soziologie „[to] defamiliarize the familiar. […] the daily way of life must come under scrutiny" (Bauman 1990: 15). Nur durch soziologische Infragestellungen und Störungen des Alltäglichen sowie des scheinbar Vertrauten wird die Kritik eines gegebenen *status quo* möglich und nur so kann die Möglichkeit dessen Überwindung erscheinen. Als elementare Aufgabe der Soziologie stellt Bauman somit vor, das Gewöhnliche als etwas Unbekanntes, Befremdliches und Erklärungsbedürftiges zu behandeln und über dieses hinauszudenken.

Das erste Kapitel legt somit den Grundstein für die Beantwortung der Frage nach dem „Wozu?" der Soziologie: „Bauman has set the trap: dare to think! dare to be critical!" (Beilharz 2000: 46). Vor diesem Hintergrund widmen sich die folgenden Kapitel verschiedenen Dimensionen einer solchen kritischen soziologischen Perspektive. An dieser Stelle sollen zwei Beispiele herausgegriffen werden, die auch mit Blick auf Baumans Gesamtwerk zentrale Relevanz besitzen. Einerseits ist dies das Kapitel „Freedom and Dependence", das dem paradoxen Phänomen nachgeht, dass das menschliche Wesen und seine Handlungen von sozialen Gegebenheiten maßgeblich eingeschränkt werden, gleichzeitig Handlungen dennoch oftmals als frei gewählt erscheinen. Jene Diskussion begrenzender Strukturen und Möglichkeiten der Praxis knüpft somit an Baumans frühe Kulturtheorie an und das Thema wird das Baumansche Werk in unterschiedlichen Formen weiter prägen (cf. Abschn. 3.2). Andererseits ist das Kapitel „Us and Them" zu nennen, das Fragen der Inklusion und Exklusion fokussiert. Hier wird die Notwendigkeit eines relationalen Denkens hervorgehoben, denn die Kategorien „wir" und „sie" sind nur in Kombination möglich und beide sind stets aufeinander angewiesen: Nur durch binäre Grenzziehungen kann ein „wir" etabliert werden. Auch dieses Thema begleitet Bauman bis in seine letzten Schriften, wo er jene „Wir-Sie"-Dialektik beispielsweise nochmals als eine Konstante der menschlichen Existenzweise bestimmen wird (Bauman 2018: 386). Erneut zeigt sich hier auch die bleibende Relevanz der frühen Kulturtheorie, denn die Figur des „Fremden" wird als Problemfall vorgestellt, das als ein drittes Element binäre Grenzziehungen unterminiert (Bauman 1990: 54 ff.).

Das letzte Kapitel „The Ways and Means of Sociology" lässt Baumans Blick auf die Soziologie schließlich nochmals prägnant zu Tage treten. Wie in seinen Büchern der 1970er Jahre wird zunächst die Opposition zu einer positivistischen Soziologie bekräftigt, wobei abermals eine Durkheimsche Tradition als primärer Gegner ausgemacht ist. Kritisiert wird vor allem die hier verbreitete Annahme, dass soziale Phänomene „do not reside *inside* human beings as individuals, but *outside* them" (Bauman 1990: 220). Im Gegensatz hierzu geht es Bauman mitnichten um die Offenlegung „objektiver" sozialer Fakten und mit Verweisen auf Max Weber sowie einer hermeneutischen Tradition verortet sich Bauman deutlich näher an einer verstehenden und interpretativen Soziologie, die gerade nicht von der Möglichkeit *eines* objektiven Status von Wissen ausgeht. Baumans Soziologie ist vielmehr an den Handlungen des Individuums interessiert und betont eine unhintergehbare Vielfalt subjektiver Bedeutungshorizonte und Lebenswelten, die sich dennoch stets gegenseitig beeinflussen: „[…] thinking sociologically undermines the trust in the exclusivity and completeness of any interpretation. It brings into focus the plurality of experiences and forms of life; it shows each as an entity in its own right, a world with a logic of its own, while at the same time exposing the sham of its ostensible self-containment and self-sufficiency" (Bauman 1990: 231 f.). Insgesamt wird die Soziologie damit als Wissenschaft vorgestellt, die vertiefte Einsichten in das alltägliche Leben der Menschen ermöglicht und die dazu auffordert, althergebrachte Denkweisen oder Auffassungen und Vorurteile zu hinterfragen und herauszufordern. Die Wahrnehmung und Akzeptanz einer Mannigfaltigkeit von existierenden menschlichen Weltinterpretationen werden hierfür zur entscheidenden Voraussetzung.

5.4 Die Grenzen und Möglichkeiten von Baumans Soziologieverständnis

Obwohl sich die drei in diesem Kapitel fokussierten Bücher thematisch und konzeptionell unterscheiden, wird eine allgemeine Perspektive Baumans auf die wissenschaftliche Disziplin der Soziologie ersichtlich. Zu einer zentralen Aufgabe wird eine Bewusstmachung, dass gesellschaftliche *status quo*-Zustände nie in einem finalen Sinne gedacht werden dürfen und gesellschaftliche Strukturen stets veränderbar bleiben. In den frühen Schriften ist Marx hierbei noch ein zentraler Referenzpunkt, den Bauman vor allem als politischen Denker vorstellt und von einem deterministischen Denken strikt abgegrenzt. Kongruent hiermit wird auch in aktuellen Publikationen einer ökonomistischen Engführung von Marx widersprochen (Flügel-Martinsen 2018: 255 ff.). Gleichzeitig ist dennoch zu konstatieren, dass die Baumansche vollständige Zurückweisung des Marxschen Ökonomismus als sehr weit gegriffen und mitunter schlichtweg als Versuch einer „Rettung" des Marxschen Denkens erscheint.

Insgesamt geht es Bauman um eine Soziologie, die über verfestigtes, alltägliches Wissen hinausgeht und hierdurch eine Kritik an gesellschaftlichen Ist-Zuständen ermöglicht. Konsequenterweise bringt Bauman daher seine Opposition zu positivistischen soziologischen Ansätzen zum Ausdruck, wobei wiederholt

5.4 Die Grenzen und Möglichkeiten von Baumans Soziologieverständnis

Durkheim als zentrales Beispiel herangezogen wird. Kritisch ist an dieser Stelle anzumerken, dass Bauman jedoch auch hiermit – ähnlich wie im Fall von Marx – eine stark einseitige Lesart vornimmt, denn mit Blick auf Durkheims Gesamtwerk müsste im Grunde von sehr unterschiedlichen „Versionen" dieses Klassikers die Rede sein (Schroer 2010: 202, Bogusz/Delitz 2013: 13). So wird Durkheim im gegenwärtigen soziologischen Diskurs keineswegs ausschließlich als ein strikt positivistischer Denker aufgefasst, sondern wird, insbesondere mit Blick auf das Spätwerk „The Elementary Forms of the Religious Life" (1912), gleichfalls als zentraler Wegbereiter einer kultursoziologischen Perspektive angesehen, die – wie Bauman selbst – eine Kontingenz von Bedeutung oder Sinnstrukturen betont (Alexander 1988, Smith/Alexander 2005: 12 ff.).

Hiervon abgesehen belegt die Zurückweisung des Positivismus allerdings durchaus, dass es Bauman nicht um eine Betrachtungsweise von Gesellschaft als „objektive Tatsache" geht. Gesellschaft liegt für Bauman nie außerhalb des Einflussbereiches des Individuums und diesem wird, obwohl es durch gesellschaftliche Zwänge stets eingeschränkt wird, die Möglichkeit und Freiheit zugesprochen, gesellschaftlichen Wandel voranzutreiben. Damit ist die Soziologie Baumans von dem Bestreben gekennzeichnet, ein Offenhalten von sowie eine Suche nach alternativen Möglichkeitshorizonten zu ermöglichen:

> By doing its job – re-presenting human condition as the product of human actions – sociology was and is to me a critique of extant social reality. Sociology is meant to expose the relatively of what is, to open the possibility of alternative social arrangements and ways of life, to militate against the TINA ('There Is No Alternative') ideologies and life philosophies. As an interpretation of human experience laying bare its invisible, hidden or covered-up links, the mission of sociology, as I understood it all along, was to keep other options alive (Bauman 2008a: 238).

Wenn Gesellschaft als Produkt menschlichen Handelns identifiziert ist, wird eine beständige Kontingenz von Gesellschaft betont und in der Folge werden auch Unterdrückungskonstellationen oder Exklusionsprozesse als nicht notwendig und somit als veränderbar offengelegt. Hierdurch wird der Disziplin der Soziologie ein maßgebliches emanzipatorisches Potenzial zugesprochen und sie wird zur Hoffnungsträgerin, die beständig darauf aufmerksam macht, dass eine „bessere" Gesellschaft eine bleibende Möglichkeit darstellt. Bereits in „Socialism the Active Utopia" sucht Bauman nach Wegen, humanistische und sozialistische Ideale nicht aufzugeben – trotz den Erfahrungen eines fundamental scheiternden Realsozialismus (Abschn. 4.1). Zum Ende von „Towards a Critical Sociology" wird der Mensch schließlich gänzlich mit dem Thema der Hoffnung identifiziert: „[…] before he may be a thinker, a symbol-maker, a homo faber – man has to be he-who-hopes" (Bauman 1976b: 112). Indem der Soziologie die Aufgabe zukommt, einen Glauben an eine lebenswerte Zukunft zu vermitteln, erhält sie einen unmittelbaren Nutzen für den „gewöhnlichen" Menschen und schottet sich keineswegs in einem akademischen Elfenbeinturm ab.

Während eine solche Erinnerung an das emanzipatorische Potenzial der Soziologie bis in die Gegenwart keinerlei Aktualität einbüßt, so erscheint es kritikwürdig, dass Bauman selbst keinerlei Alternativen bzw. Visionen einer zukünftigen gesellschaftlichen Ausgestaltung konkret benennt. D. h., welche gesellschaftlichen Strukturen nach der Überwindung eines *status quo* in der sozialen Realität gegeben sein oder welche Formen gesellschaftliche Institutionen annehmen sollten, verbleibt bei Bauman stets im Ungesagten (Dawson 2017: 233, Brzeziński 2022: 71). Allerdings versteht Bauman es auch gar nicht als primäre Aufgabe der Soziologie solche konkreten Lösungsvorschläge vorzubringen, vielmehr soll durch einen hermeneutischen Ansatz zuvorderst der Heterogenität von Blickweisen auf die Welt Rechnung getragen werden. In Baumans Verständnis ist die Soziologin oder der Soziologe jemand, der

> securely embedded in his own, ‚native' tradition, penetrates deeply into successive layers of meanings upheld by the relatively alien tradition to be investigated. The process of *penetration* is simultaneously that of *translation*. In the person of the sociologist, two or more traditions are brought into communicative contact – and thus open up to each other their respective contents which otherwise would remain opaque (Bauman 1989b: 93).

Ungleich positivistischer Ansätze wird in diesem Zuge nicht davon ausgegangen, dass es *eine* richtige Blickweise auf die Welt gibt, vielmehr soll die Soziologie darauf aufmerksam machen, dass eine äußerst heterogene Vielfalt von Weltinterpretationen möglich und, darüber hinaus, plausibel sein können (Bauman 1990: 215). Diese Vielzahl soll das soziologische Denken anerkennen, um anschließend ein Vermitteln zwischen Perspektiven zu ermöglichen. In diesem Kontext wird sowohl in „Towards a Critical Sociology" als auch in „Hermeneutics and Social Sciences" die Zentralität eines umfassenden Dialogs zwischen gesellschaftlichen Gruppen herausgestellt. In der Suche nach einem Konsens über eine erstrebenswerte Zukunft soll ein Austausch konkurrierender Ansichten ermöglicht werden. Während in den 1970er Jahren somit zwar weiterhin Anschlüsse an Habermas identifizierbar sind, nimmt dessen Relevanz für Bauman in den folgenden Jahren stark ab und gleichzeitig kristallisieren sich bereits verstärkte Einflüsse Foucaults heraus. So betont Bauman bereits in „Hermeneutics and Social Science", dass im Kontext einer Dialogermöglichung in erster Linie Machtstrukturen der Aufmerk-

5.4 Die Grenzen und Möglichkeiten von Baumans Soziologieverständnis

samkeit bedürfen: „The paramount obstacle standing in the way of true consensus is the structure of dominance, which defies both conditions of rational agreement" (Bauman 1978: 244, cf. Brzeziński 2022: 88). Insgesamt wird der hermeneutische Ansatz Bauman jedoch zeitlebens begleiten, wobei gefordert wird, dass die Soziologie stets in einen engen Kontakt zum „gewöhnlichen" Menschen treten muss. Dies verdeutlich nochmal ein späteres programmatisches Zitat aus dem Jahr 2002:

> Physics or chemistry [...] make impact on reality by their results rather than by their conversation. Our field is more conversational. [...] Sociology has to be readable. Unless sociology addresses the experience of ordinary people, it's useless. [...] Of course, you can get a PhD out of it, you can get a chair out of it, but that's all. It would remain a completely esoteric activity. If you do physics in such a way, it is OK, because you have these results, you make machinery. Look at this beautiful TV set. I have no idea what is inside, I never had a look behind the screen. I just push the buttons, and it is OK. But there is no sociological equivalent of this. You can't supply people with sociological equivalents of this wonderful machinery, to push buttons. They are buttons themselves. They have to push themselves. The only way is to engage in a conversation, to discuss things, to interpret (Welzer/Bauman 2002: 110).

Im eklatanten Gegensatz zu naturwissenschaftlichen Disziplinen sieht Bauman es somit als zentrale Aufgabe der Soziologie, sich dem „gewöhnlichen" Menschen zuzuwenden, Interpretationen verschiedener Blickweisen vorzunehmen und derart zur Möglichkeit eines friedlichen Dialogs zwischen Menschen beizutragen: „Like all conversations, sociology engages in conversation with lay doxa – common sense or actor's knowledge. It involves passing messages that turn into stimuli that evoke responses which become stimuli in their turn – in principle ad infinitum" (Bauman et al. 2014: 17 f.). Die Soziologie kann für Bauman unmöglich von den subjektiven Sichtweisen oder dem Erfahrungswissen der Menschen losgelöst existieren, sondern steht mit diesen in beständiger Kommunikation. Soziologischen Interpretationen der sozialen Welt wiederum wirken zurück auf die „gewöhnlichen" Menschen und den *common sense*, indem abermals neue Sichtweisen bereitgestellt werden. Die Soziologie erhält somit einen gesamtgesellschaftlichen Nutzen, denn sie ermöglicht einen neuen Blick auf vermeintliche Selbstverständlichkeiten und weist in diesem Zuge beständig auf emanzipatorische Potenziale hin.

Allerdings sei zum Schluss darauf hingewiesen, dass ein häufig an Bauman herangetragener Kritikpunkt ebenfalls mit jenem hermeneutischen Ansatz in Verbindung steht. Dies betrifft den Vorwurf der Vernachlässigung empirischer

Ansätze und soziologischer Methoden (Ray 2007: 64, Davis 2020: 32). In aller Deutlichkeit tritt dies in „Thinking Sociologically" hervor: Obwohl sich das Buch als allgemeine Einführung in die Disziplin der Soziologie versteht, erscheinen Fragen der sozialwissenschaftlichen Datenerhebung für Bauman hier vollständig vernachlässigbar. Letztendlich kann aber dennoch festgehalten werden, dass Baumans hermeneutischem Grundverständnis der Soziologie bis in die Gegenwart Relevanz zugesprochen werden kann, nicht zuletzt, weil dieses gegen jegliches einseitiges und fundamentalistisches Denken in Stellung gebracht werden kann (Davis 2020: 30 ff.).

„Die" Moderne und ihre Transformation 6

> *„The Holocaust was not an irrational outflow of the not-yet-fully-eradicated residues of pre-modern barbarity. It was a legitimate resident in the house of modernity; indeed, one who would not be at home in any other house"* (Bauman 1989a: 17)

Kap. 4 hat gezeigt, dass das Denken und Werk Baumans, vermutlich auch aufgrund eigener biografischer Erfahrungen, bis in die Mitte der 1980er Jahre stark von der damals allgegenwärtigen Gegenüberstellung kapitalistischer und sozialistischer Gesellschaftssysteme geprägt ist. Ab Ende der 1980er Jahre – kurz vor Baumans Pensionierung – wird dieser Fokus allmählich durch jene Thematik abgelöst, die Bauman sowohl über die Disziplin der Soziologie als auch das wissenschaftliche Feld insgesamt hinaus weltweite Bekanntheit verschaffen wird: die Diskussion der soziokulturellen Makroformation „Moderne". Nahezu konsensual werden mit Blick auf Baumans Werkentwicklung einer Trilogie von Büchern in diesem Zuge maßgebliche Bedeutung zugesprochen: Zu dieser zählen „Legislators and Interpreters" (1987), „Modernity and the Holocaust" (1989) sowie „Modernity and Ambivalence" (1991) (Smith 1999: 113 ff., Beilharz 2000: ix, Imbusch 2014: 122). Aufgrund der Zentralität dieser Werke, verdienen sie im Folgenden eine je spezifische Betrachtung. Im erstgenannten Werk werden erstmals einige Kernthesen und -argumente Baumans im Kontext seiner Diskussion „der" Moderne ersichtlich und in den beiden folgenden Büchern werden diese detailliert weiterentwickelt. Insbesondere das mit dem europäischen Amalfi-Preis ausgezeichnete Werk über den Holocaust wird Bauman weitreichende internationale Aufmerksamkeit verleihen und schon bald gilt Bauman innerhalb der Soziologie als Vordenker der „Moderne-Thematik". Diese verstärkte Wahrnehmung bestätigt sich auch mit Blick auf den deutschsprachigen Raum, denn „Modernity and the Holocaust" wird das erste Buch Baumans sein, das auch in deutscher Übersetzung erscheint.

Bevor sich jedoch diesem vielleicht berühmtesten Werk Baumans zugewandt wird, ist zunächst eine Fokussierung von „Legislators and Interpreters" hilfreich, denn dieses Buch verknüpft Baumans zuvor offengelegten Blick auf die Rolle und Funktion der Soziologie mit eben jenem neuen Fokus auf den Wandel einer kulturellen Makroformation „Moderne". So lässt bereits der Untertitel des Buches – „On Modernity, Post-Modernity and Intellectuals" – sowohl jenen neuen Fokus als auch das fortgesetzte Interesse an der Rolle der Sozialwissenschaften in der Gesellschaft unmittelbar ersichtlich werden. Beide Thematiken werden verknüpft, indem Bauman nach der sich historisch wandelnden Rolle der Intellektuellen fragt, und zwar im Zuge einer soziohistorischen Transition von einer traditionellen bzw. vormodernen Gesellschaft zur Moderne und schließlich zur Postmoderne.

6.1 Die Intellektuellen und die Gesellschaft

Generell weicht Bauman zwar vor einer spezifischen Datierung der modernen Epoche zurück, allerdings stellt er fest, dass die Moderne als eine Zeit zu definieren ist, die (in Westeuropa) mit einer Reihe von soziostrukturellen und intellektuellen Transformationen des 17. Jahrhunderts beginnt und die ihre Reife auf zwei Weisen erreicht: Erstens, als kulturelles Projekt mit dem Beginn der Aufklärung und zweitens, als eine sozial vollendete Lebensform mit dem Entstehen der industriellen Gesellschaft (Bauman 1991: 4). Zunächst können insbesondere das Aufkommen sowie die spätere Ausbreitung der europäischen Aufklärung im 17. und 18. Jahrhundert als zentrale Entwicklung gelten. Freilich kann in diesem Kontext kaum von einer singulären aufklärerischen Bewegung gesprochen werden, denn aufgrund lokaler Gegebenheiten – etwa in Frankreich, England oder Deutschland – umfasst diese mitunter höchst heterogene Denkrichtungen oder politische Entwicklungen. Als grundsätzliche Tendenz kann dennoch festgehalten werden, dass diese auch als „Zeitalter der Vernunft" bezeichnete historische Phase insbesondere durch eine Betonung der Bedeutung von Rationalität und Wissen als Grundlage für die Gestaltung von Gesellschaft und Kultur gekennzeichnet sein wird: (Aber-)Glaube und Religion werden durch kritisches Denken sowie rationale Wissenschaft herausgefordert (Meyer 2018: 11 ff.). Liberalismus und Pluralismus werden zu geschätzten Idealen und unter den Aufklärern herrscht ein Glaube an Fortschritt, der durch Anwendung instrumenteller Rationalität

6.1 Die Intellektuellen und die Gesellschaft

verwirklicht werden könne. Im Zuge dieser Entwicklung verliert die Kirche zunehmend ihre zuvor unhinterfragte Macht und ihr Monopol auf Wahrheit geht verloren, was Bauman von einer „bankruptcy of the traditional agents of surveillance power" sprechen lässt (Bauman 1987: 42).

In „Legislators and Interpreters" legt Bauman insbesondere mit Blick auf Frankreich offen, wie der Staat – an Stelle der Kirche – allmählich zum entscheidenden Akteur aufsteigt. Das vorherige Zitat deutet schon an, dass sich dabei eine Beschreibungsform wiederfindet, die Bauman bereits fünf Jahre zuvor in „Memories of Class" erstmals einführte: In Anlehnung an Foucault sieht Bauman die Moderne nicht lediglich durch einen Niedergang vormoderner Verhaltens- und Denkweisen geprägt, vielmehr sei diese gleichzeitig durch eine Hervorbringung neuartiger Kontrollmechanismen und Formen der Überwachung gekennzeichnet. Zur Beschreibung jener aufkommenden Machtform greift Bauman erneut auf das Modell des Panopticons zurück (Bauman 1987: 45 f., cf. Abschn. 4.2).

Während Bauman seine Beschreibung einer aufkommenden Moderne somit zunächst weiterhin an Foucault anlehnt, so wird diese im Folgenden durch die Metaphern des „Wildhüters" und des „Gärtners" ergänzt. Mit Ernest Gellner werden vormoderne Gesellschaften als „wilde Kulturen" gekennzeichnet: Diese „reproduce themselves from generation to generation without conscious design, supervision, surveillance or special nutrition" (Bauman 1987: 51). Da in den „wilden Kulturen" gesellschaftliche Ordnung als etwas Natürliches, Übermenschliches oder Gottgegebenes angesehen wird, investiert eine vormoderne herrschende Klasse keinerlei Energie in Versuche der Transformation sozialer Ordnung. Die „Wildhüter" begnügen sich, „to secure a share in the wealth of goods these timeless habits produce, to make sure that the share is collected, and to bar impostor gamekeepers (poachers, as the illegal gamekeepers are branded) from taking their cut" (Bauman 1987: 52). So sammeln die vormodernen Herrschenden etwa Steuern vom Volk ein oder führen (kriegerische) Auseinandersetzungen mit anderen Herrschenden, allerdings glauben sie weder, dass es möglich, noch, dass es notwendig ist, in die spezifischen Verhaltensweisen des einzelnen, „gewöhnlichen" Menschen einzugreifen.

Bauman bezeichnet es nun hingegen als „far the most important milestone on the road to modernity", dass soziale Ordnung, beginnend im 17. Jahrhundert, zunehmend nicht länger als etwas außerhalb des menschlichen Einflussbereiches angesehen wird (Bauman 1987: 53). In diesem Zuge wird der „Wildhüter" allmählich durch den „Gärtner" abgelöst. Letzterer ist zentral durch das Bestreben gekennzeichnet, die „Wildnis" der vormodernen Kultur zu bekämpfen: Nach einem Ideal und konzipierten Plan soll Wildnis aktiv gestaltet und in eine möglichst „perfekte" zukünftige Form transformiert werden. Insbesondere die aufstrebende staatliche Macht ist laut Bauman bestrebt, das Chaos zu zähmen und ein Territorium als geordneten „Garten" zu kultivieren. Um eine Rückkehr von Wildnis in einen in Ordnung gebrachten Garten zu verhindern, bedarf es anschließend zudem permanenter Pflege und Überwachung: „[…] human life and conduct appeared now as something which needed to be formed, lest it should take shapes unacceptable and damaging to social order, much like an unattended field is swamped with weeds and has little to offer its owner" (Bauman 1987: 94). Anstatt die europäische Aufklärung lediglich als eine Entwicklung anzusehen, die (Aber-)Glaube unterminiert oder Ignoranz durch rationales Wissen ablöst, kennzeichnet Bauman das Aufkommen der Moderne somit vielmehr durch eine Hervorbringung uniformer „Gartenkulturen". Menschliches Verhalten wird nun maßgeblich reguliert, indem eine gewünschte Form definiert und diese reproduzierbar gemacht wird.

An dieser Stelle wird die Rolle der Intellektuellen entscheidend, denn diese erhalten in der Moderne zuvorderst die Aufgabe als Gehilfen gärtnerischer staatlicher Ambitionen zu fungieren. Denn im Zuge des Bedeutungsverlusts der Kirche sowie eines sich anbahnenden Machtverlusts der Aristokratie wird eine neue Elite notwendig und der Staat benötige neue Autoritätsquellen. Die Intellektuellen sind geeignete Kandidaten, denn diese können sich auf eine umfassende, dem „gewöhnlichen" Menschen überlegene, Gelehrtheit berufen. Indem die Intellektuellen in eine enge Verbindung mit den staatlichen Herrschenden treten, beweist sich laut Bauman die enge Verknüpfung von Wissen und Macht in der Moderne (Bauman 1987: 26): Es kommt zu einem „knowledge-led management […] aimed above all at the administration of individual minds and bodies" (Bauman 1987: 93). Da innerhalb den Gartenkulturen menschliches Verhalten nicht länger dem Zufall überlassen bleiben darf, werden die Intellektuellen somit als neuartige Autoritätsfiguren benötigt, die bestimmte „richtige" Arten und Weisen eines „guten" Verhaltens verbindlich definieren:

> […] the qualitatively novel location of controlling and order-reproducing powers created demand for a novel kind of expertise, and a novel function of paramount, systemic importance: a function of teacher/supervisor, of a professional specializing in modifying human behaviour, in ‚bringing conduct into line' and staving off, or containing the consequences of, disorderly or erratic action (Bauman 1987: 75).

Laut Bauman nehmen die Intellektuellen in der Moderne damit die Rolle des „Gesetzgebers" ein, dessen bindende Autorität durch ein (vorgeblich) gegenüber dem „gewöhnlichen" Individuum überlegenes objektives Wissen abgesichert wird. Mithilfe der Intellektuellen strebt die gärtnerische Moderne an, die Gesamtheit gesellschaftlicher Subjekte zu formen und in diesem Zuge erscheinen etwa Vagabunden, Bettelnde, Kranke oder Kriminelle als Angehörige einer gefährlichen Klasse, die einer Erziehung zu einem Normverhalten oder dauerhafte (panoptische) Überwachung bedürfen (Bauman 1987: 38 ff.). Das Individuum der Gartenkultur soll so zum gehörigen Subjekt werden, das sich einer – mit Hilfe der Intellektuellen vorgenommenen – Definition der „guten" Gesellschaft unterwirft.

Während Bauman die Intellektuellen der Moderne als „Gesetzgeber" identifiziert, ändert sich deren Rolle mit dem Anbruch einer von Bauman nun erstmals als „Postmoderne" bezeichneten soziokulturellen Formation. Zwar wird auch das Aufkommen dieser „neuen" Epoche nicht spezifisch datiert, grundsätzlich ist jedoch die damalige Gegenwart gemeint – das Ende des 20. Jahrhunderts. Die Bezeichnung „neu" steht in Anführungszeichen, denn Bauman macht zentral, dass die Postmoderne mitnichten als ein absoluter Bruch mit der Moderne zu verstehen ist. Gleichwohl könne eine sich maßgeblich wandelnde Rolle der Intellektuellen identifiziert werden. Diese sind in der aufkommenden Postmoderne zunehmend von einem neuartigen, reflexiven Selbstverständnis gekennzeichnet und werden von Bauman mit der Rolle des „Interpreten" identifiziert. Vorauszuschicken ist, dass Bauman „Gesetzgeber" und „Interpreten" als Idealtypen kennzeichnet, d. h. eine „moderne" Form intellektueller Praxis wird nicht einfach von einer „postmodernen" abgelöst und diese seien letztendlich – wie Moderne und Postmoderne insgesamt – nicht vollständig trennbar (Bauman 1987: 3 ff.).

Den entscheidenden Einschnitt sieht Bauman darin, dass es zum Ende des 20. Jahrhunderts zu einer Scheidung von staatlichem und intellektuellem Diskurs kommt (Bauman 1987: 2). Maßgeblicher Grund ist eine sich global durchsetzende kapitalistische Konsumkultur, die jene Intellektuellen nicht länger benötigt, die Visionen gesamtgesellschaftlicher Ordnung formulieren. Der Konsumkapitalismus macht den Intellektuellen als „Gesetzgeber" überflüssig: „[…] values have been turned into attributes of commodities, and otherwise rendered irrelevant. It is therefore the mechanism of the market which now takes upon itself the role of the judge, the opinion-maker, the verifier of values. Intellectuals have been expropriated again" (Bauman 1987: 124). Ungleich dem modernen „Gärtnerstaat" werden die Intellektuellen im Konsumkapitalismus der Postmoderne nicht benötigt, um Uniformität zu erzeugen, d. h. *eine* richtige Art und Weise des Denkens und Verhaltens festzulegen. Denn der dominante ökonomische Markt zeigt sich hochflexibel in der Subsumierung einer überaus heterogenen Vielfalt an Werten, Geschmäckern, Lebensweisen oder (Sub-)Kulturen. Konfrontiert mit dieser neuen Realität kommt es zur entscheidenden Wandlung der Rolle der Intellektuellen: „With pluralism irreversible, a world-scale consensus on world-views and values unlikely, and all extant *Weltanschauungen* firmly grounded in their respective cultural traditions (more correctly: their respective autonomous institutionalizations of power), communication across traditions becomes the major problem of our time" (Bauman 1987: 143). Nicht länger ist das Suchen und Lehren absoluter Wahrheit die Funktion der Intellektuellen, vielmehr bringt die neue Rolle des „Interpreten" völlig neue Aufgaben mit sich: Um gegenseitiges Verständnis in der postmodernen Welt – die von einer unhintergehbaren Mannigfaltigkeit von multiplen Lebensentwürfen und heterogenen subkulturellen Gruppierungen gekennzeichnet ist – zu ermöglichen, übernehmen die Intellektuellen die Rolle von „Übersetzern". Diese vermitteln zwischen den multiplen „Sprachen" und Werten gesellschaftlicher Gruppierungen:

> […] the proposed specialism boils down to the art of civilized conversation. This is, naturally, a kind of reaction to the permanent conflict of values for which the intellectuals, thanks to their discursive skills, are best prepared. To talk to people rather than fight them; to understand them rather than dismiss or annihilate them as mutants; to enhance one's own tradition by drawing freely on experience from other pools, rather than shutting it off from the traffic of ideas; that is what the intellectuals' own tradition, constituted by ongoing discussions, prepares people to do well. And the art of civilized conversation is something the pluralist world needs badly (Bauman 1987: 143).

Letztendlich zeigt sich damit, dass „Legislators and Interpreters" Kontinuitäten zu Baumans Überlegungen bzgl. einer interpretativen Sozialwissenschaft aus den 1970er Jahren aufweist (Abschn. 5.2). Während die Rolle des „Gesetzgebers" einer hermeneutischen soziologischen Methode vollständig widerspricht, so ist es die Rolle des „Interpreten", die von dem bereits damals formulierten Ziel geprägt ist, gegenseitiges Verständnis zwischen heterogenen Weltinterpretationen und menschlichen Gruppen zu ermöglichen: „[…] the ,interpreter' role […] is concerned with preventing the distortion of meaning in the process of communication" (Bauman 1987: 5). Es geht nicht länger um die Definition und Durchsetzung einer universalen Idee der „guten" Gesellschaft, sondern um das Vermitteln zwischen einer unüberbrückbaren Vielfalt von Lebenswelten und Denkweisen sowie einer Ermöglichung der Aufrechterhaltung von Dialog (Dawson 2017: 229 f.).

6.2 Der Holocaust: Ein soziologischer Blick

Obwohl in „Legislators and Interpreters" Baumans Skepsis gegenüber der modernen Rolle des „Gesetzgebers" sowie seine Neigung zur postmodernen Rolle des „Interpreten" offensichtlich ist, hebt er hier noch hervor, dass diese

6.2 Der Holocaust: Ein soziologischer Blick

Gegenüberstellung keine normative Beurteilung beider Idealtypen darstellt. Zum eindeutigen Kritiker der soziokulturellen Formation „Moderne" wird Bauman indes in seinem zwei Jahre später veröffentlichten Werk „Modernity and the Holocaust" (1989). Eine wichtige Rolle in der Entstehungsgeschichte dieses Buches spielt Baumans Ehefrau Janina Bauman. Wie Kap. 2 dargestellt hat, konnte Zygmunt Baumans jüdische Familie dem Naziterror durch eine Flucht in die Sowjetunion knapp entkommen. Baumans spätere Ehefrau Janina verbrachte hingegen einen bedeutenden Teil ihrer Jugend im Warschauer Ghetto, dem größten von den Nationalsozialisten errichteten Sammellager für die Deportation der Juden in die Vernichtungslager. Janina Bauman wird ihre Erfahrungen von den unmenschlichen Bedingungen im Ghetto später in ihrem Buch „Winter in the Morning" festhalten (J. Bauman 1986). Wie Bauman im Vorwort von „Modernity and the Holocaust" angibt, berührt ihn das Buch tief: „Having read Janina's book I began to think just how much I did not know – or rather, did not think about properly. It dawned on me that I did not really understand what had happened in that ‚world which was not mine'" (Bauman 1989a: vii). Obwohl Bauman Jude war, war er kein praktizierender Gläubiger, und das Thema des „Jüdisch-Seins" blieb auch in seinem Werk bisher weitgehend unbeachtet. Unter dem Eindruck von Janinas Buch wird Bauman dieses „Jüdisch-Sein" jedoch „wiederentdecken" und dabei den Versuch unternehmen, ein Verständnis des Holocaust zu ermöglichen (Smith 1999: 123).

Ende der 1980er Jahre beginnt Bauman, sich mit der wissenschaftlichen Literatur zum Holocaust auseinanderzusetzen, zeigt sich jedoch bald sehr unzufrieden mit den sozialwissenschaftlichen Studien zum Thema. Im Kern ließen sich alle Arbeiten zwei Kategorien zuordnen. Auf der einen Seite werde der Holocaust als ein spezifisches Ereignis der jüdischen Geschichte betrachtet und aus dieser Perspektive erscheint der Holocaust schlicht als eine mörderische Fortsetzung eines jahrtausendealten Antisemitismus und als ein herausragender Ausnahmefall in der Geschichte: „[…] a one-off episode, which perhaps sheds some light on the *pathology* of the society in which it occurred, but hardly adds anything to our understanding of this society's *normal* state" (Bauman 1989a: 1). Auf der anderen Seite werde der Holocaust als eine entartete Fehlentwicklung in einem fortlaufenden Prozess des menschlichen Fortschritts und der Zivilisation betrachtet. Wie andere Fälle von Genozid und Barbarei erscheint der Holocaust in dieser Sichtweise als das Produkt unkontrollierter negativer menschlicher Veranlagungen. Die Botschaft einer – wie Bauman sie nennt – orthodoxen Soziologie laute daher, „that the Holocaust was a failure, not a product, of modernity" (Bauman 1989a: 5).

Bauman stellt beiden Optionen eine völlig entgegengesetzte Perspektive gegenüber. Statt den Holocaust als „Unfall" oder „Irrweg" der Moderne zu betrachten, müsse gerade das Aufkommen dieser Moderne als eine notwendige Voraussetzung für den nationalsozialistischen Massenmord angesehen werden: "*The Holocaust was born and executed in our modern rational society, at the high stage of our civilization and at the peak of human cultural achievement, and for this reason it is a problem of that society, civilization and culture*" (Bauman 1989a: x). Wichtig ist, dass Bauman an keiner Stelle behauptet, der Holocaust sei das notwendige oder einzig mögliche Resultat der Moderne gewesen. Vielmehr stellt der Holocaust eine inhärente Möglichkeit der Moderne dar und letztere war eine notwendige Bedingung für diese Möglichkeit: "Modern civilization […] was not the sufficient but the necessary condition of the Holocaust" (Beilharz 2000: 92). Der Holocaust wird somit als ein einzigartiges Ereignis bestimmt, das jedoch auf der Grundlage allgemeiner und relativ gewöhnlicher Eigenschaften der Moderne entstanden ist. Dabei wird Bauman insbesondere auf Prozesse der Rationalisierung, der Bürokratisierung und des technologischen Fortschritts verweisen.

Zunächst beschäftigt Bauman allerdings die Frage, warum gerade die Juden die Hauptopfer des Nationalsozialismus waren. Zwar wurden auch andere Gruppen, wie Sinti und Roma, Menschen mit Behinderungen oder Homosexuelle unter dem Nazi-Regime ermordet, aber nur die Juden waren vom Plan einer systematischen Ausrottung betroffen. Hierbei merkt Bauman an, dass der Antisemitismus grundsätzlich zwar vormoderne Wurzeln hat, allerdings erst die Charakteristika der Moderne eine völlig neue Qualität des Antisemitismus ermöglichen. In diesem Zusammenhang ist nun zunächst entscheidend, dass das Aufkommen der Moderne untrennbar mit dem Prozess der Nationenbildung verbunden ist: Wie Wissenschaftler*innen verschiedener Disziplinen aufzeigen, wird mit dem Aufkommen der Moderne die Nation zum dominanten Ordnungsparadigma (Kohn 1955, Anderson 1983, Gellner 1983, Hobsbawm 1990). In dieser Welt der Nationen werden die Juden bald zu einem zentralen "Problem": "In a world fully and exhaustively divided into national domains, there was no space left for internationalism, and each scrap of the no-man's-land had become a standing invitation to aggression. *The world tightly packed with nations and nation-states abhorred the non-national void. Jews were in such a void: they were such a void*" (Bauman 1989a: 53). Die vorgeblich wurzellosen und kosmopolitischen Juden untergraben eine moderne Ordnung nationaler Kategorisierungen und erscheinen beispielsweise nicht als "Ausländer", gleichzeitig aber auch nicht als "Deutsch". Sie sind "Zwischenwesen" und in der Moderne werden sie zum "only reminder of the relativity of nationhood and of the outer limits of nationalism. They were the very danger against which nations had to constitute themselves" (Bauman 1988b: 27).

In diesem Kontext greift Bauman auf die in „Legislators and Interpreters" eingeführte Metapher des Gärtnerstaats zurück, die ein Streben der soziokulturellen Formation „Moderne" nach absoluter Ordnung hervorhebt: „Modern genocide, like modern culture in general, is a gardener's job. It is just one of the many chores that people who treat society as a garden need to undertake. If garden design defines its weeds, there are weeds wherever there is a garden. And weeds are to be exterminated" (Bauman 1989a: 92). In „Modernity and the Holocaust" ist die Metapher des Gartens somit nicht länger eine bloße Abstraktion, denn im Nationalsozialismus sind es konkret die Juden, die die moderne Utopie des „perfekten" Gartens zu bedrohen scheinen: Sie sind weder einer spezifischen Nation noch einer spezifischen Klasse zuordbar und werden in diesem Zuge zum menschlichen „Unkraut" gemacht, welches die „legitimen" Pflanzen vorgeblich am Wachstum stört.

Es deuten sich hiermit Kontinuitäten des Baumanschen Denkens an, die bis zu seiner semiotischen Kulturtheorie zurückreichen. Denn die Juden verkörpern den Platz der „schleimigen" Fremden, d. h. sie werden zu einer konkreten Füllung jener Kategorie, die Bauman bereits in den frühen 1970er Jahren als eine Gefahr eindeutiger Klassifikationsleistungen vorstellt: *„They were the opacity of the world fighting for clarity, the ambiguity of the world lusting for certainty"* (Bauman 1989a: 56). Die Juden werden zum Träger von Ambivalenz und diese ist maßgebliche Bedrohung für die durch den Gärtnerstaat als „perfekt" imaginierte Ordnung: *„The conceptual Jew carried a message; alternative to this order here and now is not another order, but chaos and devastation"* (Bauman 1989a: 39). Die Formulierung „conceptual Jew" verweist darauf, dass nicht allein ein „Jüdisch-sein" zentral ist, vielmehr steht das Konzept bei Bauman für das, was als ein radikal Anderes von Ordnung definiert wird. Später schlägt Bauman daher auch vor, anstatt von Antisemitismus zunächst von Allosemitismus zu sprechen. Dies meint eine Praxis, infolge derer durch Ambivalenz gekennzeichnete Gruppen als ein absolut „Anderes" definiert werden, wobei der Antisemitismus allerdings oftmals eine unmittelbare Folge ist (Bauman 1998a).

Zwar werden die Juden zu radikalen Außenseitern gemacht, und sind schließlich das Hauptopfer des Nationalsozialismus, allerdings weist Bauman zurück, dass der Holocaust bloßes Ergebnis eines grassierenden Antisemitismus gewesen sei. Bauman nennt das Beispiel der Pogromnacht 1938, bei der es zu massenhaften Ermordungen und Zerstörungen jüdischer Einrichtungen kommt. Obwohl die deutsche Bevölkerung bei diesem Gewaltausbruch größtenteils tatenlos zusieht, erzeugte die entfesselte Gewalt durchaus Sympathie für die Opfer und führt mitunter zu Scham oder Entsetzen. Um die „Judenfrage" zu lösen, sind Emotionen wie Hass oder Zuneigung somit wenig hilfreich, und stattdessen werden es für Bauman drei Faktoren sein, die den Genozid ermöglichen: „*The design gives it the legitimation; state bureaucracy gives it the vehicle; and the paralysis of society gives it the ‚road clear' sign*" (Bauman 1989a: 114). Der erste Aspekt beschreibt jene Vision absoluter (nationaler) Ordnung, für die der moderne Gärtnerstaat programmatisch ist. Als zweites Element kommt die Bürokratie des Staates hinzu, die für Bauman eine maßgebliche Rolle einnimmt, denn „bureaucracy picks up where visionaries stop. [...] bureaucracy made the Holocaust. And it made it in its own image" (Bauman 1989a: 105). Zwar wird auf bürokratischer Ebene nicht das visionäre Ziel – die Säuberung des Gartens bzw. die „Lösung der Judenfrage" – definiert, allerdings übernimmt die Bürokratie nach Zielfestlegung die eigenverantwortliche Planung und Durchführung.

Anstatt Emotionen – wie in der Pogromnacht – Raum zu gewähren, ist die Bürokratie maßgeblich durch Rationalität gekennzeichnet. Nach Bauman können die nationalsozialistischen Konzentrationslager dann als eine Art Perfektionierung des fordistischen Fabriksystems verstanden werden und die soziokulturelle Formation „Moderne" findet im Holocaust gewissermaßen einen technologischen und organisatorischen Höhepunkt: „Considered as a complex purposeful operation, the Holocaust may serve as a paradigm of modern bureaucratic rationality. Almost everything was done to achieve maximum results with minimum costs and efforts. [...] Indeed the story of the Holocaust could be made into a textbook of scientific management" (Bauman 1989a: 149 f.). Erst das rationale und instrumentale Effizienzdenken der modernen Zivilisation macht den Holocaust überhaupt möglich und letzterer wird zum technologisch-bürokratischen „Erfolg" einer aus dem Ruder laufenden Moderne.

Um zu verdeutlichen, dass das Individuum in einem bürokratischen System weder den Blick noch die Verantwortung für das Ganze besitzt, sondern jeweils spezifische Aufgaben wertneutral abarbeitet, bezieht sich Bauman auf Max Weber (Weber 1972 [1920/21]: 551 ff., Bonazzi 2014: 191). Bauman führt in der Folge das Konzept der „Adiaphorisierung" ein, das eine moralische Neutralisierung durch instrumentelle Bürokratie und Technologie beschreibt. Die Distanz zwischen einzelnen Handlungen und ihren Konsequenzen wird so weit ausgedehnt, dass moralische Impulse gar nicht erst entstehen: Individuelle Handlungen scheinen das Gesamtresultat nicht zu bestimmen und erscheinen weder als „gut" noch als „schlecht", vielmehr wird völlige Indifferenz gegenüber einem Anderen erzeugt (Bauman 1989a: 215). Für Bauman ist es somit nicht entfesselter Hass oder bloßer Antisemitismus, sondern eine durch eine strikt rationalistische Bürokratie ausgelöste und ausgeartete Indifferenz, die den Holocaust ermöglicht. Bauman rekurriert in diesem Kontext wiederholt auf den Fall Adolf Eichmann – jenen Gehilfen der Nazis, der sich in seiner Prozessverteidigung zentral auf das Argument

6.2 Der Holocaust: Ein soziologischer Blick

einer pflichtbewussten Erfüllung von „von oben" erhaltenen Befehlen zurückzuziehen versuchte. Er schließt hiermit an Hannah Arendt an, die dieser Verteidigungsargumentation zwar nicht folgt, jedoch bereits nahelegt, dass Eichmann im Grunde als ein höchst „gewöhnlicher" Mensch verstanden werden muss und argumentiert, dass „es im Wesen des totalen Herrschaftsapparates und vielleicht in der Natur jeder Bürokratie liegt, aus Menschen Funktionäre und bloße Räder im Verwaltungsbetrieb zu machen [...]" (Arendt 2007 [1964]: 59).

Ein zentrales Beispiel für das zerstörerische Wirken moderner Rationalität ist für Bauman zudem die Kooperation der Juden mit ihren Mördern, wobei er sich auf die Rolle der Judenräte konzentriert. Diese waren lokale Verwaltungen, die von den Nationalsozialisten eingesetzt wurden, etwa in Ghettos, und die sich oft aus jüdischen Eliten zusammensetzten. Die Judenräte hatten unter anderem die Aufgabe, den Nationalsozialisten bei Deportationen in die Konzentrationslager zu helfen, und ihr Handeln war laut Bauman im Kern ebenfalls rational geleitet: „Incorporated in the overall power structure, given an extended set of tasks and functions within it, the doomed population had apparently a range of options to choose from. Co-operation with their sworn enemies and future killers was not without its own measure of rationality" (Bauman 1989a: 122). Die Kooperation der Opfer beruhte auf der Rationalität des individuellen Überlebens, denn ein erfolgreicher jüdischer Aufstand in den Ghettos schien zu keinem Zeitpunkt als die rationalste Option. Die Judenräte hatten letztendlich zwar keinerlei Macht oder Einfluss auf endgültige Entscheidungen der Nazis, durch Kooperation konnte jedoch mitunter Zeit gewonnenen werden, unter anderem auch, indem Kranke oder Alte zuerst für Deportationen ausgewählt wurden: „Rational defence of one's survival called for non-resistance to the other's destruction. This rationality pitched the sufferers against each other and obliterated their joint humanity. [...] Having reduced human life to the calculus of survival, this rationality robbed human life of its humanity" (Bauman 1988a: 296). Teilweise waren die Judenräte zwar tatsächlich in der Lage, jüdisches Leben zu retten, einer rationalen Entscheidung zu folgen, bedeutete jedoch meist, zur eigenen Zerstörung unmittelbar beizutragen.

Gegen Ende des Buches verlagert sich Baumans Fokus auf Fragen der Ethik und Moral, die er später in „Postmodern Ethics" (1993) aufgreifen wird (Abschn. 7.1). Ausgangspunkt ist eine Diskussion des berühmten psychologischen Experiments von Stanley Milgram (1961). Auf Anweisung einer Autoritätsperson sollten die Teilnehmenden einer ungesehenen Person (dem „Schüler") bei falschen Antworten Stromschläge zufügen, deren Intensität kontinuierlich gesteigert wurde. Obwohl die Schocks potenziell tödlich waren und die (gespielten) Schmerzens- und Gnadenrufe zunahmen, waren relativ wenige der teilnehmenden Personen daran interessiert, das Experiment vorzeitig abzubrechen. Vor diesem Hintergrund argumentiert Bauman, dass Menschen eher dazu bereit sind, andere Menschen zu schädigen, wenn diese einerseits aus dem Blickfeld verschwinden und andererseits eine Autoritätsperson Gründe für die Notwendigkeit einer Handlung (hier: die vorgebliche Notwendigkeit der Fortführung des Experiments) anbringt. Grausamkeit steht damit in engem Zusammenhang mit Autorität und Unterordnung und ist daher in erster Linie als ein soziales Produkt zu verstehen: „[…] *inhumanity is a matter of social relationships. As the latter are rationalized and technically perfected, so is the capacity and the efficiency of the social production of inhumanity*" (Bauman 1989a: 154). Nicht eine individuelle bösartige Veranlagung des Individuums, sondern dessen Einbettung in die moderne rational-bürokratische gesellschaftliche Ordnung, lässt die Möglichkeit der Unmenschlichkeit sowie den völligen Verlust eines Verantwortungsgefühls aufkommen. Baumans später in „Postmodern Ethics" weiter ausgearbeitetes Argument lautet daher, dass das Vermögen als moralische Person zu handeln „presocietal" sei (Bauman 1989a: 179). Weil auch der Fall des deutschen Nationalsozialismus zeigt, dass es keiner gesellschaftlichen Ordnung gelingen kann, dieses vorsoziale Vermögen des Menschen vollends auszulöschen, endet das Buch – trotz des bedrückenden Themas – mit einem hoffnungsvollen Ausblick: „*It does not matter how many people chose moral duty over the rationality of self-preservation – what does matter is that some did. Evil is not all-powerful. It can be resisted*" (Bauman 1989a: 207).

6.3 Ambivalenzen der Moderne

Im Jahr 1991 erscheint „Modernity and Ambivalence", das sich nahezu nahtlos an die beiden zuvor betrachteten Werke anschließt und einige der hier behandelten Themen in anderen Kontexten erneut betrachtet. Eher skeptisch bezeichnet Rattansi das Buch daher schlicht als eine „erweiterte Fußnote" zu „Modernity and the Holocaust" und tatsächlich stehen ein Ordnungsstreben der „Moderne" sowie die Rolle der Juden innerhalb dieser soziokulturellen Formation wieder im Zentrum des Interesses (Rattansi 2017a: 88). Dennoch geht Bauman über „Modernity and the Holocaust" hinaus, indem er gewissermaßen über Umwege zu „Legislators and Interpreters" zurückkehrt. Denn während das dort erstmals aufgeworfene Thema der Postmoderne im Kontext der Baumanschen Beschäftigung mit dem Holocaust zunächst keine Rolle mehr spielt, kann „Modernity and Ambivalence" als ein endgültiger Startpunkt einer „postmodernen Wende" Baumans angesehen werden.

6.3 Ambivalenzen der Moderne

Zu Beginn des Buches werden nochmals Kontinuitäten zu den kulturtheoretischen Schriften der frühen 1970er Jahre ersichtlich, in denen ein menschliches Streben nach Auslöschung von Ambiguität ein zentrales Thema ist (Abschn. 3.1). 20 Jahre später knüpft Bauman hier an und betont, dass der Mensch durch die Verwendung von Sprache beständig Klassifikationsleistungen vornimmt und somit der Welt eine bestimmte Struktur verleiht: „Language strives to sustain the order and to deny or suppress randomness and contingency" (Bauman 1991: 1). Allerdings kann das Ziel der sprachlichen Ordnungsherstellung nie vollständig erreicht werden, denn im Angesicht mehrdeutiger Situationen, versage die Ordnungsfunktion der Sprache: „[...] the linguistic tools of structuration prove inadequate; either the situation belongs to none of the linguistically distinguished classes, or it falls into several classes at the same time" (Bauman 1991: 2). Zwar kann in Reaktion darauf mit neuen und augenscheinlich präziseren Klassifikationsweisen versucht werden, Ordnung erneut herzustellen, letztendlich bleibt jedoch ein vollständiges Ausmerzen von Ambiguität eine Unmöglichkeit. Infolge erneuter Klassifikationen treten abermals mehrdeutige Situationen auf und „endgültige" Klassifizierungs- und Benennungsweisen bleiben unerreichbar.

Dieser sprachtheoretische Einstieg ist eng mit Baumans Diskussion der Moderne verknüpft, denn diese wird – wie „Modernity and the Holocaust" bereits andeutet – als soziokulturelle Formation bestimmt, in der das menschliche Wesen einer Notwendigkeit von Ordnungsherstellung gewahr wird und in der ein Drang nach eindeutigen Klassifikationen maßgeblich wird: „The discovery that order was *not natural* was discovery of *order as such*. The *concept* of order appeared in consciousness only simultaneously with the *problem* of order, of order as a matter of *design* and *action*, order as an obsession" (Bauman 1991: 6). Da mit dem Aufkommen der Moderne zunehmend nicht länger von einer „natürlichen" oder gottgegebenen Ordnung ausgegangen wird, wird die menschliche Herstellung von Ordnung zur primären Aufgabe: Unstrukturiertes Chaos soll durch aktive und unablässige Bearbeitung gebändigt werden. Wie zunächst auf sprachtheoretischer Ebene ausgeführt, ist jeder Ordnungsversuch allerdings mit dem Aufkommen neuer Ambivalenzen verknüpft. Mit anderen Worten: Jede scheinbare Lösung eines Problems steht mit dem Aufkommen neuer – komplexerer – Probleme in Verbindung, die anschließend erneuter Bearbeitung bedürfen. Bauman nennt das Beispiel der Optimierung der Landwirtschaft:

> There was a task to increase agricultural crops – resolved thanks to the nitrates. And there was a task of steadying water supplies – resolved thanks to stemming the flow of water with dams. Then there was a task to purify water supplies poisoned by the seepage of unabsorbed nitrates – resolved thanks to the application of phosphates

in specially built sewage-processing plants. Then there was a task to destroy toxic algae that thrive in reservoirs rich in phosphate compounds... (Bauman 1991: 13).

Innerhalb der soziokulturellen Formation „Moderne" bringt somit jedes scheinbar gelöste Problem abermalige Komplikationen hervor, die nach erneuten Gegenmaßnahmen rufen. Jeder Sieg gegen das Uneindeutige, jede Lösung eines Problems, ist somit vorläufig, wobei die soziokulturelle Formation „Moderne" jedoch vom Glauben geprägt bleibt, dass durch noch größere Anstrengungen ein finales Ausmerzen von Ambivalenz doch irgendwann möglich sei. Das Ordnungsstreben der Moderne geht laut Bauman daher unaufhörlich weiter und im Zuge des Ideals von Ordnung wird Ambivalenz zu „*the waste of modernity*" (Bauman 1991: 15).

Die Metapher des „Abfalls" steht in engem Zusammenhang mit Baumans Bild des Gärtnerstaats, der durch das Bestreben einer Entfernung von „Unkräutern" gekennzeichnet ist. Die Gartenmetapher bleibt für Bauman somit zentral, wobei nun weitere Beispiele für den modernen Ordnungsdrang diskutiert werden, etwa die „Wissenschaft" der Eugenik. Während diese oft nur mit dem Nationalsozialismus assoziiert wird, zeigt Bauman, dass die Eugenik mitnichten ein deutsches Spezifikum war, sondern in vielen Teilen Europas sowie der USA einflussreich wurde. Die Eugenik wird daher in erster Linie als ein „modernes" Phänomen bestimmt und dieses sei geprägt vom Ideal des „scientifically managing [of] the presently defective human stock" (Bauman 1991: 33). Der Traum der Moderne ist die Beherrschung von Natur, wodurch es ermöglicht werden soll, auch menschliche Gesellschaft zu perfektionieren. Das erfolgreiche „Management" der Reproduktionsweisen der Bevölkerung erscheint hierfür als ein probates Mittel. Auch dieses Beispiel verdeutlicht somit jenes Ordnungsstreben, das Bauman als allgemeines Prinzip der Moderne bestimmt. Dass dieses über bestimmte Kontexte hinausreicht wird insbesondere deutlich, indem Bauman verstärkt nicht nur den Nationalsozialismus als zentrales Beispiel für ein ausuferndes Ordnungsdrang der Moderne benennt: „The most extreme and well documented cases of global ‚social engineering' in modern history (those presided over by Hitler and Stalin) [...] were legitimate offspring of the modern spirit, of that urge to assist and speed up the progress of mankind toward perfection [...]" (Bauman 1991: 29). Der Realsozialismus und insbesondere der Stalinismus werden von Bauman somit nun als dem Nationalsozialismus ebenbürtige Beispiele benannt. Während im Nationalsozialismus allen voran die Juden der anvisierten „perfekten" (nationalen) Ordnung im Wege stehen, sind es im Stalinismus etwa die sogenannten „Kulaken" – ländliche Bauern, deren Produktionsweise und Kultur als rückständig angesehen wird. Zwar ist es hier tendenziell eher – auch der Stalinismus ist allerdings von

6.3 Ambivalenzen der Moderne

Elementen des Antisemitismus geprägt – eine (ökonomische) Klasse, die als störendes Element ausgemacht wird, jedoch erscheint diese ebenfalls als „Unkraut", das die „legitimen" Pflanzen des geordneten Gartens am Wachstum stört und daher zu „entsorgen" ist (Beilharz 2000: 95).

Im weiteren Verlauf von „Modernity and Ambivalence" werden die Juden nochmals als primäre Träger*innen von Ambivalenz in der Moderne diskutiert. Ein Hauptaugenmerk liegt auf den Assimilierungsbestrebungen der deutschen Juden im 19. Jahrhundert: Bauman legt offen, wie viele deutsche Juden einerseits die deutsche Nationsbildung begleiteten und unterstützten, andererseits dennoch nie ihren Status der Fremdheit vollends ablegen konnten. Sie verblieben in einer „Mittelposition", weder der aufkommenden deutschen Nation zugehörig noch radikale Feinde derselben. Im Bestreben der Assimilation versuchten die Juden mitunter „bessere" Deutsche zu sein als die „Einheimischen", was jedoch nicht von Erfolg gekrönt ist; die Juden bleiben letztendlich immer „anders": keine Deutschen, sondern (deutsche) Juden. So stellt Bauman im Kontext einer Diskussion über Heinrich Heine fest: „The display of assimilatory passion was perceived as the most convincing proof of his Jewish identity" (Bauman 1991: 114). Neben Heine betrachtet Bauman die Rolle einer Reihe weiterer deutsch-jüdischer Intellektueller sowie Literatur- und Kunstschaffender – Karl Marx, Georg Simmel, Ludwig Wittgenstein, Franz Kafka oder Gustav Mahler – in der Moderne. Ein Kernargument lautet dabei, dass jene jüdisch-stämmigen Personen die ersten sind, die das moderne Projekt absoluter Ordnung und Kategorisierung als scheiternd wahrnehmen und in ihren heterogenen Werken gemeinsam eine Unmöglichkeit „vollständiger" Klassifikationsweisen ergründen: „[…] forced into the state of homelessness by assimilatory pressures of modernity (and thus discovering the contingency and ambivalence of being), the Jews were the first to sample the taste of postmodern existence" (Bauman 1991: 158). Bauman benennt die deutschen Juden somit als Vorreiter einer existenziellen Erfahrung von Ungewissheit und Kontingenz; eine Erfahrung, die sich laut Bauman im Zuge des späteren Aufkommens der Postmoderne universalisieren wird.

In seiner Betrachtung dieser aufkommenden Postmoderne schließt Bauman an Jean-François Lyotard an, der bereits Ende der 1970er Jahre ein Ende der „großen Erzählungen" diagnostiziert und postmodernes Wissen nicht länger von einer legitimierenden Leitidee (etwa: Fortschrittsglaube der Aufklärung) gekennzeichnet sieht: „In äußerster Vereinfachung kann man sagen: Postmoderne bedeutet, daß man den Meta-Erzählungen keinen Glauben mehr schenkt" (Lyotard 1982: 131). Auch für Bauman verabschiedet die Postmoderne Einheitswünsche; diese zeichne sich damit zunächst dadurch aus, dass die Möglichkeit der Universalisierung von Klassifikationen und Ordnungen radikal infrage gestellt wird: „Postmodernity is modernity that has admitted the non-feasibility of its original project. Postmodernity is modernity reconciled to its own impossibility – and determined, for better or worse, to live with it. Modern practice continues – now, however, devoid of the objective that once triggered it off" (Bauman 1991: 98). Zwar dauern in der Postmoderne Klassifikations- und Ordnungspraktiken an, mit einem intellektuellen Standpunkt „außerhalb" der Moderne soll laut Bauman jedoch eine Bewusstwerdung möglich werden, dass „unvollständige" Ordnungen mitnichten noch-nicht-Universalitäten darstellen, die – wie in der Moderne geglaubt – durch größere Anstrengungen zukünftig verwirklicht werden können: „It thought of the *differentiation* it perpetrated as of *universalization*. This was modernity's self-deception" (Bauman 1991: 233). Wie erstmals in „Legislators and Interpreters" stark gemacht, wird hierbei erneut herausgestellt, dass die Postmoderne dennoch keine völlig neue historische Epoche, eine Zeit nach einer vermeintlich „abgeschlossenen" Moderne, meint. Vielmehr wird die Postmoderne als ein Standort der Reflexion in Reaktion auf die (mörderischen) Erfahrungen der Moderne konzipiert:

> This is ultimately what the idea of *postmodernity* stands for: an existence fully determined and defined by the fact of being ‚*post*' (coming *after*) and overwhelmed by the awareness of being in such a condition. Postmodernity does not necessarily mean the end, the discreditation of the rejection of modernity. Postmodernity is no more (but no less either) than the modern mind taking a long, attentive and sober look at itself […] (Bauman 1991: 271f.).

Trotz dieses wichtigen Einschubs beschreibt der Begriff der Postmoderne dennoch einen eklatanten Bruch. Für Bauman zeigt sich insbesondere ein Bedeutungsverlust des Gärtnerstaats als zentral: Angesichts der beginnenden Wahrnehmung einer Unmöglichkeit der endgültigen Beseitigung von Ambivalenz gibt der (ehemals) starke Staat seine Ambitionen, nach „vollständiger" Ordnung zu streben, zunehmend auf. Gleichzeitig verschwindet in der Postmoderne die existenzielle Notwendigkeit einer Bearbeitung von Ambivalenz nicht einfach, vielmehr wird diese Aufgabe auf das einzelne Individuum übertragen und das Individuum wird auf sich selbst zurückgeworfen. Indem Ambivalenz nicht länger von einer externen Instanz (z. B. dem „Gärtnerstaat") bearbeitet wird, wird die Bewältigung von Ambivalenz zur Aufgabe jedes einzelnen Menschen. Dies hat schwerwiegende Folgen, denn in der Postmoderne nimmt somit das individuelle Gefühl von Risiko und Unsicherheit extrem zu (cf. Kap. 7).

Bauman interessiert sich nun dafür, welche Strategien das Individuum in der Postmoderne zur Bearbeitung jener privatisierten Ambivalenz anwendet. Hierbei

6.3 Ambivalenzen der Moderne

spielt der kapitalistische Markt eine entscheidende Rolle, denn laut Bauman wendet sich das Individuum vor allem dem Konsum zu, um in der Postmoderne überhaupt noch eine kohärente Identität erlangen zu können. Scheinbar versprechen Identitäten, eine verlorengegangene Sicherheit wiederzugewinnen, und der kapitalistische Markt bietet sie zum käuflichen Erwerb an:

> Through the market, one can put together various elements of the complete ‚identikit' of a DIY self. One can learn how to express oneself as a modern, liberated, carefree woman; or as a thoughtful, reasonable, caring housewife; or as an up-and coming, ruthless and self-confident tycoon; or as an easy-going, likeable fellow; or as an out-door, physically fit, macho man; or as a romantic, dreamy and love-hungry creature; or as any mixture of all or some of these (Bauman 1991: 206).

In den Schaufenstern der Einkaufszentren oder in den Massenmedien werden solche käuflichen Identitäten beworben sowie ständig angepriesen und durch deren Aneignung versucht das Individuum, seine existenzielle Unsicherheit zu lindern. Dies erscheint für das Individuum insbesondere erfolgsversprechend, weil Identitätsangebote „come complete with the label of social approval already stuck on in advance" (Bauman 1991: 206). Der käufliche Erwerb von Identität verspricht dem Individuum der Postmoderne, sein auf-sich-zurückgeworfen-Sein zu lindern, denn es findet mindestens Akzeptanz und Anerkennung bei jenen, die dem gleichen Identitätsideal zugeneigt sind. Eine damit zusammenhängende weitere Strategie zur Bekämpfung von Unsicherheit wird in der Postmoderne die Hinwendung des Individuums zu sogenannten „Experten": „[…] expertise offers socially approved solutions to individual discomforts and anxieties, having first equally authoritatively articulated them as *problems* that require solutions" (Bauman 1991: 208). Um sich in einer zunehmend unübersichtlichen postmodernen Welt zurechtzufinden, bietet die Hinwendung zur Expertise der „Wissenden" scheinbar klare und gesellschaftlich legitimierte Lösungen.

Schließlich weist Bauman darauf hin, dass „postmodernity, the age of contingency *für sich*, of selfconscious contingency, is also the age of community: of the lust for community, search for community, invention of community, imagining community" (Bauman 1991: 246). Während die Postmoderne auf den ersten Blick ausschließlich Prozesse der gesellschaftlichen Zersetzung in Gang setzt, ist gleichzeitig das Entstehen neuer Formen der Kollektivität zu beobachten. Bauman knüpft an das Werk von Michel Maffesoli an, der bereits in den 1980er Jahren ein neues „Zeitalter der Stämme" bzw. einen Neo-Tribalismus in Anbruch sieht und dabei vor allem Alltags- und Subkulturen fokussiert (Maffesoli 1988, cf. Abschn. 8.3). Neotribale Gemeinschaften bilden sich durch kollektive

Zuneigungen ihrer Mitglieder und durch die gemeinsame symbolische Repräsentation von Gemeinschaft. Zwar wirken diese einer Einsamkeit des Individuums in der Postmoderne kurzfristig entgegen, bieten laut Bauman jedoch – wie auch ein käuflicher Identitätserwerb – kaum Dauerhaftigkeit: „Tribes ‚exist' solely by individual decisions to sport the symbolic traits of tribal allegiance. They vanish once the decisions are revoked or their determination fades out. They persevere thanks only to their continuing seductive capacity. They cannot outlive their power of attraction" (Bauman 1991: 249). Bauman sieht in der Hinwendung zu neuen Formen von Gemeinschaft – ganz gleich ob nach Kriterien des „Lifestyles", der Ethnie oder der Religion – eine weitere Strategie der Individuen, ihr Bedürfnis nach Sicherheit und Identität in der Postmoderne zu stillen. Wie in späteren Schriften noch deutlicher zum Vorschein treten wird, werden sich diese Versuche mit Bauman letztendliche jedoch allesamt als hilflose Unterfangen herausstellen.

Angesichts grassierender Unsicherheiten begegnet Bauman dieser „neuen" soziokulturellen Formation der Postmoderne zwar mit Skepsis, blickt jedoch gleichzeitig hoffnungsvoll auf sie. Denn erst mit dem Standpunkt der Postmoderne werde eine Kritik am destruktiven Ordnungsstreben der Moderne möglich und die Postmoderne wird zur Möglichkeit einer Anerkennung der Unmöglichkeit einer endgültigen Auslöschung von Ambivalenz. Während das Leitmotiv der Moderne „Freiheit, Gleichheit, Brüderlichkeit" lautet, wird dieses in der Postmoderne durch „Freiheit, Verschiedenheit, Toleranz" ersetzt, was zumindest die Hoffnung auf eine zukünftige Akzeptanz von Kontingenz zulässt (Bauman 1991: 98). Bauman betrachtet insbesondere Toleranz als entscheidende Voraussetzung für die Möglichkeit des Friedens und der Solidarität zwischen den Menschen: „Postmodernity is a chance of modernity. Tolerance is a chance of postmodernity. Solidarity is the chance of tolerance. Solidarity is a third-degree chance. This does not sound reassuring for one wishing solidarity well" (Bauman 1991: 257). Solidarität ist somit lediglich eine „Chance im dritten Grad" und die Möglichkeit ihrer wahrhaftigen Verwirklichung erscheint gering. Da die grundsätzliche Möglichkeit von Solidarität und Frieden überhaupt erst mit dem reflexiven Standort der Postmoderne möglich wird, begrüßt Bauman diese „neue" soziokulturelle Formation jedoch durchaus.

6.4 Die Baumansche Trilogie: Ein Fazit

Die hier fokussierte Trilogie Baumanscher Werke aus den späten 1980er und frühen 1990er Jahren stellt die Weichen für jene Beschäftigung mit dem Wandel der soziokulturellen Formation „Moderne", die Bauman bis an sein Lebensende

6.4 Die Baumansche Trilogie: Ein Fazit

begleiten wird. Diese Werke machen erstmals explizit, dass eine Idee von Rationalität für Bauman im Laufe des 20. Jahrhundert ihre emanzipatorische Kraft zunehmend einbüßt, denn diese wird zum Instrument einer anvisierten Verwirklichung einer als perfekt imaginierten zukünftigen Ordnung und damit zu einem Werkzeug von Unfreiheit und Ungleichheit. Baumans Modernekritik zielt dabei insbesondere auch darauf ab, die Illusion zu zerstören, dass Rationalität Gewalt vermindert. Vielmehr enthüllt er, wie der moderne Anspruch, die Gesellschaft essentiell zu verändern und zu optimieren, zu enormen Grausamkeiten geführt hat und die Moderne damit inhärent von Aspekten der Gewalt durchsetzt ist (Smith 1999: 95, Kastner 2000: 49).

Mit Blick auf Baumans Werksentwicklung zeigt sich in dieser Phase eine verstärkte Hinwendung zu den Ansätzen der Frankfurter Schule, insbesondere zu Adorno und Horkheimer, die in vergleichbarer Weise argumentieren, dass die mit der Aufklärung hervorgebrachte Vernunft sowie Rationalität letztlich zur Entfremdung und Unterwerfung des Menschen führt und, dass die Aufklärung eine technologisch-bürokratische Herrschaft hervorgebracht hat, die die Menschen in ein System von Kontrolle und Manipulation einbindet (Horkheimer/Adorno 1988 [1947]). Bauman macht diesen Anschluss insbesondere in „Modernity and Ambivalence" selbst explizit: „Any reader of the book will certainly note that its central problem is firmly rooted in the propositions first articulated by Adorno and Horkheimer in their critique of Enlightenment (and, through it, of modern civilization)" (Bauman 1991: 17). So zeigt sich dann auch, dass für Bauman konstitutive Elemente der Moderne ebenfalls dem Denken der Aufklärung entspringen, etwa ein Imperativ des stetigen Fortschritts oder eine rationale Vision sozialer Ordnung. Gleichzeitig unterläuft Bauman allerdings die oftmals düsteren Schlussfolgerungen der Frankfurter Schule, denn die bei Bauman aus der Moderne hervorgehende Postmoderne enthält durchaus Hoffnungsschimmer: Durch die Reflexivität der postmodernen Perspektive – diese blickt kritisch auf die Moderne, ohne diese Epoche vollends verlassen zu haben – soll eine Anerkennung von Ambivalenzen möglich und totalitäre Herrschaftsansprüche untergraben werden (Junge 2008: 47 f.). Gleichwohl Bauman in dieser Schaffensphase somit insgesamt eine Nähe zur Frankfurter Schule unterstellt werden kann, wird er in „Modernity and the Holocaust" auch explizite Kritik an Adorno und dessen Mitstreitern äußern. Er weist insbesondere deren sozialpsychologischen Studien zur „Autoritären Persönlichkeit" zurück, die die Anfälligkeit eines Individuums für den Faschismus bzw. allgemeine antidemokratische Tendenzen tendenziell im spezifischen Charakter einzelner Personen ausmachen (Adorno et al. 1950). Für Bauman hingegen können die Gräueltaten der Nazis unmöglich durch eine solche Psychologisierung des Individuums erklärt werden. Es geht ihm nicht um spezifische „Persönlichkeitstypen", sondern – in Anschluss an Milgram – vielmehr um die gegensätzliche Frage, also wie vollständig „normale" Menschen in Folge sozialer Beziehungen von Autorität und Unterwerfung zu Gräueltaten bereit werden (Jacobsen/Hansen 2017: 113 f.).

Allerdings kann diese Baumansche Offenlegung des Holocaust als inhärente Möglichkeit einer überindividuellen Makroformation „Moderne" selbst wiederum einer zentralen Kritik gegenübergestellt werden. Denn eine alleinige Fokussierung „der" Moderne als treibende Kraft in der Entstehung des Holocaust vernachlässigt tendenziell die Rolle der einzelnen Individuen und birgt damit die Gefahr, einen funktionalistischen und letztendlich sogar deterministischen Ansatz hervorzubringen: „[…] modernity becomes the agent, the actor, while individuals and groups simply become the carriers and handmaidens of ‚modernity'" (Rattansi 2017a: 91). Aus dieser Perspektive lässt sich die Befürchtung äußern, dass die Antisemit*innen und Unterstützer*innen des nationalsozialistischen Unterfangens lediglich selbst als die Opfer einer überindividuellen Makroformation „Moderne" gesehen werden könnten und nicht als die eigentlichen Ausführenden und Schuldigen am Genozid (Best 2013: 100). Im Kontext dieser Kritik macht Goschler auch auf eine gewisse Zeitgebundenheit von „Modernity and the Holocaust" aufmerksam, das einen Höhepunkt der „Erklärung von Holocaust und Genoziden in geschichtsphilosophischen Erklärungen" dargestellt habe (Goschler 2020: 84). Insbesondere in der zeitgenössischen geschichtswissenschaftlichen Betrachtung des Holocaust sei konträr hierzu gegenwärtig allerdings eine „Wendung zur Täterforschung" zu diagnostizieren sowie zu begrüßen, denn contra Bauman können somit „konkrete Menschen mit ihren Intentionen, Handlungen und Erfahrungen" erneut in den Fokus gelangen (Goschler 2020: 86).

Insgesamt kann somit kritisiert werden, dass eine einseitige Fokussierung auf die Makroformation „Moderne" den Blick auf andere Faktoren in der Entstehung des Holocaust verstellen kann. Hinzuweisen ist in diesem Kontext etwa auch auf eine einseitige Lesart des Werkes von Max Weber. Für Bauman stellt der bürokratische Apparat innerhalb der „Gärtnerstaaten" der modernen Formation in stark negativer Weise eine treibende Kraft auf dem Weg zum Holocaust dar. Während sich Bauman für diese Charakterisierung der Moderne zentral auf Weber beruft, zeigt letzterer in seinem Werk kaum eine solche eindeutige Positionierung und sein Blick auf die Bürokratie kann vielmehr – mit Baumanschen Vokabular – als ambivalent beschrieben werden. Weber stellt zwar die negativen Aspekte der Bürokratie heraus, begreift diese gleichzeitig jedoch als eine durchaus vorteilhafte Entwicklung im Kontext der Entstehung einer fortschrittlichen (westlichen) Zivilisation. Die rationale Bürokratie besitzt für Weber etwa demokratiefördernde Effekte, denn „Blindheit" für das Individuum kann auch Egalität ermöglichen

6.4 Die Baumansche Trilogie: Ein Fazit

(Junge 2006: 72, Bonazzi 2014: 189 f.). Zudem dürfen auch mit Weber diese einzelnen Individuen innerhalb eines bürokratischen Systems niemals vollständig aus dem Blick geraten, denn er „demonstrated that in a rational bureaucracy officials are not simply cogs in a machine, for the very act of ,following a rule' requires for its fulfilment all manner of interpretative endeavour and moral evaluation" (Fine 2000: 29). Während Bauman tendenziell unterschlägt, dass das Individuum und sein Handeln auch innerhalb eines rationalen bürokratischen Systems Bedeutung besitzt, muss mit Weber somit eigentlich darauf hingewiesen werden, dass die Individuen durchaus eine aktive Rolle innehaben.

Einerseits hat, trotz dieser Kritiken, gerade Baumans Betonung der äußerst dunklen Potenziale der soziokulturellen Formation „Moderne" bis in die Gegenwart keinerlei Aktualität eingebüßt. Dies lässt sich vor allem daran erkennen, dass sein Werk weiterhin die sozialwissenschaftliche Deutung aktueller Phänomene von Gewalt, Grausamkeit und Genozid prägt (Imbusch 2020, Palmer/Brzeziński 2022). Andererseits lässt sich insbesondere „Modernity and the Holocaust" auch als ein Dokument betrachten, das stark in den Diskussionen des sogenannten Historikerstreits verankert ist und somit vor allem („nur") eine zeitgeschichtliche Bedeutung besitzt (Goschler 2020: 77 ff.). Diese kontroverse intellektuelle Auseinandersetzung über die Deutung des Holocaust drehte sich in den späten 1980er Jahren unter anderem um die Frage der Singularität des Holocaust sowie seiner Wiederholbarkeit. Bauman selbst verbleibt in dieser Frage ambivalent: „From the fact that the Holocaust is modern, it does not follow that modernity is a Holocaust. The Holocaust is a byproduct of the modem drive to a fully designed, fully controlled world, once the drive is getting out of control and running wild. Most of the time, modernity is prevented from doing so. Its ambitions clash with the pluralism of the human world [...]" (Bauman 1989a: 93). Während Bauman einerseits argumentiert, dass die Pluralität zeitgenössischer Gesellschaften einen erneuten Holocaust unwahrscheinlich machen, so weisen seine Schriften andererseits darauf hin, dass – gerade weil die Moderne explizit nicht als „überwunden" angesehen wird – zumindest das Potenzial des Holocaust weiterhin erhalten sei.

Abseits dieser Diskussion macht die Baumansche Trilogie auf werksinterner Ebene nochmals die bleibende Relevanz der frühen kulturtheoretischen Schriften aus den 1970er Jahren deutlich. Denn bereits damals heißt es beispielsweise: „The orderliness of the human world, far from being automatically assured, now became a matter of continuous concern" (Bauman 1999 [1973]: 107). Es wird somit ersichtlich, dass schon hier die Grundlagen angelegt sind für eine Konzeption der Moderne als eine beständig nach Ordnung strebende Formation. Insbesondere der Beginn des Werkes „Modernity and Ambivalence" macht diese Verknüpfung mit einer kultur- und sprachtheoretischen Ebene nochmals explizit

(Abschn. 6.3). Jedoch nimmt diese kulturtheoretische Ebene in Baumans weiteren Werken insgesamt keine zentrale Stellung mehr ein. Dabei ist es wichtig, auf die Problematik seiner teilweise unklaren Begriffsverwendung hinzuweisen. Bauman behandelt die für ihn wichtigen Konzepte „Ambiguität" und „Ambivalenz" als synonym, obwohl eine klarere Abgrenzung angebracht erscheint. Während Ambiguität das Problem der Herstellung eindeutiger klassifikatorischer Systeme innerhalb der Sprach- und Kulturtheorie anspricht – ein stets zum Scheitern verurteiltes Bestreben –, befasst sich Ambivalenz vielmehr mit der Handlungs- und Erlebnisebene im Kontext der Betrachtung des Strukturwandels der Moderne (Junge 2000: 229 f., 2006: 126 f., 2014: 72 f.).

Schließlich hat Baumans Verständnis von Ambivalenz auch auf einer stärker inhaltlichen Ebene Kritik hervorgerufen: „Bauman recognised that the Jew was an ambivalent figure, but neglects the similar positioning of woman, the black and the Oriental as being of at least equal importance, and perhaps of even greater significance as sources of deep ambivalence" (Rattansi 2017b: 68). Es lässt sich also anmerken, dass Bauman in seiner Analyse recht einseitig die Juden als Symbole der Ambivalenz in der Moderne hervorhebt und dabei andere soziale Gruppen erstaunlicherweise weitestgehend ignoriert. Dies könnte durch Baumans enge Verknüpfung der Moderne mit dem Prozess der Nationenbildung begründet sein, was die Auswahl der Juden – die keiner bestimmten Nation zuzugehören scheinen – als primäre Beispiele für Ambivalenzträger plausibel macht. Angesichts Baumans Fokus auf die Verbindung zwischen der Entwicklung der Moderne und der Nationenbildung ist dann allerdings bemerkenswert, dass Phänomene wie Imperialismus und europäischer Kolonialismus nicht als relevante Aspekte in der Entstehung der Moderne spezifisch diskutiert werden (Rattansi 2017a: 91 f.).

Ab den späten 1980er Jahren legt die in diesem Kapitel behandelte Trilogie den wesentlichen Grundstein für Baumans nachfolgende Untersuchungen, die sich nun beinahe vollständig auf verschiedene Aspekte des Wandels der Moderne konzentrieren. Während Bauman den Begriff der Postmoderne bereits in diesem Zeitraum aufgreift, erfolgt eine detaillierte und gezielte Betrachtung dieser „neuen" Ära erst in den folgenden Jahren, andauernd bis um die Jahrtausendwende. Das anschließende Kapitel konzentriert sich daher nochmals spezifischer auf Baumans Analyse der Charakteristika dieser „neuen" soziokulturellen Formation.

Postmoderne: Ethik, Lebensstrategien und Kritik 7

> *„The postmodern perspective offers more wisdom; the postmodern setting makes acting on that wisdom more difficult. This is, roughly, why the postmodern time is experienced as living through crisis"* (Bauman 1993: 245).

Auf einer allgemeinen Ebene bezieht sich die Rede von „der" Postmoderne oftmals auf eine Reihe von gesellschaftlichen Veränderungen, die seit dem Ende des 20. Jahrhunderts stattgefunden haben. Zu diesen gehören der Zerfall des realsozialistischen Systems in Osteuropa ab 1989, der Rückbau der westlichen Wohlfahrtsstaaten, die einen letzten Versuch gesamtgesellschaftlicher Integration darstellten, und die Globalisierung des Kapitalismus, die zu einer Vernetzung von multinationalen Industrien und einem verstärkten Fluss von Informationen und Geld führte. Ein weiterer Aspekt ist das Ende des europäischen Imperialismus, der durch den Aufstieg der Vereinigten Staaten als ehemalige Kolonie Großbritanniens und den Zusammenbruch der Sowjetunion als letzter Kolonialmacht herausgefordert wurde (Smith 1999: 9 f.). Diese Veränderungen sind auch für Bauman zentrale Merkmale des Endes einer „ersten" Moderne, die noch von einem unwiderstehlichen Drang nach Ordnungsbildung gekennzeichnet war, wobei insbesondere starke „Gärtnerstaaten" eine zentrale Rolle spielten. Die Postmoderne kann vor diesem Hintergrund vorerst als eine Zeit bestimmt werden, in der die politischen und ideologischen Grundlagen der Moderne infrage gestellt und aufgelöst werden.

Bauman widmet sich in den 1990er Jahren in einer Reihe von Büchern und Aufsätzen der Analyse jener Postmoderne, die er bereits in „Legislators and Interpreters" erstmals als eine „neue" soziokulturelle Formation diagnostiziert hatte. Er untersucht nun die Spezifitäten dieser Formation sowie insbesondere ihre

Auswirkungen auf das Individuum. Zu seinen wichtigsten Werken dieser Phase gehören „Intimations of Postmodernity" (1992), „Postmodern Ethics" (1993), „Life in Fragments" (1995) und „Postmodernity and its Discontents" (1997). Im Vergleich zu seinen bisherigen Schriften zeichnen sich diese Werke durch eine deutlich stärker fragmentarische und essayistische Form aus, wobei eine große Heterogenität an Themen abgedeckt werden. Bauman betrachtet beispielsweise verschiedene postmoderne Lebensformen, den Wandel der Bedeutung des Todes, die Besonderheiten einer Soziologie der Postmoderne oder die Entstehung einer dominanten Konsumgesellschaft innerhalb dieser „neuen" soziohistorischen Epoche. Bevor sich einigen dieser zentralen Aspekte zugewandt wird, wird in diesem Kapitel jedoch zunächst das Werk „Postmodern Ethics" (1993) im Spezifischen betrachtet. Denn dieses kann für das gesamte Schaffen dieser „postmodernen Phase" als prägend gelten und besitzt auch mit Blick auf Baumans Gesamtwerk eine besondere Bedeutung. Dabei trägt zwar auch dieses Buch den neuen Fokus auf die Postmoderne bereits explizit im Titel, jedoch wird hier vor allem auch eine vollständig eigenständige ethische Perspektive entwickelt, die einer gesonderten Betrachtung bedarf – auch um spätere Baumansche Argumentationen nachvollziehen zu können.

7.1 Moralität statt Ethik in der Postmoderne

Auf den ersten Blick knüpft „Postmodern Ethics" unmittelbar an Baumans Betrachtung des Holocaust an, denn bereits im hinteren Teil von „Modernity and the Holocaust" verlagert sich das Interesse auf Fragen der Moral und Ethik. Bauman argumentierte hier, dass der Holocaust aufzeigt, wie eine rational organisierte, moderne Gesellschaft menschliches Verhalten von seinen (potenziell tödlichen) Folgen abkoppelt und Verantwortung für den Anderen verloren geht. Als Schlüsselprozess wurde die „Adiaphorisierung" ausgemacht: Die modern-rationale Bürokratie „reveals the silencing of morality as it major concern; as, indeed, the fundamental condition of its success as an instrument of rational coordination of action. And it also reveals its capacity of generating the Holocaust-like solution while pursuing, in impeccably rational fashion, its daily problem-solving activity" (Bauman 1989a: 29). Durch die Schaffung von Distanz sowie unkritischer Gehorsamkeit fördert die moderne Gesellschaft unmoralisches Verhalten. Dieses wird in „Modernity and the Holocaust" demnach als ein soziales Produkt gekennzeichnet und in Anlehnung an Milgram kommt Bauman zu dem Schluss, dass die Kapazität für moralisches Handeln eine „prä-soziale" menschliche Eigenschaft darstellt, die durch die moderne soziale Ordnung kompromittiert wird (Bauman

7.1 Moralität statt Ethik in der Postmoderne

1989a: 169 ff., Abschn. 6.2). Dies stellt den Hintergrund der Baumanschen Suche nach einer (postmodernen) Ethikkonzeption dar und tatsächlich werden in „Postmodern Ethics" teilweise vergleichbare Argumente hervorgebracht. Zentraler Anknüpfungspunkt ist allerdings nicht länger Milgram, vielmehr wendet sich Bauman dem französischen Philosophen Emmanuel Lévinas und dessen Alteritäts-Konzeption zu.

Lévinas' Werk kritisiert eine „traditionelle", subjektorientierte Philosophie – er knüpft kritisch an die Phänomenologie Husserls sowie die Fundamentalontologie Heideggers an –, indem die fundamentale Rolle des absolut Anderen hervorgehoben und der Mensch von diesem Anderen her gedacht wird. Der Andere wird hierbei als ein „unendlich" Anderer verstanden, d. h. ein Anderer, dessen Andersheit die Grenzen des Selbst völlig übersteigt und somit für immer unbegreiflich ist und bleibt:

> Das Unendliche geht nicht ein in die *Idee* des Unendlichen, wird nicht begriffen; diese Idee ist kein Begriff. Das Unendliche ist das radikal, das absolut Andere. [...] Die Idee des Unendlichen ist also die einzige, die uns etwas lehrt, was wir nicht schon wissen. Sie ist in uns hinein*gelegt*. Sie ist keine Erinnerung. Hier haben wir eine Erfahrung im einzig radikalen Sinne des Wortes: eine Beziehung mit dem Äußeren, mit dem Anderen, ohne daß dieses Außerhalb dem Selben integriert werden könnte (Lévinas 1999 [1957]: 197).

Aufgrund der „unendlichen" Andersheit des Anderen kann dieser unmöglich als ein mir Ähnlicher oder im Sinne eines „anderen Ichs" (einer Gleichartigkeit) gedacht werden. Dieser bleibt vielmehr außerhalb der Grenzen der eigenen Erfahrung und entzieht sich jedweden Versuchen der Objektivierung und Kategorisierung. Lévinas argumentiert nun, dass die Beziehung zum Anderen jedem Verstehen oder objektiven Erkennen des Anderen bzw. jeder abstrakten Untersuchung des Seins als solchem vorausgeht: „Der Enthüllung des Seins überhaupt als Voraussetzung der Erkenntnis und als Sinn des Seins geht die Existenz der Beziehung mit dem Seienden voraus, das sich ausdrückt; früher als die Ebene der Ontologie ist die Ebene der Ethik" (Lévinas 1987 [1961]: 289). Somit wird ein Grundstein gelegt für ein Verständnis, dass der Ethik Vorrang vor Theorie und Ontologie einräumt. Denn der Beziehung zum Anderen wird oberste Priorität eingeräumt und diese bringt eine unmittelbare Verantwortung für den Anderen mit sich.

Nach Lévinas ist der Andere das „erste Intelligible", wobei die Begegnung mit dem radikal Anderen, von Antlitz zu Antlitz, über ein bloßes Sehen hinausgeht und das Antlitz des Anderen vielmehr schweigend „spricht" und zwar, indem es appelliert: „Du wirst (mich) nicht töten". Diese Bitte – oder: Befehl – nötigt zu einer Erwiderung und macht „ver*antwort*lich" (Moebius 2001: 28, cf. Stegmaier 2009: 119 f., 132 ff.). Die Übernahme von Verantwortung für den Anderen darf nach Lévinas jedoch nicht im Sinne einer intentionalen Entscheidung verstanden werden. Vielmehr wird diese in der bloßen Begegnung mit dem Antlitz des Anderen unausweichlich übernommen und somit ersteigt bereits aus dem Moment der Wahrnehmung des Anderen eine Verpflichtung gegenüber diesem. Es kann daher auch weniger von einer Freiheit zur ethischen Entscheidung die Rede sein und das Ethische stützt sich auch „nicht auf ‚Normen' und ‚Werte', über die man um ‚Konsens' kommen kann, sondern auch nicht auf zwischenmenschliche Solidarität, wie sie sich in ‚Wohlwollen', ‚Mitleid', ‚Altruismus' ausdrückt, und nicht einmal auf den guten Willen. Es tritt nach ihm als Nötigendes auf, das das Leben schwer macht" (Stegmaier 2009: 109). Die Beziehung mit dem Anderen erscheint so als allem ursprüngliches ethisches Ereignis, jenseits bewusster Entscheidung oder Willensfreiheit.

Die anspruchsvolle Konzeption von Lévinas, die an dieser Stelle nur angedeutet werden kann, bildet den entscheidenden Hintergrund für Baumans eigene Moralkonzeption, die bei ihm in den erweiterten Rahmen der Diskussion von Moderne und Postmoderne eingebettet wird. Für Bauman beinhaltet eine aus der Aufklärung abgeleitete *moderne* Ethik nämlich zentral eine Pflicht zur Regelbefolgung sowie den Glauben „in the possibility of a *non-ambivalent, non-aporetic ethical code*" (Bauman 1993: 9). Eine Ethik der Moderne zeichnet sich durch den Versuch aus, universell gültige Regeln für ein „richtiges" Verhalten und Handeln der Menschen zu finden, rational zu begründen und verbindlich festzulegen. D. h., eine gesellschaftlich definierte und „von oben" an das Individuum herangetragene Ethik, die Abweichungen diszipliniert. Diese moderne Ethik, insbesondere ihr Begründungsanspruch sowie ihre behauptete Universalität, wird für Bauman in „Postmodern Ethics" zum Hauptgegner und beispielsweise wird daher auch der kantische Imperativ zurückgewiesen, arbeitet dieser doch mit genau solchen allgemeingültigen Normen. Der „Gärtnerstaat" wird in diesem Kontext ebenfalls erneut zum Ziel der Kritik, denn dieser setzt die abstrakten und (vorgeblich) universalen modernen ethischen Regeln in die Praxis um, verlangt dabei unbedingten Gehorsam und erzwingt Gefolgschaft. Bauman ist bestrebt, diesem eine postmoderne Perspektive entgegenzusetzen, die von einem Gewahr werden gekennzeichnet ist, dass „[t]he foolproof – universal and unshakably founded – ethical code will never be found" (Bauman 1993: 10).

Bauman deutete anhand der Analyse des Holocaust an, dass eine moderne Ethik, die gesellschaftliche „Universalgültigkeit" beansprucht, zu tödlichen Konsequenzen führen kann. Deshalb sucht er nach einem anderen Ursprung von Moral, einem, der weniger stark von gesellschaftlichen Setzungen abhängig ist.

7.1 Moralität statt Ethik in der Postmoderne

Er lehnt sich an Lévinas an und sieht diesen Ursprung auf einer Ebene, die tatsächliche Nähe ermöglicht: Es geht um die Begegnung mit dem Antlitz des Anderen und um ein bedingungsloses Für-den-anderen-sein – anstatt um eine gesellschaftlich festgelegte und somit „von oben" definierte Vernunft, Rationalität, Pflicht oder Norm. Nur so kann es für Bauman echte menschliche Verantwortung geben, denn ethisches Handeln basiert immer auf individueller Option und nicht auf einer bloßen Einhaltung von regelbasierten Pflichten. Damit unterscheidet Bauman zwischen einer pflichtorientierten *modernen* Ethik und einer *postmodernen* Moralität, die als zwei grundlegend verschiedene Dinge bestimmt werden:

> [...] moral *responsibility* exists solely in interpellating the individual and being carried Individually. Duties tend to make humans alike; responsibility is what makes them into individuals. Humanity is not captured in common denominators – it sinks and vanishes there. [...] the moral is what *resists* codification, formalization, socialization, universalization. The moral is what remains when the job of ethics, the job of *Gleichschaltung*, has been done (Bauman 1993: 54).

Für Bauman bezieht sich Ethik somit auf gesellschaftlich definierte, vorgeblich universale und vorgeblich rationale Arten eines „richtigen" Verhaltens, wohingegen Moral ein inhärent im Menschen verankertes Potenzial meint, das von gesellschaftlichen Regeln unabhängig ist und sogar überhaupt nur in Autonomie von diesen wirkmächtig werden kann. Baumans Ziel ist damit eine Moraltheorie, die gesellschaftlich festgeschriebene Ethiken als potenziell unmoralisch kritisiert und diesem ein dem Menschen inhärentes moralisches Vermögen entgegensetzt. Kurz: Das Ziel ist eine „Morality without Ethics" (Bauman 1994, 1995: 10 ff.).

Die postmoderne Ethik geht demnach davon aus, dass jedem Individuum a priori ein moralisches Potenzial innewohnt, das aber immer wieder von äußeren Faktoren bedroht wird. Auf Lévinas zurückgreifend geht es Bauman um jene Begegnungen, die eine direkte Verbindung von Antlitz zu Antlitz ermöglichen und er nennt diese entscheidenden Momente „moralische Partei": „The ‚primal scene' of morality is the realm of ‚face to face', of ‚intimate society', of the ‚moral party'; this is the cradle and the home of the moral self. This is where morality begins; morality has no other beginning, all other claims to paternity being presumptuous or fraudulent" (Bauman 1993: 110). Innerhalb der „moralischen Partei" trifft ein Individuum auf die absolute Andersheit eines anderen und nur in diesen Momenten wird die Möglichkeit der Moralität „erfahrbar". Die „moralische Partei" ermöglicht Nähe – die Begegnung von Antlitz zu Antlitz – und macht die Wahrnehmung des Anderen als absolut Anderen überhaupt erst möglich. Der Andere bleibt hier in seiner ganzen Andersartigkeit erhalten und wird als Anderer anerkannt: „These others are resistant to all typification. As residents of moral space, they remain forever specific and irreplaceable; they are not specimens of categories [...]" (Bauman 1993: 165). Die bloße Existenz des Anderen, sein vollständiges Anders-Sein, fordert dazu auf, Verantwortung zu übernehmen und auch erst dann, wenn der Andere als einzigartiger Anderer anerkannt wird, kann Moralität zum Vorschein treten. Bauman bezeichnet dies auch als „Fürsein", anstatt eines bloßen „Mitseins", wobei nur letzteres auf (vorgeblich) allgemeingültigen Normen und Regeln beruht (Bauman 1993: 13, 50). Erneut an Lévinas anschließend, geht Baumans Argument aber noch darüber hinaus: In dem Moment, in dem Verantwortung für den Anderen übernommen wird, wird nicht nur das moralische Individuum, sondern das Individuum als solches konstituiert: „Awakening to being for the Other is the awakening of the self, which is the *birth* of the self. There is no other awakening, no other way of finding out myself as the *unique* I, the one and only I, the I different from all others, the *irreplaceable* I, not a specimen of a category" (Bauman 1993: 77). Erst in der Erweckung der Moralität wird das Selbst und damit letztendlich ein genuines Mensch-Sein hervorgebracht; das Ich wird erst im Verhältnis mit dem Anderen konstituiert (Stegmaier 2009: 125).

Die „moralische Partei" ist eine Zweier-Begegnung, wobei es paradoxerweise jedoch gerade nicht um ein Verhältnis der Gegenseitigkeit geht. Vielmehr ist die Begegnung mit dem Anderen als Antlitz asymmetrisch, denn das „Für-Sein" kann nicht von der Erwartung einer Erwiderung durch den Anderen geleitet sein. Moralität ist für Bauman daher auch „inherently ‚non-rational'", denn diese folgt keinem Zweck-Mittel-Schemata und beruht nie auf Kosten-Nutzen-Überlegungen (Bauman 1993: 11). Moral ist vielmehr „Selbstzweck" und Verantwortung muss für den Anderen übernommen werden, noch vor jeglicher Interaktion und vor jeder Gewissheit einer Erwiderung:

> My responsibility is unexceptional and unconditional. The Other does not need to ‚prove' anything to ‚deserve' it. Neither do I bear my responsibility ‚in order' to ‚earn' his response in kind. There is no aforethought, no anticipation of reward and no calculation of gain in my responsibility. I am responsible for the Other whatever the Other does, I am responsible before he does anything at all and before I am aware of his doing anything – indeed, of his very capacity for doing something (Bauman 1992b: 95f.).

Trotz der grundlegenden Notwendigkeit der Begegnung mit dem Anderen verbleibt Moralität daher auch innerhalb der „moralischen Partei" letztendlich eine einsame Entscheidung, denn diese beruht nicht auf Reziprozität und kann lediglich auf die (schwache) Hoffnung bauen, dass ein moralischer Appell auf einen moralischen Impuls im Anderen trifft: „[…] solitude marks the beginning of the moral […]" (Bauman 1993: 61). Die Einsamkeit des moralischen Subjekts bringt fundamentale Unsicherheiten mit sich, denn nie kann im Vorhinein gewusst werden, ob eine (moralische) Entscheidung die „Richtige" ist: „[…] humans are morally ambivalent: ambivalence resides at the heart of the ‚primary scene' of human face-to-face" (Bauman 1993: 10). Ungleich einer *modernen* Ethik, die allgemeingültige Arten eines „richtigen" Verhaltens festschreibt, betont die *postmoderne* Ethik Baumans damit, dass eine Verabsolutierung von Moral und ein Tilgen von Ambivalenz für immer unmöglich bleibt: „The moral person cannot beat ambivalence; s/he may only learn to live with it. The art of morality […] may be only the art of living with ambivalence – and taking upon oneself the responsibility for that life and its consequences" (Bauman 1993: 182). Das moralische Selbst wird daher auch keineswegs konstituiert, indem dieses stets die „richtige" moralische Entscheidung trifft, sondern indem diesem die immer wieder kontingente und höchst unsichere Wahl zwischen „Gut" und „Böse" bewusst wird und vor dem Hintergrund des Bewusstseins dieses unsicheren Wissens handelt – und somit gerade nicht bloß Regeln und (gesellschaftlichen) Festschreibungen folgt. Entscheidend bleibt somit, dass das moralische Subjekt nicht an Vorschriften einer vermeintlich „wahren" Ethik orientiert ist, sondern seine Wahl unabhängig von solchen (gesellschaftlichen) Festlegungen trifft (Bauman 1998e: 13).

Die „moralische Partei", der zumindest die Möglichkeit von Moralität innewohnt, sieht Bauman schließlich durch das Hinzutreten eines Dritten bedroht: „The Third is also an Other, but not the Other we encountered at the ‚primal scene' where the moral play, not knowing of itself as a play, was staged and directed by my responsibility" (Bauman 1993: 113). Das Auftreten des Dritten kann als das Erscheinen von Gesellschaft verstanden werden, was laut Bauman Begegnungen von Antlitz zu Antlitz erschwert: „When the Other dissolves in the Many, the first thing to dissolve is the Face. The Other(s) is (are) now faceless. They are persons (*persona* means the mask that – like masks do – hides, not reveals the face) I am dealing now with masks (classes of mask, stereotypes to which the masks/uniforms send me) not faces" (Bauman 1993: 115). Das Dritte lässt das „Gesicht" des Anderen verschwinden und dieser ist lediglich noch Teil einer anonymisierten Masse von Masken, d. h. die Einzigartigkeit des Anderen geht potenziell verloren und erneut bestimmen ihn eher verallgemeinerte gesellschaftliche Zuschreibungen. Das Hinzutreten des Dritten birgt somit die Gefahr, die Möglichkeit der „moralischen Partei" aufzulösen, womit auch die Chancen auf

Moralität schwinden, denn das Subjekt wird erneut gesellschaftlichen Festlegungen unterworfen. Vor diesem Hintergrund kann die aufkommende Postmoderne mit Bauman durchaus als eine Möglichkeit für eine „moralischere" Gesellschaft erscheinen: „[...] there is a genuine emancipatory chance in postmodernity, the chance [...] in bringing to its conclusion the ‚disembedding' work of modernity [...]" (Bauman 1997: 33). So erwecken etwa die starken Individualisierungstendenzen in der Postmoderne die Hoffnung auf eine Befreiung der Individuen aus gesellschaftlichen Zwängen und aus dieser Perspektive könnte eine „Vollendung des Individualisierungsprozesses" zur Erneuerung der Moralität beitragen (Kron 2014: 303). Indem eine postmoderne Moral sowohl dem universalen Ordnungsstreben als auch dem Rationalitätsimperativ der Moderne widerstrebt und auch die Existenz einer universellen Ethik als Trugschluss identifiziert, erscheint durch „moralisch frei pulsierende Individuen" in der Postmoderne die Möglichkeit gegeben, dass moralische Impulse wieder stärker zum Vorschein kommen (Kron 2000: 222). Auf Grundlage postmoderner Individualisierungsprozesse liegt die Hoffnung in der Entwicklung einer Eigendynamik, wobei „sich die Übernahme individuell-moralischer Verantwortung durch den Einzelnen virusartig auf andere Einzelne ausbreitet und soziale Ordnung so durch eine Art ‚moralischen Flächenbrand' entsteht" (Kron 2001: 135).

Mitnichten sieht Bauman die Postmoderne allerdings bloß durch diese Chance einer „moralischeren" Gesellschaft gekennzeichnet, vielmehr bestehe die Gefahr, dass die Möglichkeit der Moralität auch hier letztendlich verloren geht. Zwar nimmt die Postmoderne von den (modernen) Versuchen der gesellschaftlichen Durchsetzung universaler Ethiken Abstand, allerdings ist es für diese „neue" soziokulturelle Formation symptomatisch, dass zunehmend jedwede Festlegungen und Begegnungen mit dem Anderen vermieden werden. Eine tatsächliche Begegnung von Antlitz zu Antlitz wird nach Bauman immer seltener, denn ein Zusammentreffen mit dem Anderen ist in der Postmoderne zumeist von Oberflächlichkeit, Bruchstückhaftigkeit und Kurzlebigkeit geprägt (cf. Abschn. 7.2). Bauman befürchtet zudem, dass die Moral in der Postmoderne erneut – wie schon in der Moderne – instrumentalisiert werden könnte. So beobachtet er beispielsweise, dass auch die Postmoderne neue Formen der Kollektivität hervorbringt: die Neostämme (cf. Abschn. 8.3). Diese fordern ausschließliche Zugehörigkeit und könnten damit Aspekte des modernen Gärtnerstaates neu beleben: *„Both strive to substitute heteronomous ethical duty for autonomous moral responsibility. Both intend to expropriate the individual from moral choice [...]"* (Bauman 1993: 46). Solche in der Postmoderne aufsteigenden neuen Gemeinschaftsformen unterminieren somit die Möglichkeit der Moral abermals, indem sie gruppenspezifische Ethiken kollektiv festzulegen streben. Die Orientierung an einem, oftmals strikt exklusiv definierten, Kollektiv macht die Transformation des „Mit-Seins" in ein „Für-Sein" unmöglich, denn die absolute Andersheit des Anderen wird auch hier nicht länger anerkannt, sondern dieser als bloßer kollektivistischer Gleicher angesehen: „The crowd is the smothering of otherness, abolition of difference, extinction of the otherness in the Other. Moral responsibility feeds on difference. The crowd lives of similarity" (Bauman 1993: 130). Weil die Anerkennung der Andersheit des absolut Anderen, die unüberbrückbare Differenz zu dem Anderen, die Grundlage von Moralität ist, wird durch eine Betonung von Ähnlichkeit abermals Moralität verunmöglicht. Bauman positioniert sich in diesem Kontext daher auch als Gegner des Kommunitarismus, denn durch die Orientierung an sowie das Primat von kollektiv-gemeinschaftlichen Werten und Normen kann der Einzelne nicht länger als Träger einer individuellen Moral anerkannt werden. Bauman kritisiert, dass die Einzelnen hier vielmehr als konforme Subjekte produziert werden, indem sie einem herrschenden gesellschaftlichen Werte- und Normensystem untergeordnet und im Falle der Abweichung diszipliniert werden (Moebius 2001: 49 ff., Reese-Schäfer 2020: 56 ff.).

7.2 Postmoderne Strategien des Lebens und der Soziologie

In den 1990er Jahren richtet Bauman seinen Blick, ausgehend von seinem moraltheoretischen Exkurs, verstärkt auf die spezifisch gesellschaftlichen Verhältnisse innerhalb der postmodernen soziokulturellen Formation. Wie für viele seiner Zeitgenossen, markiert auch für Bauman insbesondere der Zusammenbruch des Realsozialismus eine Zäsur. Aus seiner Schrift „Intimations of Postmodernity" (1992) geht hervor, dass die Geschehnisse seit 1989 für Bauman jedoch nicht nur das Ende des Realsozialismus, sondern zugleich auch das provisorische Ende der Moderne bedeuten: „[…] people who celebrate the collapse of communism, as I do, celebrate more than that without always knowing it. They celebrate the end of modernity actually, because what collapsed was the most decisive attempt to make modernity work" (Bauman 1992a: 222). Wie Bauman z. B. schon in „Modernity and Ambivalence" betont hatte, ist der Realsozialismus – neben dem Nationalsozialismus – für ihn ein exemplarischer Fall für den übermäßigen Ordnungswahn der Moderne sowie für das immer wieder gescheiterte Bestreben nach einer ambivalenzfreien, „vollkommenen" sozialen Ordnung:

> The fall of communism was a resounding defeat for the project of a *total order* – an artificially designed, all-embracing arrangement of human actions and their setting, one that follows the rules of reason [...]; it was also the downfall of the grandiose dream of *remaking* nature [...]; it demonstrated as well the ultimate frustration of the ambitions of global management, of replacing spontaneity with planning, of a transparent, monitored, supervised and deliberately shaped order in which nothing is left to chance and everything derives its meaning and *raison d'être* from the vision of a harmonious totality (Bauman 1992a: 178).

Die modernen, realsozialistischen Planer in Russland und Osteuropa strebten danach, ein System zu errichten, das die Bürger in vernünftige Kategorien ordnete. Sie legten fest, welche Bedürfnisse die Menschen haben sollten, erfüllten diese vorgegebenen Bedürfnisse und brachten die Bevölkerung schließlich dazu, sich das zu wünschen, was der Staat für ihre Bedürfnisse hielt. Sie verfolgten somit das Ziel, dass sich alle Bürger gemeinsamen Werten und einem gemeinsamen Engagement unterordneten. Mit anderen Worten: Die realsozialistischen Planer wollten die Bedürfnisse und Werte der Bevölkerung nach dem Willen des Staates gestalten und alle auf ein gemeinsames Ziel hin ausrichten. Im Gegensatz dazu wird die Postmoderne die extremen Ordnungsversuche der Moderne hinter sich lassen und die Postmoderne wird für Bauman fortan vielmehr durch Diskontinuität, Fragmentierung und ein Durchflutet-sein von Ambivalenz geprägt sein.

Angesichts der Diagnose einer sich radikal wandelnden soziohistorischen Situation untersucht Bauman in „Intimations of Postmodernity", welche Konsequenzen dies für die Soziologie als wissenschaftliche Disziplin hat. Welche Rolle kann die Soziologie in der Postmoderne spielen und wie kann man Soziologie in der Postmoderne überhaupt noch betreiben? Dabei wird deutlich, dass Bauman durchaus von einer völlig neuartigen soziohistorischen Situation ausgeht: „[...] postmodernity [...] is an aspect of a fully-fledged, viable social system which has come to replace the ‚classical' modern, capitalist society and thus needs to be theorized according to its own logic" (Bauman 1992a: 52). Die Soziologie müsse daher auf das Erscheinen der Postmoderne reagieren, wobei Bauman allerdings fordert, klar zwischen einer „postmodernen Soziologie" und einer „Soziologie der Postmoderne" zu differenzieren. Die entscheidende Differenz besteht für Bauman darin, dass eine „postmoderne Soziologie" – Bauman diskutiert beispielsweise die Arbeiten Jean Baudrillards – vor allem eine mimetische Wiedergabe der postmodernen Situation darstellt: Eine „postmoderne Soziologie" reflektiert die Postmoderne „in the same way the collage of the postmodern art ‚realistically represents' [...] randomly assembled experience of postmodern life" (Bauman 1992a: 41). Für Bauman bedeutet „postmoderne Soziologie" somit, Soziologie auf eine postmoderne Art zu praktizieren – etwa durch Formen der

7.2 Postmoderne Strategien des Lebens und der Soziologie

Collage, Diffusität und Relativismus oder eine rein spielerische Auseinandersetzung mit möglichst heterogenen Sprachspielen – und die Postmoderne damit gewissermaßen innerhalb der Soziologie selbst „umzusetzen" bzw. diese zu imitieren. Demgegenüber plädiert Bauman eher für eine „Soziologie der Postmoderne", die keineswegs Soziologie auf postmoderne Weise betreibt, sondern vielmehr eine real gegebene postmoderne Gesellschaft als das eigentliche zu Erklärende auffasst: Die postmoderne Situation soll vor allem verstanden werden als „a new *object* of investigation" (Bauman 1992a: 111). Daher bringt die Postmoderne für Bauman auch keine zwingende Notwendigkeit einer Abkehr von „klassischen" soziologischen Ansätzen mit sich, denn es geht vielmehr darum, auch auf Basis etablierten soziologischen Vokabulars, eine neuartige Form von Gesellschaft beschreibbar zu machen. Mit Beilharz lässt sich das Baumansche Argument prägnant zusammenfassen: „A postmodern sociology would embrace the postmodern moment; a sociology of postmodernity, in contrast, would view that phenomenon as what needs to be explained, not as the explanation" (Beilharz 1998: 33 f.).

Bauman zielt demnach auf eine soziologische Offenlegung eines real gegebenen „postmodernen Habitats" und der Lebenslage seiner Bewohnenden ab, wobei das vorrangige Ziel darin besteht, sich der „fragmentariness of the social context and the episodicity of life pursuits" zu nähern (Bauman 1995: 9). Baumans Schwerpunkt liegt auf den sich wandelnden Lebensstrategien in Moderne und Postmoderne, was in „Postmodern Ethics" erstmals angedeutet, jedoch in verschiedenen Werken der 1990er Jahre vertieft und konkretisiert wird (Bauman 1993: 240 ff., 1995: 82 ff., 1996, 1997: 83 ff.). Um den Unterschied zwischen modernen und postmodernen Lebensstrategien aufzuzeigen, bedient sich Bauman in einer für ihn typischen Weise verschiedener Metaphern: Der Lebensform des „Pilgers" in der Moderne stehen der „Vagabund", der „Tourist", der „Flaneur" sowie der „Spieler" der Postmoderne gegenüber.

Der „Pilger" stellt für Bauman nicht an sich eine „moderne" Figur dar, denn sein Auftreten lässt sich in die Vormoderne, bis zum Beginn des Christentums zurückverfolgen. Allerdings bekommt der Pilger in der Moderne eine neue zentrale Bedeutung und er wird zur prototypischen Verkörperung einer „modernen" Lebensweise. Bauman knüpft dabei an Max Webers Protestantismusthese an, die die Entstehung des modernen Kapitalismus in einen engen Zusammenhang mit der Entwicklung des Protestantismus stellt. Besonders Webers, in Anlehnung an die Prädestinationslehre Calvins entwickeltes, Argument der „innerweltlichen Askese" des Protestantismus – was eine Lebensführung beschreibt, die sich durch harte Arbeit, Sparsamkeit und Enthaltsamkeit in der Welt auszeichnet – ist für Bauman wesentlich (Weber 2016 [1904/1905]: 77 ff.). Ein religiöser Pilger, der die Weltflucht sucht, wird in diesem Zusammenhang nämlich zu einer Figur, die innerhalb des Weltlichen angesiedelt ist und die für Bauman spezifische „moderne" Eigenschaften aufweist:

> Being a pilgrim, one can do more than walk – one can *walk to*. One can also look back at the footprints left in the sand and collate them into a road. One can *reflect* on the road past and speak of it as a *progress towards*, an advance, a *coming closer to*; one can make a distinction between ‚behind' and ‚ahead', and plot the ‚road ahead' as a succession of footprints yet to pockmark the land without features. Destination, the set purpose of life's pilgrimage, gives form to the formless, makes a whole out of the fragmentary, lends continuity to the episodic (Bauman 1995: 86).

Der Pilger kann im Zuge seiner (Lebens-)Reise auf einen bereits beschrittenen Weg zurückblicken und seine Fußspuren betrachten, die einer gestaltlosen Landschaft Form und Struktur verliehen haben. Er kann auf diese Weise in seinem bereits zurückgelegten Weg einen Fortschritt erkennen sowie eine kontinuierliche Annäherung an ein Ziel, das noch vor ihm liegt. Die für die Moderne charakteristische Figur des Pilgers wird demnach zentral durch Kontinuität, Zielorientiertheit, Fortschrittsoptimismus, Linearität und ein „Sparen für die Zukunft" gekennzeichnet. Mit anderen Worten: Es ergibt sich hier die Möglichkeit eines systematischen Aufbaus individueller Identität.

Das Bild ändert sich völlig im Zuge der aufkommenden Postmoderne, denn „if the *modern* ‚problem of identity' was how to construct an identity and keep it solid and stable, the *postmodern* ‚problem of identity' is primarily how to avoid fixation and keep the options open" (Bauman 1995: 81). Während die Erzeugung von Identität in der Moderne daher durch das Medium des Fotopapiers – das identitätsstiftende Ereignisse unwiderruflich festhält – veranschaulicht wird, so wird das Videoband zum Medium der Postmoderne. Denn dieses ermöglicht ein Löschen von Erinnerung und ein erneutes Überspielen und es kommt somit zur Möglichkeit eines ständigen „Recyclings" von Identität. Bauman resümiert daher: „[…] if the favourite building material of modernity was steel and concrete, today it is rather bio-degradable plastic" (Bauman 1995: 267). Im Zuge des Aufkommens der Postmoderne wird der Pilger der Moderne für Bauman daher endgültig abgelöst und ersetzt durch vier neue Lebensformen.

Erstens ist dies der „Flaneur", der sich laut Bauman insbesondere durch stets nur oberflächliche und kurzlebige Begegnungen mit anderen Menschen auszeichnet: Man geht flanieren „as one goes to a theatre, finding themselves among strangers and being a stranger to them (in the crowd but not of the crowd), taking in those strangers as ‚surfaces' – so that ‚what one sees' exhausts ‚what they are', and above all seeing and knowing of them episodically" (Bauman 1995: 92).

7.2 Postmoderne Strategien des Lebens und der Soziologie

Auf diese Weise sind Begegnungen für den Flaneur Ereignisse ohne Vergangenheit und ohne Konsequenzen, sie bleiben stets unzusammenhängend. Der postmoderne Flaneur kann vor allem in den Einkaufszentren der Städte angetroffen werden, denn diese versprechen ein beständiges Vergnügen sowie die Möglichkeit, sich von den Angeboten der Schaufensterscheiben verführen zu lassen (Bauman 1995: 93).

Zweitens widmet sich Bauman der postmodernen Lebensform des „Spielers", dessen Welt er als „sanft" und „flüchtig" beschreibt. Die Welt des Spielers besteht aus einem geschickten Taktieren und Manövrieren, aus dem Bestreben, dem Gegner einen Schritt voraus zu sein, aus Glücks- oder Pechsträhnen, aus Gewinnen und Verlusten. Dabei zeigt der Spieler jedoch – selbst im Falle einer Spielniederlage – niemals eine harte Ernsthaftigkeit, denn zentral ist hier die ständige Selbstversicherung, dass alles letztendlich eben doch *nur ein Spiel* sei. Die beendeten Spiele des Spielers werden daher folgenlos von erneuten Spielen abgelöst, wobei Bauman das „Heiratsspiel" als Beispiel nennt: Das Scheitern und die Beendigung postmoderner Beziehungen schafft schlichtweg Raum für erneute Partnerschafts-„Spiele" (Bauman 1995: 98 f., cf. Abschn. 8.2).

Drittens verwendet Bauman die Metapher des „Vagabunden". Eine für den Vagabunden typische Herren- und Ziellosigkeit machte diesen zu einem zentralen Feindbild der Moderne, die nach Bauman doch grundlegend nach absoluter Ordnung und Kontrolle strebte. Im völligen Gegensatz hierzu wird die ungebundene Bewegungsfreiheit des Vagabunden zu einem charakteristischen Merkmal der Lebensführung in der Postmoderne: „The early modern vagabond [...] was a vagabond because in no place could he be settled as the other people had been. The settled were many, the vagabonds few. Postmodernity reversed the ratio. Now there are few ‚settled' places left" (Bauman 1995: 95). Mittels der Metapher des Vagabunden wird die Postmoderne somit durch eine beständige Beweglichkeit gekennzeichnet, wobei allerdings zentral ist, dass der Vagabund der Postmoderne keineswegs aus einem bloßen Vergnügen loszieht. Vielmehr wird dieser zu einer ständigen Bewegung gezwungen, etwa weil vormals etablierte und bewährte Arbeitsstellen und -plätze immer schneller wieder verloren gehen, weil (private) Beziehungen immer schneller zerbrechen oder weil frühere Orte der Heimat – etwa im Zuge des Klimawandels – unbewohnbar werden.

Innerhalb der Postmoderne steht dem Vagabunden schließlich, viertens, die Lebensform des „Touristen" vollständig konträr gegenüber. Bauman wird sogar konstatieren, „that the opposition between the tourists and the vagabonds is the major, principal division of the postmodern society" (Bauman 1997: 93). Zunächst wird jedoch eine zentrale Gemeinsamkeit deutlich: Sowohl der Vagabund als auch der Tourist sind in der Postmoderne von einem festen Ort gelöst und ständig unterwegs. Es sind allerdings nur die Touristen, die sich frei entscheiden können zu reisen und sich beispielsweise aus Freude oder Gründen des Profits in Bewegung setzen. Die Bewegungen des Vagabunden sind hingegen unfreiwillig, sie werden zu dieser durch externe Faktoren gezwungen und ihre Rastlosigkeit dient oft nur dazu, das eigene Überleben überhaupt zu sichern: „[…] if the tourists move because they find the world irresistibly *attractive*, the vagabonds move because they find the world unbearably *inhospitable*. […] The tourists travel because they *want to*; the vagabonds – because they have *no other choice*" (Bauman 1997: 92 f.). Der Tourist „moves on purpose (or so s/he thinks). His/her movements are first of all ‚in order to', and only secondarily (if at all) ‚because of' […]. The purpose, then and now, is new experience; the tourist is a conscious and systematic seeker of experience, of a new and different experience, of the experience of difference and novelty – as the joys of the familiar wear off quickly and cease to allure" (Bauman 1995: 95 f.). Der Tourist unterscheidet sich vom heimatlosen Vagabunden zusätzlich insbesondere dadurch, dass dieser die Möglichkeit besitzt, nach seinen Reisen wieder in ein sicheres Zuhause zurückzukehren. Zwar wird er, dort angekommen, bald wieder aufbrechen und nach neuen „außergewöhnlichen" Erfahrungen in der Fremde suchen, nur er kann letztlich jedoch immer auf dieses Element der Sicherheit zurückgreifen, das ein erneutes sorgloses Dahingleiten ermöglicht (Bauman 1995: 96 f.).

Anhand dieser vier Metaphern zeigt Bauman die individuellen Lebensstrategien innerhalb des postmodernen Habitats auf. Die verschiedenen Figuren sollten hierbei nicht als trennscharfe Kategorien verstanden werden und mit Bauman ist davon auszugehen, dass es „Zwischenstadien" gibt und ein Individuum verschiedene Typen in sich vereinen kann (Bauman 1998b: 98). Zudem gibt es grundlegende und übergreifende Gemeinsamkeiten aller vorgestellten Figuren, die ein generelles Bild der postmodernen Lebensweise sichtbar werden lassen. Zentral ist, anstatt der laut Bauman in der Moderne gegebenen Möglichkeit einer kontinuierlichen Identitätsbildung – wobei Vergangenheit und Zukunft noch in ein sinnvolles Verhältnis gesetzt werden können –, kommt es in der Postmoderne zu einer starken Fragmentierung der Zeit in Episoden: Der Mensch ist in „einer Art anthropologischer *Jetztzeit* gefangen" (Beilharz 2014: 228). Langfristigen Verpflichtungen werden ausgewichen, Optionen beständig offengehalten, Bindungen und Festlegungen vermieden und somit wird ein steter Zustand der Vorläufigkeit erzeugt. Hervorzuheben ist zudem ein Imperativ der steten Bewegung und der höheren Geschwindigkeit, wobei sich jedoch, insbesondere mit Blick auf die diagnostizierte Spaltung von Vagabund und Tourist, durchaus eklatante Unterschiede innerhalb der Postmoderne auftun. Insgesamt kann dennoch festgehalten werden, dass den postmodernen Lebensstrategien gemein ist,

7.2 Postmoderne Strategien des Lebens und der Soziologie

that they tend to render human relations fragmentary [...] and discontinuous; they are all up in arms against ‚strings attached' and long-lasting consequences, and militate against the construction of lasting networks of mutual duties and obligations. They all favour and promote a *distance* between the individual and the Other and cast the Other primarily as the object of aesthetic, not moral evaluation; as a matter of taste, not responsibility (Bauman 1995: 100).

Auf diese Weise wird die Untersuchung postmoderner Lebensformen schließlich auch an Baumans Ethiktheorie zurückgebunden und es zeigt sich nun nochmals deutlich, dass für Bauman auch die Postmoderne die Chance auf eine „moralischere" Gesellschaft kaum erfüllen kann (Abschn. 7.1). In diesem Zusammenhang kann von einer neuartigen Form von „Adiaphorisierung" innerhalb der Postmoderne gesprochen werden. Zur Erinnerung: In der Moderne beschreibt Adiaphorisierung – im Kontext Baumans Analyse des Nationalsozialismus – die moralische Neutralisierung durch moderne Bürokratie und Technologie (Abschn. 6.2). Die zweite Version der Adiaphorisierung in der Postmoderne bringt ebenfalls eine moralische Neutralisierung hervor, allerdings aus anderem Grund: Wahrhaftige menschliche Beziehungen werden in der Postmoderne durch strikte individuelle Autonomie ersetzt, wodurch das Gefühl der (moralischen) Verantwortlichkeit für den Anderen letztendlich ebenfalls verloren geht.

Baumans Blick auf heterogene Lebensstrategien erweitert sich in „Mortality, Immortality and Other Life Strategies" (1992) zusätzlich auf das Phänomen des Todes – ein soziologisch oft vernachlässigtes Thema. Bauman geht es dabei nicht um eine Soziologie des Todes im Spezifischen, vielmehr werden der sich wandelnde Umgang sowie die wandelnde Bedeutung des Todes in seine allgemeine Soziologe der Moderne und Postmoderne eingebettet: Es geht ihm um die „universal and permanent role of mortality in the process of social structuration" (Bauman 1992b: 10). Für Bauman ist menschlich spezifisch, dass der Mensch das einzige Wesen ist, dass um seine eigene Sterblichkeit weiß und sich dieses Wissens bewusst ist, und daher vor dem Hintergrund dieses Wissens einen Umgang mit dem Tod finden muss (Bauman 1992b: 3). Als unausweichlicher Teil menschlicher Existenz wird der Tod in allen Kulturen integriert und bearbeitet. Bauman sieht es dabei als charakteristisch an, dass der Tod zumeist aus der gesellschaftlichen Wahrnehmung zu verdrängen versucht wird, wobei er als übergreifende Strategien zunächst drei Arten identifiziert. Zunächst ist dies die Idee der Transzendenz, die bereits in frühen tribalen Kulturen sowie insbesondere im Kontext von Religionen anzutreffen ist. Während der eigene Tod zwar als etwa Unausweichliches anerkannt wird, herrschen beispielsweise unterschiedlichste Versionen der Idee eines Lebens nach dem Tode vor. Im Zuge des Aufkommens der Moderne wird zusätzlich der Liebe eine entscheidende Rolle zuteil, denn „Unsterblichkeit" und „Ewigkeit" werden jetzt mit einer bestimmten Partnerin oder einem bestimmten Partner bzw. der Liebe zu dieser oder diesem assoziiert: „It is now the partner in love that is expected to offer the space for transcendence, *to be* the transcendence" (Bauman 1992b: 28). Den Höhepunkt einer modernen Strategie des Umgangs mit dem Tode findet sich schließlich in den Versuchen, ihn als Ursache diverser spezifischer Krankheiten aufzufassen, die prinzipiell – wenn nur die richtige Medizin entwickelt wird – individuell behandelt und geheilt werden könnten:

> [...] each *particular* case of death [...] can be resisted, postponed, or avoided altogether. Death as such is inevitable; but each concrete instance of death is contingent. Death is omnipotent and invincible; but none of the specific cases of death is. All deaths have causes, each death has a cause, each particular death has its particular cause. Corpses are cut open, explored, scanned, tested, until *the cause* is found: a blood clot, kidney failure, haemorrhage, heart arrest, lung collapse. We do not hear of people dying of mortality. They die only of individual *causes*, they die *because* there *was an individual cause* (Bauman 1992b: 137f.).

Auf diese Weise zeigt sich erneut eine Moderne, die vom Bestreben kennzeichnet ist, mittels Fortschritt an Wissen sowie (hier: medizinischer) Technik für jedes erdenkliche „Problem" eine Lösung bereitzustellen. Zwar wird die Unausweichlichkeit des Todes – ein Fakt der Natur – nicht an sich verleugnet, es findet sich jedoch eine Dekonstruktion der Sterblichkeit: Der Tod wird nicht länger als letzter Horizont des Lebens anerkannt, sondern als ein Phänomen, dessen Ursachen – durch menschliche Praxis – beherrsch- und behandelbar seien. Es handelt sich also um eine Rationalisierung des Todes, die sich etwa auch durch ein neuartiges Primat der (Aufrechterhaltung der) „Gesundheit" manifestiert (Bauman 1992b: 149 ff.).

Mit dem Aufkommen der Postmoderne beobachtet Bauman eine neuartige und gänzlich entgegengesetzte Strategie: Statt die Sterblichkeit zu dekonstruieren, wird nun die Unsterblichkeit dekonstruiert. Die oben bereits erwähnte „Jetztzeit" der Postmoderne führt dazu, dass kein Moment wichtiger oder bedeutsamer erscheint als ein anderer: „Calls to sacrifice for the sake of future generations would have cut some ice with the pilgrims, but hardly any with the nomads of the *jetztzeit*. ‚Now' is the site of happiness – its only site. Life duration is split into succession of such ‚nows', none less significant than any other [...]" (Bauman 1992b: 193). In diesem Zusammenhang wird Unsterblichkeit in den gegenwärtigen Moment, in das Hier und Jetzt, verlagert: Jeder Augenblick trägt nun potenziell die Qualität der Unsterblichkeit in sich. Unsterblichkeit ist damit zwar

7.2 Postmoderne Strategien des Lebens und der Soziologie

ständig präsent, wird aber gleichzeitig – wie alles andere in der unbeständigen Postmoderne – zu etwas Flüchtigem und Vorübergehendem. Vorstellungen einer ewigen Unsterblichkeit lösen sich auf und stattdessen wird Unsterblichkeit zu etwas Momenthaftem, das in jedem Augenblick erfahrbar ist, aber nie von Dauer: „Now one moment is no different from another. Each moment, or no moment, is immortal. Immortality is here – but not here to stay. Immortality is as transient and evanescent as the rest of things. Immortality is as nomadic as the nomads it serves" (Bauman 1992b: 164). Während Unsterblichkeit lange als etwas Exklusives galt und ein Privileg von wenigen war – ob König*innen, Künstler*innen oder Philosoph*innen – wird sie nun zu einem allgemein zugänglichen Gut. Scheinbar kann jeder, wenn auch nur für kurze Zeit, „unsterblich" werden:

> It seems, indeed, *childishly* easy to make one's way to the stage. It seems, on the other hand, damn difficult, nay impossible, to stay there for long. There must be many actors waiting in the wings, more than the stage is able to accommodate, and so each has been given short lines, They are, as Warhol observed, celebrities for fifteen minutes. Because the time they spend on the stage is so brief, many among the audience may expect also to be allowed, when their turn comes, to rehearse the easy accessibility, and the volatility, of immortality (Bauman 1992b: 172).

Die Möglichkeit der Unsterblichkeit ist in der Postmoderne dauerhaft präsent, aber gleichzeitig extrem flüchtig und vergänglich. Dies insbesondere deshalb, weil die postmoderne Konsumgesellschaft – die im folgenden Kapitel näher betrachtet wird – durch radikale Ersetzbarkeit und ein unstillbares Verlangen nach Austauschbarkeit gekennzeichnet ist. Konsumprodukte wie Kameras, Handys oder andere elektronische Geräte werden nicht länger aufgrund von Abnutzung oder Funktionsverlust ersetzt, sondern weil sie im Vergleich zu neueren Modellen alsbald als veraltet wahrgenommen werden:

> Things do not die because of old age, metal fatigue, disintegrating beyond repair – not of ‚natural causes'; not because death is inescapable. They disappear long before they reach the point of ‚natural death'; indeed, well before they begin to show signs of ‚senility'. Their removal from the lifeworld at such a trouble-free age would not undermine their ‚principal' timelessness. They could be infinitely durable, nay immortal, if we wished them to be. But we *do not wish* them to be immortal (Bauman 1992b: 188).

Nach Bauman zeigt sich der Modus der Dekonstruktion der Unsterblichkeit in der Postmoderne somit auch daran, dass die Idee der Dauerhaftigkeit oder „Unsterblichkeit" von Konsumgütern abgelehnt wird. Eine Vorstellung von ferner Unsterblichkeit wird in viele kleine und unmittelbare Erfahrungen zerlegt, wobei die Konsumgesellschaft die Produkte bereitstellt, die sofortiger Bedürfnisbefriedigung versprechen. Die momentanen kleinen Augenblicke der Befriedigung oder des Genusses überdecken nun das frühere Ideal einer „ultimativen" oder „ewigen" Unsterblichkeit (Bauman 1992b: 164).

7.3 Die Postmoderne Konsumgesellschaft

Ein bisher nur am Rande berücksichtigter, jedoch zentraler Aspekt der Baumanschen Auseinandersetzung mit der Postmoderne ist die Fokussierung einer aufkommenden Konsumgesellschaft. Eine „erste" Moderne identifiziert Bauman vor allem als eine Produzentengesellschaft, für die die (Erwerbs-)Arbeit das entscheidende Merkmal ist. Arbeit wird hier als ein Wert an sich geschätzt und diese definiert die Biographie des Individuums, seine Identität sowie seine Rolle in der Gesellschaft. In der Postmoderne hingegen wird diese Gesellschaft der Produzenten durch einen neuen Fokus auf den Konsum abgelöst und es ist dieser, der die Individuen jetzt maßgeblich prägt (Bauman 1995: 153 f.). Die für Bauman von nun an alles beherrschende Konsumgesellschaft bringt im Vergleich zur früheren Produzentengesellschaft neue eklatante soziale Spaltungen hervor:

> [...] the market which takes over the task of integration polarizes society into fully fledged consumers, amenable to its seductive powers, and into flawed consumers, or non-consumers, unable to respond to the bait and thus from the viewpoint of the market totally useless and redundant. To put it bluntly, yesterday's underdogs were non-producers, while today's underdogs are non-consumers (Bauman 1995: 204).

Momentane „nicht-Produzenten" in der Produzentengesellschaft erfüllten laut Bauman in der Moderne auch als Arbeitslose weiterhin eine wichtige Funktion: Diese konnten als Arbeiter-„Reservearmee" fungieren, denn Arbeitslosigkeit war ein vorläufiges und vorrübergehendes Phänomen. Die „nicht-Produzenten" waren nicht dauerhaft aus der Gesellschaft ausgeschlossen und konnten berechtigterweise erwarten – etwa im Zuge des nächsten wirtschaftlichen Aufschwungs – erneut zum Einsatz zu kommen (Bauman 1997: 35 f., 1998f: 52). In der Postmoderne ist diese Erwartung hoffnungslos, denn die Zerstörung sozialer Sicherungssysteme drängt bestimmte Menschen nun dauerhaft an den Rand und schließt sie unwiderruflich aus (Bauman 2007b: 69 f.). Sie sind nicht mehr sozial integrierbar und im Zuge des Niedergangs des Sozialstaats sowie dem Aufstieg der Konsumgesellschaft stellen die Armen und Arbeitslosen nicht länger eine „Reservearmee" dar, vielmehr werden sie zu „mangelhaften Konsumenten". D. h., diese sind nicht in der

7.3 Die Postmoderne Konsumgesellschaft

Lage, dem neuen Primat des Konsums zu folgen. Zur alles entscheidenden Frage innerhalb der Postmoderne wird somit, ob ein Individuum am end- und ruhelosen Spiel des Konsums teilnehmen kann oder nicht. Im Unterschied zur modernen Produzentengesellschaft werden die „mangelhaften" (nicht-)Konsumenten innerhalb der postmodernen Konsumgesellschaft somit völlig nutzlos und letztendlich zu wahrhaftig „überflüssigen" Menschen (Bauman 1997: 157). Dass es den „mangelhaften Konsumenten" gelingen kann, durch eigene Anstrengungen zu „erfolgreichen Konsumenten" zu werden, erscheint in der Postmoderne zunehmend aussichtslos.

Vor diesem Hintergrund werden auch die von Bauman beschriebenen Lebensweisen der Postmoderne nochmals konkretisiert, vor allem in Bezug auf die zentrale Unterscheidung zwischen Vagabund und Tourist. Der Vagabund nimmt nun nämlich die Rolle des „mangelhaften Konsumenten" ein, während der Tourist ein „erfolgreicher Konsument" ist. Trotz dieser grundlegenden Differenz, bleiben beide eng miteinander verwoben, denn in einer äußerst fragmentierten und kurzlebigen Postmoderne, in der zum Beispiel Arbeitsplätze ständig unsicher sind, signalisiert der Vagabund Gefahr und sein Anblick erzeugt bei den Touristen Angst: „The sight of the vagabond makes the tourist tremble – not because of *what the vagabond is* but because of *what the tourist may become*" (Bauman 1998b: 97). Um diese touristischen Ängste zu bekämpfen, strebt man danach, den Vagabunden aus dem Blickfeld zu entfernen, zum Beispiel indem man bettelnde Menschen und Obdachlose aus den glänzenden Einkaufsstraßen und -zentren des Konsums vertreibt oder in die „Ghettos" der Randbezirke der Stadt abschiebt. Wichtig bleibt jedoch, dass in der Postmoderne sowohl der Tourist als auch der Vagabund letztlich die Rolle des Konsumenten und die Utopie des grenzenlosen Konsums teilen:

> Ask the vagabonds what sort of life they would wish to have, given the chance of free choice – and you will get a pretty accurate description of the tourist's bliss ‚as seen on TV'. Vagabonds have no other images of the good life – no alternative utopia, no political agenda of their own. The sole thing they want is to be allowed to be tourists – like the rest of us ... In a restless world, tourism is the only acceptable, human form of restlessness (Bauman 1998b: 94).

Der Konsum wird in der Postmoderne zum unhintergehbaren Imperativ und obwohl die Aussichtslosigkeit dieses Vorhabens offensichtlich ist, versuchen auch die „mangelhaften Konsumenten" ausschließlich durch den Konsum Sicherheit und Würde zu erlangen: Sie träumen „[o]f becoming rich and so earning the dignity owed solely to the flawless consumers. The rich are not enemies, but examples. Not hate figures, but idols" (Bauman/Tester 2001: 118). Dies hat zur Folge, dass es nicht etwa zu politischen Auflehnungen gegen die touristischen Akteure kommt, sondern zu verzweifelten Versuchen der Nachahmung. In der Postmoderne verbleibt als einzige erfolgsversprechende Praxis, als Konsument „besser" zu werden und die (ökonomisch) Erfolgreichen möglichst gut zu imitieren, d. h. das Streben, ebenfalls zu „erfolgreichen" sensationshungrigen „Erlebnissammelnden" von neuen, außergewöhnlichen und ästhetischen Erfahrungen zu werden.

Insgesamt zeigt sich die Baumansche Postmoderne vor diesem Hintergrund als zutiefst ambivalent. Einerseits bringt sie für das Individuum neuartige und vormals unerreichbare Freiheiten mit sich. Während die Moderne sich durch den Versuch auszeichnete, alles Ambivalente und Fremde auszurotten, scheint sich ein solches Streben in der Postmoderne aufzulösen und Bauman stellt daher durchaus hoffnungsvoll fest: „Ideally speaking, in the plural and pluralistic world of postmodernity, every form of life is permitted on principle, or, rather, no agreed principles are evident (or uncontestedly agreed) which may render any form of life impermissible. [...] peaceful coexistence of distinct forms of life becomes *possible* [...]" (Bauman 1991: 98). Die Postmoderne ist gekennzeichnet durch das Verschwinden allgemeiner Prinzipien und das Aufgeben des Anspruchs auf singuläre, eindeutige und universelle Wahrheiten und Moralvorstellungen. In diesem Sinne zeichnet sich die Postmoderne durch Vielfalt, Offenheit und die Möglichkeit der Toleranz gegenüber heterogenen Lebensentwürfen aus, wobei Diversität ein wünschenswertes Ziel ist und verschiedenste Lebensweisen anerkannt werden. Die absoluten Ordnungsvorstellungen und -forderungen der Moderne werden verabschiedet und das postmoderne Individuum erfährt die Freiheit der Möglichkeit der eigenen Gestaltung von Lebensform und Identität. Indem die Postmoderne das potenziell mörderische Ordnungs- und Einheitsstreben der Moderne untergräbt, kann die Postmoderne als „Chance der Moderne" erscheinen (Bauman 1991: 257).

Andererseits hat diese neuartige soziokulturelle Formation jedoch ihre eigenen dunklen Schattenseiten. Für Bauman ist entscheidend, dass die Freiheitsgewinne des Individuums den schwerwiegenden Nachteil eines dramatischen Verlusts an Sicherheit mit sich bringen: „Postmodernity means the exhilarating freedom to pursue anything, yet mind-boggling uncertainty as to what is worth pursuing and in the name of what one should pursue it" (Bauman 1992a: vii). Zwar bringt die Postmoderne neuartige Möglichkeiten der Selbstverwirklichung hervor, allerdings herrscht gleichzeitig eine verwirrende Unsicherheit darüber, was überhaupt noch als erstrebenswert oder sinnvoll anzusehen ist. Indem verbindliche Werte oder Ideale – die dem Individuum Orientierung bieten – verschwinden und weil es nicht länger

7.3 Die Postmoderne Konsumgesellschaft

externe Instanzen gibt, die ein „Richtig" und ein „Falsch" definieren, wird das Individuum zunehmend auf sich selbst zurückgeworfen. Die schier grenzenlosen Möglichkeiten machen es für das Individuum nahezu unmöglich, Prioritäten zu setzen und selten gibt es das Gefühl, eine „richtige" Entscheidung getroffen zu haben.

Die Lebensweisen der Individuen in der Moderne werden von Bauman noch als relativ stabil beschrieben, etwa mit Blick auf so unterschiedliche Phänomene wie eine (nahezu) vollständige Vollbeschäftigung, eine soziale Absicherung durch den Wohlfahrtsstaat, einem „klassischen" Alleinverdienermodell (mit dem Mann als Ernährer und der Frau als Hausfrau), eine lebenslange Arbeitsstätte und Partnerschaft sowie die Existenz einer Kernfamilie. In der aufkommenden Postmoderne sind jedoch die Identitätsbildungsprozesse kaum noch stetig, planbar oder vorhersehbar, sodass an die Stelle eines relativ festen Lebensentwurfs eine Notwendigkeit zur ständigen Selbstgestaltung tritt. Die enormen Freiheiten des Individuums zur eigenen Identitätsbildung werden in der Postmoderne allerdings zu einem Zwang, der von einem vielfältigen „Katalog postmoderner Ängste" begleitet wird; zum Beispiel die Angst vor dem Verlust von Zugehörigkeit und Orientierung in einer fragmentierten Gesellschaft, die Angst vor dem Scheitern, die Angst vor „falschen" Entscheidungen und generell die Angst vor dem Verlust der Kontrolle über das eigene Leben (Bauman 1995: 105 ff.). Das postmoderne Individuum wird so in einen permanenten Zustand der Unsicherheit und Alarmbereitschaft versetzt, wobei die Postmoderne von dem Individuum verlangt, dass es jederzeit bereit ist, seine Pläne zu ändern und erneut von vorne anzufangen.

In diesem Zusammenhang bezieht sich Bauman in den 1990er Jahren häufig auf Ulrich Beck (Bauman 1993: 199, 1995: 78, 278 f.). Beck, der im Jahr 2014 die Laudatio bei der Verleihung des Preises der Deutschen Gesellschaft für Soziologie für Baumans herausragendes wissenschaftliches Lebenswerk halten wird, hatte den Begriff der „Risikogesellschaft" geprägt und beschäftigt sich ebenfalls zentral mit Erfahrungen von Unsicherheit. Zwar spricht Beck eher von einer „reflexiven Moderne" und nicht von der „Postmoderne", allerdings zeigt auch er, dass eine starke Individualisierung traditionelle soziale Bindungen schwächt und, dass das Individuum immer stärker gefordert wird, seine Identität selbst zu gestalten: „Die Lebensbedingungen der Individuen werden ihnen selbst zugerechnet; und dies in einer Welt, die sich fast vollständig dem Zugriff der Individuen verschließt. Auf diese Weise wird das ‚eigene Leben' zur *biographischen Lösung systemischer Widersprüche*" (Beck 2001: 3). Die äußeren Lebensbedingungen der komplexen modernen Gesellschaft liegen größtenteils außerhalb der Kontrolle des Individuums und dieses hat nur begrenzten Einfluss darauf, aber die Verantwortung für das eigene Leben und dessen Gestaltung wird dem Einzelnen übertragen. Die Gestaltung der eigenen Biographie wird dabei sowohl zur individuellen als auch unendlichen Aufgabe. Diese Situation bringt in der Postmoderne einerseits durchaus Freiheiten und eine Befreiung von traditionellen Rollen und Zwängen mit sich, andererseits steigen jedoch die individuellen Risiken stark an. In Anlehnung an Beck resümiert Bauman daher: „Living in a *Risikogesellschaft* […], rebounds in personal experience as *Risikoleben*" (Bauman 1997: 192 f.).

Bauman spricht daher auch von einer „Privatisierung von Ambivalenz" (Bauman 1991: 197). Die Bearbeitung von Ambivalenz und die Herstellung von Ordnung war in der Moderne eine wesentliche Aufgabe externer Instanzen – insbesondere des (Gärtner-)Staates –, in der Postmoderne wird das Individuum jedoch auf sich selbst zurückgeworfen:

> […] the task of creating meaning by imposing order, the job of marking out boundaries, defining categories and assigning values, the exercise of identifying enemies and recognizing friends, all these activities did not become less pressing when the central state retreated from the scene. Instead, they were privatized like so much else in the West during the late twentieth century (Smith 1999: 148).

Die Postmoderne verzichtet auf die moderne Vision einer eindeutigen und universellen Ordnung, aber die Notwendigkeit einer Bearbeitung von Ambivalenz bleibt bestehen. Sie wird jedoch zur Angelegenheit jedes einzelnen Individuums: „Postmodern state strategies involve […] licensing an ethic of personal achievement or personal self-perfection; the new imperative is neither any longer to fit in or get out, so long as you keep moving, and consuming, but fast" (Beilharz 2000: 133). Auf diese Weise nimmt das Gefühl von Risiko und Unsicherheit für das auf sich selbst gestellte Individuum enorm zu. Aufgrund der starken Ausprägung einer Konsumgesellschaft in der Postmoderne sucht das Subjekt letztendlich im Konsum einen Weg, eine verlorene Sicherheit wiederzufinden: „In a properly working consumer society consumers seek actively to be seduced. They live from attraction to attraction, from temptation to temptation, from swallowing one bait to fishing for another, each new attraction, temptation and bait being somewhat different and perhaps stronger than those that preceded them […]" (Bauman 1998 f.: 26). Eine „Verführung" durch den Konsum wird aktiv gesucht, da dieser Zerstreuung und uns scheinbare Sicherheit verspricht. Allerdings bleibt Konsum immer auch nur eine solche vorläufige und kurzzeitige Ablenkung von Unsicherheiten: Der Wunsch durch Konsum Sicherheit zu erlangen, bleibt eine Illusion, denn „desire desires desire" (Taylor & Saarinen in Bauman 1998f: 25). D. h., genau in dem Moment, in dem man jene (Konsum-)Objekte erwirbt, die Befriedigung und Sicherheit versprechen, verfliegt die Hoffnung auf wirkliche

Befriedigung durch das Konsumobjekt. Die Folge sind weitere Konsumakte, die die Hoffnungen der Individuen jedoch ebenfalls niemals erfüllen können.

Schließlich formuliert Bauman – in Anlehnung an Sigmund Freuds Werk „Das Unbehagen in der Kultur" (1921) – in „Postmodernity and its Discontents" daher ein spezifisches Unbehagen in der Postmoderne, das sich von dem in der Moderne deutlich unterscheidet. Dies ist der Mangel an individueller Sicherheit, der aus dem auf dem Individuum lastenden Druck der Entscheidungsfreiheit bzw. des Entscheidungszwangs entsteht:

> Das Unbehagen in der Moderne war das Übermaß an gesellschaftlicher Sicherheit durch den Ordnungsentwurf, der individuelle Freiheit unmöglich machte. Diese Struktur kippt in der Postmoderne um, indem zu viel individuelle Freiheit gewährt wird unter Ermangelung […] externer Stützen […]. Unbehagen in der Moderne und Unbehagen in der Postmoderne verhalten sich spiegelbildlich zueinander (Junge 2006: 80).

Die Moderne wird somit durch Sicherheit, aber mangelnde Freiheit charakterisiert, während die Postmoderne durch Freiheit, aber mangelnde Sicherheit geprägt ist. Erneut zeigt sich die inhärente Ambivalenz der Baumanschen Postmoderne. Denn sie erscheint zugleich als Hoffnung und Problem, als Chance und Hindernis für die Entfaltung des Individuums: „Vergleicht man das Unbehagen an der Moderne und das an der Postmoderne, so wird deutlich, dass […] *die Postmoderne im Grunde alle Lösungen der Probleme enthält, die die Moderne aufgeworfen hatte*, was aber letzten Endes auch nicht wirklich etwas nützt, weil die Postmoderne nunmehr ganz neue Probleme und Nebenfolgen verursacht" (Reese-Schäfer 2020: 62). Die Postmoderne ist somit einerseits „Chance der Moderne", weil sie einem ausufernden modernen Ordnungsstreben entgegenwirkt und durch die neuartigen Freiheiten des Individuums emanzipatorische Effekte erzeugt. Die Postmoderne eröffnet einen reflexiven und kritischen Blick auf die Welt, was als grundlegende Bedingung einer Infragestellung von Machtstrukturen gelten kann. Andererseits und gleichzeitig bedeutet die Postmoderne aber nicht nur eine Befreiung des Individuums, sondern lässt wachsende Unsicherheiten aufkommen. Die Fähigkeiten zur Problemlösung liegen nun allein beim einzelnen Individuum und übersteigen und überfordern dieses vollkommen.

7.4 Postmoderne: Eine kritische Reflexion

Obwohl sie weitreichende gesellschaftliche Veränderungen hervorruft, besteht Bauman immer wieder darauf, dass die Moderne nicht durch die Postmoderne abgelöst wird: „Clean borders between epochs are but projections of our relentless urge to separate the inseparable and order the flux. Modernity is still with us" (Bauman 1991: 270). Die Postmoderne soll nicht als eine „Überwindung" der Moderne betrachtet werden, sondern eher als ein Ort der Reflexion, der den dunklen Aspekten der Moderne – ihrem extremen Streben nach Ordnung und ihrer Eliminierung aller Ambivalenzen – kritisch gegenübersteht. Im aktuellen sozialphilosophischen Diskurs finden sich weiterhin vergleichbare Denkfiguren, etwa bei Rahel Jaeggi, die – wie Bauman in dieser Schaffensphase – in der Tradition der Kritischen Theorie steht. Sie stellt in ihrem Werk „Fortschritt und Regression" (2023) etwa fest, dass Fortschritt das „Resultat einer praktisch durchlaufenen Metareflexion über das vorher Dagewesene und seine Verarbeitung" sei und definiert Fortschritt als „die Zunahme an Erfahrung, ein Wachstum im Sinne einer Zunahme an krisenindizierter Reflexivität" (Jaeggi 2023: 192 f.) Somit plädiert sie, nicht unähnlich zu Baumans Soziologie der Postmoderne, für eine differenzierte Betrachtung des (modernen) Fortschrittsbegriffs, die die Bedeutung von kritischer Reflexion und gesellschaftlicher Selbstbefragung in den Vordergrund stellt. Hierfür müsse ein höheres Maß an Komplexität berücksichtigt, akzeptiert und bearbeitet werden.

Trotz Baumans Hervorhebung, dass Moderne und Postmoderne als ineinander verwoben zu betrachten sind, erscheint paradoxerweise die Postmoderne in seinen Ausführungen manchmal eben doch als ein eigenständiges, in sich geschlossenes Sozialsystem – eines, das sich scheinbar grundlegend von einem modernen sozialen „System" abhebt. Bauman selbst verwendet Begriffe wie „the *systemness* of postmodern society" und charakterisiert die postmoderne Gesellschaft als ein „fully-fledged, viable social system", das die „klassische" moderne kapitalistische Gesellschaft ersetzt habe und „gemäß seiner eigenen Logik" theoretisiert werden muss (Bauman 1992a: 52 f.). Angesichts der Tatsache, dass Bauman die Postmoderne auf diese Weise gelegentlich doch als ein vollständig *anderes* Sozialsystem darstellt, kann kritisiert werden, dass in Baumans Schriften zur Postmoderne manchmal der Eindruck entsteht, dass diese eben doch nicht nur eine Fortsetzung oder Transformation der Moderne ist, sondern etwas vollkommen Neuartiges (Rattansi 2017a: 129 ff.). Hiermit im Zusammenhang stehend, erscheint es daher auch nicht immer eindeutig, ob es Bauman tatsächlich – wie von ihm postuliert – ausschließlich um eine „Soziologie der Postmoderne" geht, oder ob er eben doch auch selbst eine „postmoderne Soziologie" betreibt.

7.4 Postmoderne: Eine kritische Reflexion

Dies insbesondere, weil Baumans Schriften in den 1990er Jahren einen stark fragmentarischen Charakter annehmen, der sich deutlich von klassischer Sozialtheorie unterscheidet und er seine Bestimmungen der Postmoderne oftmals selbst als provisorisch, unvollständig oder behelfsmäßig definiert, sodass sich gewissermaßen zentrale Aspekte der postmodernen Situation in seinen eigenen Schriften wiederfinden lassen (Kellner 1998: 78 ff.).

Gleichwohl dieser Einwände lässt sich insgesamt feststellen, dass die Baumansche Postmoderne sich deutlich von einem vulgären „anything-goes"-Postmodernismus abhebt, der in einem weit verbreiteten (Alltags-)Verständnis auch heute noch oft mit diesem Begriff in Verbindung gebracht wird. Welsch spricht in diesem Zusammenhang auch von einem „diffusen Postmodernismus" und dieser umfasst:

> [...] alles, was den Standards der Rationalität nicht genügt [...] nur ordentlich mixen und mit reichlich Exotischem versetzen [...]. Man kreuze Libido und Ökonomie, Digitalität und Kynismus, vergesse Esoterik und Simulation nicht und gebe auch noch etwas New Age und Apokalypse hinzu – schon ist der postmoderne Hit fertig. [...] Postmodernismus der Beliebigkeit, des Potpourri und der Abweichung um jeden (eigentlich um keinen) Preis [...] (Welsch 2008 [1997]: 2).

Obwohl seine Schriften zur Postmoderne gelegentlich einen fragmentarischen Eindruck hinterlassen, bietet Baumans Enthüllung dieser soziokulturellen Formation doch die Möglichkeit, gerade ein solches simplifiziertes Verständnis der Postmoderne – das Welsch ebenfalls strikt zurückweist – als wenig hilfreich für eine Analyse gegenwärtiger Gesellschaften zu kritisieren. Im Gegensatz zu einem „diffusen Postmodernismus" ist Baumans Beschreibung der Postmoderne deutlich präziser, denn seinen Analysen gelingt es, eine zentrale „Doppeldeutigkeit der Postmoderne" aufzudecken: Einerseits ist sie ein positives Gegenbild zu einer „ersten" Moderne, die durch ihren absoluten Ordnungsdrang und ihr Streben gegen Ambivalenz potenziell mörderische Auswirkungen hat. Andererseits ist die Baumansche Postmoderne selbst eine Krisendiagnose, die die vielfältigen negativen Konsequenzen dieser „neuen" soziokulturellen Makroformation in den Fokus rückt (Ramin 2022: 94).

Im Kontext dieser Krisendiagnostik spielen für Bauman die Figuren des Spielers, des Touristen oder des Vagabunden eine entscheidende Rolle. Hierbei wird der „Pilger" der Moderne abgelöst, der – wie auch die Emotionssoziologie von Eva Illouz zeigt, die das Aufkommen der Moderne zentral mit der Emotion der Hoffnung verknüpft sieht – noch von einem ausgeprägten Fortschrittsoptimismus geprägt war (Illouz 2024: 41 ff.). Obwohl Baumans auch insgesamt weit verbreitete Verwendung von Metaphern einerseits sehr bildhaft ist und damit deutlich auf aktuelle

Probleme hinzuweisen vermag, können sie andererseits als stark vereinfachend und verallgemeinernd kritisiert werden (cf. Kap. 9). Ein Beispiel dafür bietet Straubs Auseinandersetzung mit der Baumanschen Figur des „Touristen": Er bemängelt, dass Bauman letztendlich sehr einseitig nur einen spezifischen (Ideal-)Typ von „Tourist" im Blick hat, während eigentlich – insbesondere unter Berücksichtigung der zeitgenössischen Tourismusforschung – sehr viele Arten von Touristinnen und Touristen unterschieden werden müssten (Straub 2020: 173 f.). Mit anderen Worten: Bauman gerät mitunter in Gefahr, die Widersprüche *innerhalb* eines Typus der Postmoderne aus den Augen zu verlieren.

Für Bauman ist insbesondere die Unterscheidung von Tourist und Vagabund zentral, wobei letzterer als „mangelhafter Konsument" in Erscheinung tritt. Die „mangelhaften Konsumenten" sind in der hegemonialen Konsumgesellschaft der Postmoderne nicht in der Lage, ihre zugewiesene Rolle als Konsumenten zu erfüllen, schlicht weil ihnen die finanziellen Mittel fehlen, um sich am ruhelosen Konsumspiel zu beteiligen. Auf das Wesentliche heruntergebrochen führt Bauman damit eine sehr klassische Unterscheidung an, die hauptsächlich zwischen Arm und Reich differenziert, wobei – im Unterschied zu einer „ersten" Moderne – die Armen als Nicht-Konsumenten in der Postmoderne jedoch vollständig überflüssig werden, denn sie haben keinerlei tatsächlichen oder potenziellen Nutzen für die Reproduktion des auf Konsum basierenden Wirtschaftssystems: Es entsteht eine gesellschaftlich vollständig überflüssige, exkludierte und kriminalisierte neue „Unterklasse" (Bauman 1998f: 66 ff.). Wie etwa der Blick auf die Migrationsforschung zeigt, kann jedoch auch diese im Grunde recht „einfache" Konzeption sowie die von Bauman verwendeten Metaphern bis in die Gegenwart durchaus als aktuell gelten und diese sind weiterhin hilfreich für eine Offenlegung sozialer Spaltungsformationen:

> Die zeitgenössischen Vagabund_innen sind als Dienstleister_innen in den globalisierten Städten unterwegs, sie werden in den „global cities" gebraucht, um die Bedürfnisse der Tourist_innen zu bedienen, die in Sachen Geschäfte, Karriere und Freizeit unterwegs sind und sich nicht um die alltäglichen Notwendigkeiten, wie beispielsweise die Zubereitung von Essen, die Reinigung der Wohnung, die Pflege von Angehörigen und Kranken oder die Versorgung der Kinder kümmern können, weil ihre Zeit beansprucht ist von den Anforderungen der globalisierten Märkte (Messerschmidt 2015: 227f.).

Hier wird exemplarisch aufgezeigt, wie diese beiden Baumanschen Typen in den globalisierten Städten der Gegenwart interagieren und somit hilfreich zur Analyse der Rolle der Migrant*innen in den globalisierten Städten beitragen. Die Migrant*innen als Vagabunden sind abhängig und fungieren als Dienstleister*innen der touristischen Akteure, die die Welt einerseits als einen Spielplatz voller

7.4 Postmoderne: Eine kritische Reflexion

(Konsum-)Möglichkeiten betrachten können, andererseits jedoch selbst ebenfalls von den Anforderungen des globalen (Konsum-)Kapitalismus bestimmt werden. Obwohl sich diese zentrale Baumansche Unterscheidung somit gegenwärtig weiterhin als produktiv erweist, kann erneut kritisiert werden, dass auch die Definition des „mangelhaften Konsumenten" relativ eindimensional bleibt. Denn im Kern bezieht sich diese Kategorie bei Bauman lediglich auf die ökonomisch Benachteiligten der Gesellschaft, wobei allerdings differenzierter berücksichtigt werden könnte, dass sich in der Kategorie des „mangelhaften Konsumenten" verschiedene Ebenen überschneiden und überlagern können. D. h., einer Wechselwirkung verschiedener Formen von Diskriminierung in der Gesellschaft wird tendenziell kaum Rechnung getragen. Demgegenüber könnte etwa aus einer intersektionalistischen Perspektive argumentiert werden, dass nicht nur die ökonomische Dimension bei der Entstehung des „mangelhaften Konsumenten" eine Rolle spielt, sondern diese vielmehr mit verschiedenen anderen Formen der Benachteiligung – etwa in Bezug auf Geschlecht, Ethnie oder Religion – eng verwoben ist (Brown 2018: 186).

In Bezug auf Baumans Schriften der 1990er Jahre ist schließlich herauszustellen, dass diese durchgängig von seiner ethischen Perspektive geprägt sind, die er in Anschluss an Lévinas entwickelt. Eine an vielen Stellen wiederholt an Bauman herangetragene Kritik lautet in diesem Kontext, dass Bauman im Zuge seiner Hinwendung zur Moraltheorie den Bereich der soziologischen Disziplin und damit seine eigene Profession vollständig verlasse: Moral erscheine bei Bauman gesellschaftsunabhängig. Denn wenn Moralität eine Art „einsame Entscheidung" sei und ausschließlich innerhalb der „moralischen Partei" wirksam werde, liege ihr Ursprung vor jeglicher gesellschaftlichen Beziehung und werde somit in unsoziologischer Manier nicht länger als Ergebnis gesellschaftlicher Praktiken oder als integraler Teil von Vergesellschaftungsprozessen betrachtet. Junge bringt diese Kritik auf den Punkt, wenn er in Bezug auf Baumans postmoderne Ethik festhält: „[…] die wahre Natur der Moralität liegt außerhalb der Gesellschaft. Damit liegt sie außerhalb des soziologisch Erfassbaren" (Junge 2006: 106). Weil Bauman den Bezug zur Gesellschaft kappe, könne eine von ihm angestrebte „Soziologie der Moral" unmöglich gelingen (Hirst 2014: 188 ff., Rommelspacher 2014: 334, Rattansi 2017a: 175 f.).

Gleichwohl diese oft geäußerte Kritik auf den ersten Blick plausibel erscheint, erweist sie sich bei näherer Betrachtung doch als unzureichend differenziert und verkennt die tiefe Verflechtung von Baumans Perspektive mit den Ansätzen von Lévinas. So baut die Philosophie von Lévinas doch gerade nicht auf einem transzendentalen Subjekt auf, sondern erteilt dem Verhältnis zum *Anderen* höchste Priorität: „Die erste Beziehung des Menschen zum Sein verläuft über seine Beziehung zum Menschen" (Lévinas 1996 [1963]: 35, cf. Abschn. 7.1). Das von Lévinas beschriebene Subjekt entsteht durch die Begegnung mit dem Anderen und ist nicht autonom, sondern wesentlich durch seine Verbindung zum Anderen definiert. Erst in der und durch die Beziehung zum Anderen tritt die Einmaligkeit und Einzigartigkeit des Einzelnen zum Vorschein. Moralität ist nach Lévinas somit gänzlich nur durch die Beziehung zum Anderen denkbar und damit gewissermaßen bereits immanent soziologisch: „Die Einmaligkeit ist keine vorgesellschaftliche, sondern hängt unmittelbar mit dem anderen Menschen, mit der Begegnung von Angesicht-zu-Angesicht zusammen" (Moebius 2001: 96). Zwar ist es richtig, dass die Beziehung zum Anderen noch nicht „Gesellschaft" im engeren Sinn ist – hierfür bedarf es das Hinzutreten des „Dritten" – allerdings handelt es sich durchaus, und dies unausweichlich, bereits um eine soziologisch höchst relevante (mikro-)soziale Situation (Tester 2004: 144 f., Moebius 2014: 376). Ethische Verantwortung ist somit mitnichten ein soziologisch vernachlässigbares „vorsoziales" Phänomen, denn moralische Verantwortung wird immer erst innerhalb der Beziehung mit dem Anderen etabliert.

Nur durch ein, zumindest grundlegendes, Verständnis der Lévinasschen Philosophie wird eine adäquate Auseinandersetzung mit Baumans postmoderner Ethikkonzeption möglich und auch erst dann werden weitere Argumentationen dieser Schaffensphase verständlich. Beispielsweise ist Bauman ebenfalls in Kritik geraten, das emanzipatorische Potenzial sozialer Bewegungen in der Postmoderne zu negieren und tatsächlich steht er etwa der Frauen- oder der Bürgerrechtsbewegung in verschiedenen Schriften, insbesondere in „Postmodern Ethics", eher ablehnend gegenüber (Rommelspacher 2014: 335 ff.). Allerdings bezieht sich Baumans Kritik hierbei vor allem auf das Phänomen gemeinschaftlicher Kollektividentitäten bzw. den identitätspolitischen Diskurs, der sich in diesen Bewegungen oftmals dominant zeigt. In letzter Instanz wird eine gerechtere Gesellschaft durch Identitätspolitik jedoch kaum erreichbar, denn durch eine identitätspolitische Vereinheitlichung von Gruppenidentitäten gerät die Moral in Gefahr, erneut fragmentiert und funktionalisiert zu werden. Bauman warnt somit davor, dass identitätspolitische Bewegungen, ähnlich einer modernen Ethik, absolute Wahrheitsansprüche im Eigeninteresse vertreten und Partikularinteressen zu universalisieren streben (Bauman 1993: 198 f., 2001a: 88, 106).

Bauman lehnt somit nicht das begrüßenswerte Ziel der Emanzipation, sondern den Modus der Identitätspolitik ab, d. h. jene auch gegenwärtig weit verbreitete Art und Weise des Aufbegehrens gegen Unterdrückungskonstellationen. Dies insbesondere, weil Identitätspolitik immer mit bestimmten kollektiven Zuschreibungsformen (etwa geschlechtliche und sexuelle Identitäten) arbeitet, wodurch jedoch nahezu unausweichlich – die Nähe zu Lévinas wird nochmals

7.4 Postmoderne: Eine kritische Reflexion

evident – das Antlitz des Anderen immer hinter bestimmten Stereotypen versteckt wird und der Andere somit kaum noch als „unendlich" Anderer wahrgenommen werden kann. In diesem Kontext erklärt sich zudem Baumans Ablehnung des Kommunitarismus, der ebenfalls auf Kollektividentitäten – etwa nationalstaatliche – ausgerichtet ist und dabei die Gemeinschaft über den einzelnen Menschen stellt. Zwar ermöglichen solche Moralgemeinschaften ein kollektives „Wir"-Gefühl, bergen gleichzeitig aber Gefahren des Totalitarismus durch den unkritischen Ein- und Ausschluss anderer aus dieser Moralgemeinschaft (Stegmaier 2009: 11). Eine Alternative zur Identitätspolitik würde sich in Anschluss an Lévinas und Derrida etwa mit dekonstruktivistischen Ansätzen finden lassen, die vom konträren Ziel der Hinterfragung sowie Auflösung bestehender soziokultureller Kategorisierungen und Identitätskonstruktionen geprägt sind. Die Möglichkeit der Wahrnehmung der absoluten, „unendlichen" Andersheit des Anderen könnte somit der Weg geebnet werden (Moebius 2001: 85 ff.).

Durch eine stärkere Berücksichtigung Lévinas' zeigt sich der Vorwurf einer vorgeblich „unsoziologischen" Herangehensweise unhaltbar, allerdings ließe sich auf einer allgemeineren Ebene dennoch kritisch fragen, inwieweit Baumans postmoderne Ethik-Konzeption lediglich eine Wiederholung der Argumentationen von Lévinas darstellt. Zwar ist Bauman das Verdienst zuzuschreiben, die Philosophie von Lévinas in die soziologische Disziplin zu überführen, allerdings erscheint Bauman dabei kaum über Lévinas hinauszugehen bzw. mitunter hinter seiner Argumentation zurückzubleiben. Exemplarisch kann hier die Figur des „Dritten" angeführt werden, die Bauman zwar als das Erscheinen von Gesellschaft kennzeichnet, dabei im „Dritten" jedoch vor allem die Gefahr erkennt, die Ebene der Moralität zu verlassen, da das „Dritte" die Möglichkeit der „moralischen Partei" unterminiert. Mit Lévinas liegt hier eine komplexere und weitreichendere Konzeption vor, wobei das „Dritte" als ein „Scharnier zwischen der sozialen und der ethischen Ebene" gedacht werden kann, das das Problem der Gerechtigkeit – das für Baumans Ethikkonzeption keine explizite Rolle spielt – aufwirft: Durch das Hinzutreten des „Dritten" stellen *mehrere* Andere nun widerstreitende Ansprüche und es stellt sich mit Lévinas die Frage, wie diese konkurrierenden Ansprüche gleichermaßen berücksichtigt werden können und wie diesen politisch *gerecht* werden kann (Bedorf 2003).

Dynamiken der Flüchtigen Moderne 8

> *„We are all consumers now, consumers first and foremost, consumers by right and duty. […] For all the problems we encounter on the road away from the trouble and towards satisfaction we seek the solutions in shops. From cradle to coffin we are trained and drilled to treat shops as pharmacies filled with drugs to cure or at least mitigate all the illnesses and afflictions of our lives and lives in common. […] Fullness of consumer enjoyment means fullness of life. I shop, therefore I am. To shop or not to shop is no longer the question"* (Bauman 2013: 59 f.).

Während der 1990er Jahre verwendet Bauman kontinuierlich den Begriff der Postmoderne. Mit Beginn des neuen Jahrtausends lässt Bauman diesen allerdings vollständig fallen und spricht stattdessen von der „flüchtigen" bzw. „flüssigen" Moderne. Entscheidender Ausgangspunkt dieses Terminologiewechsels ist das Buch „Liquid Modernity" (2000) und bis zu seinem Lebensende im Jahr 2017 wird Bauman die Beobachtung der „Flüchtig-" bzw. „Flüssigkeit" auf eine Vielzahl von Themengebieten anwenden. Nur exemplarisch für eine Reihe weiterer Schriften sind die Bücher „Liquid Love" (2003), „Liquid Life" (2005), „Liquid Fear" (2006), „Culture in a Liquid Modern World" (2011) oder „Liquid Evil" (2016). Insgesamt ist Bauman ab den 2000er Jahren extrem produktiv und veröffentlicht mindestens ein monografisches Werk pro Jahr, mitunter sogar bis zu vier. Seine Themen werden hierbei immer breiter gefächert und in seinem Spätwerk scheint Bauman zu jedem erdenklichen Gebiet einen Beitrag leisten zu wollen. Ein letztes Beispiel dafür ist sein Buch „Management in a Liquid Modern World" (2015), in dem seine neue Primärmetapher nun sogar auf Fragen der Unternehmensführung ausgeweitet wird.

Warum lässt Bauman also den Begriff der Postmoderne fallen und was bedeutet der neue Fokus auf das „Flüchtige"? Hervorzuheben ist, dass der Wechsel der Terminologie keinen etwaigen „weiteren" epochalen Übergang andeuten soll, vielmehr wird das „Flüchtige" für Bauman schlichtweg eine angemessenere Beschreibungsform der gleichen „nach"-modernen soziokulturellen Makroformation darstellen (Bauman 2008a: 239). Einer der Gründe für das Fallenlassen der Postmoderne steht indes in einem engen Zusammenhang mit Baumans Unterscheidung von „postmoderner Soziologie" und „Soziologie der Postmoderne" sowie einem insbesondere ab den 1990er Jahren stark verbreiteten (Alltags-) Verständnis von Postmoderne im Sinne eines „anything goes" (cf. Abschn. 7.2 und 7.4). Bauman sieht sein Werk ab Ende der 1990er Jahre zunehmend fälschlicherweise einem solchen Verständnis zugeordnet sowie er sich in eine Reihe von Soziologinnen und Soziologen gesellt, die den Postmodernismus empathisch bejahen: „[…] ‚postmodernism' came to mean, more than anything else, singing praise of the new brave world of ultimate liberation rather than subjecting it to a critical scrutiny" (Bauman/Gane 2004: 18). Demgegenüber zielte Baumans „Soziologie der Postmoderne" ja gerade darauf ab, ein postmodernes Habitat kritisch zu untersuchen, anstatt es als bloße Errungenschaft zu feiern.

Hinzu kommt, dass das „Post" im Begriff der Postmoderne für viele Leserinnen und Leser tatsächlich fast unausweichlich ein „nach" der Moderne signalisierte, obwohl Bauman genau diesem Eindruck stets aufs Neue entgegenzuwirken strebte. Nochmals ist zu betonen, dass es Bauman zwar durchaus um einen Bruch zwischen einer „ersten" – von ihm seit den 2000er Jahren oft auch als „solide" oder „fest" bezeichneten – Moderne und dem, was „danach" kommt, geht, allerdings stets eine zentrale Frage bleibt, was aus jener „ersten" Moderne bis in die Gegenwart wirkmächtig ist. D. h., es geht Bauman gerade nicht um das Postulat einer vollständig überwundenen „ersten" Moderne. Zu seinem Terminologiewechsel resümiert Bauman: „The postmodernity debate may have been a ‚fleeting affair', but in its time it was indispensable. Like many other good intentions, it went astray" (Bauman/Tester 2007: 26). Während das Denken über die Postmoderne zwar eine wichtige Richtung vorgab, so sei nur durch das Loslassen dieser Idee eine präzise Beschreibung der Gegenwart weiterhin möglich.

Die Metapher des „Flüchtigen" oder „Flüssigen" löst also die „Postmoderne" ab und im Vorwort seines Werkes „Liquid Modernity" argumentiert Bauman für die Angemessenheit dieser neuen Beschreibungsform:

> Fluids travel easily. They ‚flow', ‚spill', ‚run out', ‚splash', ‚pour over', ‚leak', ‚flood', ‚spray', ‚drip', ‚seep', ‚ooze'; unlike solids, they are not easily stopped – they pass around some obstacles, dissolve some others and bore or soak their way

through others still. From the meeting with solids they emerge unscathed, while the solids they have met, if they stay solid, are changed – get moist or drenched. The extraordinary mobility of fluids is what associates them with the idea of ‚lightness' (Bauman 2000: 2).

Die Metapher der Flüssigkeit wird von Bauman somit verwendet, um die gegenwärtige Gesellschaft als höchst dynamisch, flexibel und unbeständig zu charakterisieren. Im Unterschied zu festen Stoffen sind Flüssigkeiten leicht beweglich und lassen sich schwer aufhalten. Zudem bleiben Flüssigkeiten von festen Strukturen größtenteils unberührt, während sie selbst feste Strukturen zersetzen können. Ein weiterer wichtiger Aspekt ist die Geschwindigkeit, denn Flüssigkeiten bewegen sich kontinuierlich und behalten kaum jemals eine bestimmte Form lange bei. Die Metapher des „Flüssigen" oder „Flüchtigen" wird demgemäß einer nun als „solide" oder „fest" beschriebenen „ersten" Moderne gegenübergestellt. Auf die Gegenwartsgesellschaft übertragen bedeutet „Flüchtigkeit" somit eine

> condition in which social forms (structures that limit individual choices, institutions that guard repetitions of routines, patterns of acceptable behaviour) can no longer (and are not expected) to keep their shape for long, because they decompose and melt faster than the time it takes to cast them, and once they are cast for them to set. Forms, whether already present or only adumbrated, are unlikely to be given enough time to solidify, and cannot serve as frames of reference for human actions and long-term life strategies because of their short life expectation: indeed, a life expectation shorter than the time it takes to develop a cohesive and consistent strategy, and still shorter than the fulfilment of an individual ‚life project' requires (Bauman 2007b: 1).

In der flüchtigen Moderne haben gesellschaftliche Strukturen oder Institutionen, die einst Prozesse der Routine sicherstellten, keine lange Lebensdauer und zerfallen wieder, noch bevor sie sich überhaupt verfestigen konnten. Dies hat zur Folge, dass auch das Individuum nicht länger in einen stabilen Bezugsrahmen eingebettet ist, der in einer „ersten" Moderne noch Orientierung zu geben vermochte. Auf diese Weise wird es für das Individuum nahezu unmöglich, kohärente und langfristige Lebenspläne und -strategien zu entwickeln: Das Individuum wird einer umgreifenden Unsicherheit und Ungewissheit ausgesetzt und auf sich selbst zurückgeworfen. In Anschluss an Gramsci bestimmt Bauman die flüchtige Moderne daher auch als Interregnum, eine Übergangsphase in der eine alte Ordnung zwar zerbrochen ist, eine neue Ordnung sich jedoch noch nicht herausgebildet und durchgesetzt hat: Eine „,between and betwixt' period [...] a time when the old ways of having things done no longer work properly, but new and more effective ways have not yet been made available […]" (Bauman/Bordoni 2014: 83, cf. Bauman 2010: 200 f.).

Dieser kursorische Überblick deutet an, dass Baumans Schriften zur flüchtigen Moderne einen hohen Grad an Kontinuität zu seinen Analysen der Postmoderne aufweisen. Wie in diesen legt Bauman eine Welt voller Unsicherheit, Risiko und Angst offen, wobei exzessiver Konsum eine zentrale Rolle spielt. Auch finden viele Metaphern und Konzepte – etwa der „Gärtner(-staat)", der „Fremde" oder der „Tourist" – in diversen dieser neueren Werke abermalige Verwendung. Gleichzeitig erhalten allerdings weitere, zuvor weniger behandelte, Themen verstärkte Aufmerksamkeit. So gelangt etwa der Aspekt der Globalisierung in den Fokus, der insgesamt als zentral für Baumans „post-postmodernes" Werks gelten kann (Tester 2004: 161): „By far the most prominent and seminal feature of our times is the emergence of ‚global figuration': of a network of dependencies which covers the entirety of the planet and so sets the stage for a human and historical equivalent for the ‚butterfly effect' […]" (Bauman 2001d: 11). Bauman macht darauf aufmerksam, dass die Welt der flüchtigen Moderne radikal interdependent geworden ist. Er schließt sich dabei dem Werk von Roland Robertson an und betont, dass im Kern von einer „Glokalisierung" ausgegangen werden muss. Dieser Neologismus beschreibt komplexe Verflechtungen von Lokalem und Globalen: Im Zuge der Globalisierung sind lokale Ereignisse oft Auswirkungen globaler Vorgänge und umgekehrt haben lokale Vorgänge nun immer auch potenziell globale Effekte (Robertson 1995, Bauman 1998b: 70 ff., 1998c: 42 ff.). In der flüchtigen Moderne ist diese glokale Figuration für Bauman maßgeblich durch einen allgegenwärtigen kapitalistischen Markt geprägt, der nach neuen Absatzmärkten strebt und auf globaler Ebene die günstigsten Kosten sucht, womit er gleichzeitig jedoch auch das lokal gebundene Individuum prägt. Die Konstellation der flüchtigen Moderne wirkt sich somit auf Gesellschaft und Individuum gleichermaßen aus und im Folgenden werden die durch Bauman beleuchten sozialen Konsequenzen offengelegt.

8.1 Der Wandel der Politik

Zunächst besitzt die neuartige globale Figuration für Bauman einen maßgeblichen Einfluss auf die Rolle der Politik. Eine „erste", solide Moderne sieht Bauman noch durch eine stabile Trinität von ökonomischer, militärischer und kultureller Souveränität des Nationalstaates bestimmt, in der flüchtigen Moderne löst sich diese enge Verknüpfung indes zunehmend auf (Bauman 1998b: 61 f.). Bereits innerhalb seiner „postmodernen" Schriften beschreibt Bauman diese

8.1 Der Wandel der Politik

Entwicklung erstmals als einen Bedeutungsverlust des Nationalstaats gegenüber ökonomischen Kräften: „[…] state organisms that *cannot* effectively impose conditions under which the economy is run, let alone impose restraints on the way in which those who run the economy would like it to be run; the economy is effectively transnational" (Bauman 1993: 231). In der soliden Moderne konnte die Ökonomie noch zentral nationalstaatlich gesteuert werden, was zur Produktion von Ordnung und (gefühlter) Sicherheit beitrug – man denke etwa an die stark ausgebauten „westlichen" Wohlfahrtssysteme. In der flüchtigen Moderne ist der Staat hierzu kaum noch in der Lage, denn „capital has become exterritorial, light, unencumbered and disembedded to an unprecedented extent" (Bauman 2000: 149). Der ortsgebundene Staat besitzt kaum mehr Steuerungsmöglichkeiten und seine Möglichkeiten schwinden, eine zunehmend global koordinierte, extraterritoriale Ökonomie erfolgreich regulieren zu können. Im Zuge der Betrachtung der flüchtigen Moderne wird Bauman daher schließlich „the demise of ‚politics as we know it'" bzw. eine vollständige „divorce of power and politics" konstatieren (Bauman 2000: 70, 2007b: 1, 2011b: 11). In der flüchtigen Moderne verliert der Nationalstaat aufgrund von Globalisierungsprozessen somit an Bedeutung, wohingegen suprastaatliche Akteure und Institutionen an Bedeutung gewinnen: Multinationale Unternehmen überschreiten die Nationengrenzen immer leichter, wodurch sie sich politischer Kontrolle weitestgehend entziehen (Bauman 2001a: 97 f.).

Auf diese Weise wird die nationalstaatliche Politik zunehmend in Bedrängnis gebracht und, vielmehr noch, diese ist nun oft selbst aktiv am Vorantreiben von Prozessen der Deregulierung, Flexibilisierung und der ökonomischen Liberalisierung beteiligt: Die Politiken des Nationalstaats „join the neo-liberal chorus singing the praise of unbound ‚market forces' and free trade" (Bauman 1999: 28). In diesem Zusammenhang spricht Bauman auch von einer „negativen Globalisierung", womit das Phänomen gemeint ist, dass sich kapitalistische Strukturen – aber auch Phänomene wie Kriminalität oder Terrorismus – global etablieren, ohne dass dies für politische Strukturen zutreffen würde (Bauman 2006: 96 ff., 135 ff.). Der Niedergang der Politik in der flüchtigen Moderne hat für Bauman letztendlich die Konsequenz, dass auch ein Konzept des mündigen politischen Bürgers zunehmend obsolet wird (Bauman 2000: 36). An die Stelle relevanter politischer Praxis tritt eine ausufernde und allumfassende Kultur des Konsumkapitalismus:

> Consumer culture is a culture of men and women integrated into society as, above all, consumers. Features of the consumer culture explicable solely in terms of the logic of the market, where they originate, spill over all other aspects of contemporary life – if there are any other aspects, unaffected by market mechanism, left. Thus every item of culture becomes a commodity and becomes subordinated to the logic

of the market either through a direct, economic mechanism or an indirect, psychological one. All perceptions and expectations, as well as life-rhythm, qualities of memory, attention, motivational and topical relevances are trained and moulded inside the new ‚foundational' institution – that of the market (Bauman 1987: 166).

Die Subjekte der flüchtigen Moderne sind lediglich noch individualisierte Konsumenten, die im Konsum verzweifelt nach jener Sicherheit suchen, die die Politiken des Nationalstaates nicht länger zu geben vermögen. Im Prozess des Übergangs zu flüchtigen Moderne wandelt sich das Individuum damit von einem politischen Bürger allmählich zu einem unüberwindbar und ausschließlich an den ökonomischen Markt gebunden Akteur (Bauman 1999: 78). In diesem Kontext diagnostiziert Bauman daher, dass auch das Modell des Panopticons – das für ihn die Strukturen einer „erste" Moderne maßgeblich beschreibt (cf. Abschn 4.2) – weitestgehend obsolet wird. An die Stelle umfassender Überwachung, durch den nach absoluter Ordnung strebenden Gärtnerstaat, tritt in der flüchtigen Moderne das „Synopticon". Bauman greift hiermit auf ein Konzept von Thomas Mathiesen zurück, das eine Situation beschreibt, in der Subjekte nicht länger überwacht, sondern vielmehr verführt werden: Die wenigen (ökonomisch) Erfolgreichen oder die (medialen) „Stars" werden zu uneingeschränkten Vorbildern und werden – trotz der Aussichtslosigkeit auf Erfolg – von den Vielen nachgeahmt (Mathiesen 1997, Bauman 1998b: 51 ff., 2000: 85 f.).

Allerdings verschwindet das Modell panoptischer Kontrolle nicht vollständig. Jene „mangelhaften Konsumenten", die dem Imperativ des Konsums nicht Folge leisten können, sind von panoptischen Überwachungstechniken weiterhin betroffen (Bauman 1997: 16, 2000: 93 f.). Als gegenwärtiges Beispiel lassen sich die Empfänger*innen von Sozialleistungen anführen, deren Anstrengungen, eine Arbeit zu finden, immer häufiger und präziser überwacht werden und die bei Regelverstößen Sanktionen erfahren. So wird zur Überwachung und Kontrolle etwa zunehmend auch auf algorithmische Methoden zurückgegriffen, mit dem Ziel, vermeintliche „Sozialbetrüger" aufzudecken (Maréchal 2015, Zajko 2023). Da der vormals starke Staat gegenüber einer ungebundenen Ökonomie sowie ihrer „touristischen" Akteure machtlos geworden ist, kann dies als ein letzter Versuch des Staates verstanden werden, seine Legitimität überhaupt noch aufrechtzuerhalten (Bauman/Lyon 2013: 112). Mit anderen Worten: Der Fokus des Staates verschiebt sich von der Regulierung des Markts hin zu einer Regulierung der Bevölkerung.

Zentrale Folge der extrem individualisierten Konsumgesellschaft ist, dass die Möglichkeiten sozialer Solidarität und die Chancen politischen Handelns drastisch eingeschränkt werden: „[...] it becomes increasingly difficult, perhaps

8.1 Der Wandel der Politik

altogether impossible, to re-forge social issues into effective collective action" (Bauman 1998b: 69). Die Hoffnung, etwa durch politisches Engagement im Allgemeinen oder Beteiligung an politischen Bewegungen im Spezifischen, Veränderungen hervorzurufen, schwindet. Stattdessen suchen die Individuen im Konsum Zuflucht und individuelle Kaufentscheidungen sollen Sicherheitsbedürfnisse befriedigen. Jedoch bleiben individuelle Probleme derart letztendlich immer individuell und diese finden keinen Weg in ein gemeinsames (politisches) Handeln: „There is no such thing as ‚collective consumption'. True, consumers may get together in the course of consumption, but even then the actual consumption remains a thoroughly lonely, individually lived-through experience" (Bauman 1998f: 30). Indem alle Individuen gemeinsam nur noch als ökonomische Akteure in Erscheinung treten, ähneln sich die Subjekte in der „flüchtigen" Moderne laut Bauman allesamt. Doch verhindert gerade diese Ähnlichkeit, erneut die Möglichkeiten kollektiven Handelns: „Individuals in the consumer mass, like the components of any other mass, are all alike (they form a mass because they resemble each other and are, in their similarity, exchangeable and disposable); but they are alike in being, all of them and each one of them, *individuals* who *individually* face up to *individual* problems" (Bauman 2001b: 111). Für Bauman verunmöglicht die flüchtige Moderne politische Auflehnungen und als einzige, zumeist wenig erfolgsversprechende, Erfolgsstrategie verbleibt, ein „besserer" Konsument zu werden.

Weiter oben wurde darauf hingewiesen, dass Bauman mitunter kritisiert wurde, keine Lösungsvorschläge für die von ihm beschriebenen sozialen Problemlagen vorzubringen (cf. Abschn 5.4). Im Kontext seiner Betrachtung des Politischen in der flüchtigen Moderne lassen sich solche Vorschläge allerdings durchaus identifizieren. Erstens, trotz einer ausgeprägten Kritik an der Europäischen Union, erkennt Bauman dennoch das Potenzial in Europa für die Bildung von supranationalen politischen Strukturen und Identitäten, die ein sozialeres Miteinander fördern könnten und die möglicherweise in der Lage wären, sich der postnationalen Ökonomie wirksamer entgegenzustellen (Bauman 2004a: 72 ff.). Zweitens knüpft Bauman konkret an die Idee eines bedingungslosen Grundeinkommens an und positioniert sich als Befürworter dieser Maßnahme. Zustimmend bezieht er sich etwa auf die Argumente von Claus Offe, der das Grundeinkommen insbesondere als sozialpolitische Maßnahme kennzeichnet, die vor dem Hintergrund eines schwindenden Angebots von Erwerbsarbeit sinnvoll bzw. unabdingbar wird (Offe et al. 1989). Über sozialpolitische Argumente hinausgehend liegt Baumans Fokus jedoch vor allem auf der Möglichkeit, dass ein Grundeinkommen die immense Unsicherheit des vereinzelten Individuums in der Konsumgesellschaft der flüchtigen Moderne bekämpfen könnte: „The decoupling of income entitlements from paid work and from the labour market may serve the republic in only one way, but a crucial way: *by removing the awesome fly of insecurity from the sweet ointment of freedom*" (Bauman 1999: 188). Bauman argumentiert somit, dass ein bedingungsloses Grundeinkommen die positiven Aspekte individueller Freiheit stärkt, indem es genau jene bedrückenden Unsicherheiten reduziert, die aus einer extrem individualisierten, „synoptisch" strukturierten, Konsumgesellschaft emporsteigen.

Drittens und hiermit im Zusammenhang fordert Bauman in Reaktion auf die für ihn unbefriedigende Konstellation eines allumfassenden Konsumkapitalismus, das Verhältnis von Privatem und Öffentlichem neu zu denken:

> The chance of changing this condition hangs on the *agora* – the space neither private nor public, but more exactly private and public at the same time. The space where private problems meet in a meaningful way [...]; the space where [...] ideas may be born and take shape as the ‚public good', the ‚just society' or ‚shared values' (Bauman 1999: 3f.).

Bauman bezieht sich auf das Konzept der Agora aus dem antiken Griechenland, den zentralen Ort der Diskussion und Überzeugung. Die Agora ist der Versammlungsort, an dem die freien Bürger ihre Meinungen austauschen und diskutieren konnten und stellt die Schnittstelle von Privatem (oikos) und Öffentlichem (ecclesia) dar (Bauman 2011a: 10 ff., 2011b: 3 f.). In der „ersten" Moderne wird diese „Zwischensphäre" der Agora von totalitären politischen Großprojekten besetzt, das Private somit unterdrückt: Eigenständiges Denken und freie Diskussionen werden durch den starken Staat verhindert, der einen bloßen Monolog über eine als „perfekt" imaginierte zukünftige Ordnung führt (Bauman 1999: 88). Die Agora ist hier „accused of standing in the way of resolute and effective action, while the abolition of the *agora* is praised as the radical way to exterminate the troubles which brought the complainants to it in the first place" (Bauman 1999: 94). In den politischen Großprojekten der „ersten" Moderne kann eine kritische öffentliche Sphäre somit deswegen kaum Relevanz erlangen, weil der starke Staat sie als bloßes Hindernis auf dem Weg zum „gesäuberten Garten" ausmacht.

Die sich in der flüchtigen Moderne anbahnende absolute Trennung von Macht und Politik führt zu einem gegenteiligen Problem. Im Zuge der globalen Hegemonie des (Konsum-)Kapitalismus wird die Agora zunehmend selbst zu einem privatisierten Gebilde: „[...] the truly powerful and resourceful agents have escaped into hiding and operate beyond the reach of all established means of political action – let alone the democratic process of negotiation and control centred on the *agora*. These new agents celebrate their independence and detachment from the *agora*" (Bauman 1999: 98). Weil sich die mächtigen ökonomischen Akteure dem Einflussbereich der Agora erfolgreich entziehen können, entleert und entpolitisiert sich diese zunehmend: Sie stellt nicht länger einen Diskussionsraum dar, von wo aus neue politische Ideen hervorgebracht werden könnten. Gleichfalls sinken die Erfolgsaussichten eines kollektiven politischen Handelns, denn die wirklich wichtigen Entscheidungen sind kaum noch politisch beeinflussbar. Die wahren (wirtschaftlichen) Entscheidungsträger, die die politische Gestaltungsmacht vollends an sich gezogen haben, bleiben für eine breite Masse anonym und letztendlich werden für Bauman sämtliche Kollektive und Individuen den Prinzipien eines globalen Wirtschaftswachstums untergeordnet (Beilharz 2000: 165).

Allerdings beobachtet er, dass die somit entleerte öffentliche Sphäre in der flüchtigen Moderne doch wieder „gefüllt" wird. Dies allerdings in einer Weise, die das Verhandeln relevanter kollektiver Interessen ebenfalls verunmöglicht, denn nur noch das Private findet jetzt den Weg in die Agora: „What seems to be at stake is a redefinition of the public sphere, as a scene on which private dramas are staged, put on public display and publicly watched" (Bauman 2000: 70). Innerhalb einer öffentlichen Sphäre werden nicht länger Themen des gesellschaftlichen Gemeinwohls diskutiert, vielmehr findet eine Kolonialisierung der Agora durch das Private statt. Deutliche Beispiele sind für Bauman weitverbreitete mediale Talkshow-Formate, Reality-TV-Shows oder eine Hochkonjunktur von sogenannter Ratgeberliteratur:

> The ‚private' has invaded the meant-to-be-public scene, but not to interact with the ‚public'. Even while it is being thrashed out in public view, the ‚private' does not acquire a new quality; if anything, the ‚private' is reinforced in its privacy. The televised chats of ‚ordinary people' like Vivianne and Michel, and the newspapers' ‚exclusive' gossip about the private lives of show-business stars, politicians and other celebrities, are public lessons in the vacuity of public life and in the vanity of hopes invested in anything less private than private troubles and private cures. Lonely individuals nowadays enter the *agora* only to find the company of other lonely individuals like themselves (Bauman 2001c: 205).

Bauman diagnostiziert somit, dass persönliche Themen den öffentlichen Diskurs übernehmen, wobei jene Details des Privatlebens im Vordergrund stehen, die sich politisch als vollends irrelevant zeigen. Weil der Glaube an die Möglichkeit eines gemeinsamen politischen Handelns verloren geht, suchen verzweifelte und vereinzelte Individuen nur noch bei anderen verzweifelten und vereinzelten Individuen um Rat, in der Hoffnung, das eigene Gefühl fundamentaler Einsamkeit kurzzeitig zu lindern. Während Bauman somit zwar für eine Wiederbelebung der öffentlichen Sphäre plädiert und diese zunächst als potenzielles politisches Gegengewicht gegenüber einem ungebundenen globalisierten Kapitalismus setzt, so schwindet diese Hoffnung alsbald wieder. Die individuellen Probleme der Subjekte „do not add up, do not accumulate or condense into a kind of ‚common cause'" und eine Hervorbringung von kollektiven politischen (Gegen-)Ideen oder Bewegungen erscheint in der flüchtigen Moderne zum Scheitern verurteilt (Bauman 2001a: 48).

8.2 Flüchtige Zwischenmenschlichkeit

Am Anfang dieses Kapitels wurde angedeutet, dass Baumans Perspektive in seinem Spätwerk weit ist, und so betreffen Prozesse der „Verflüchtigung" nicht nur die soziopolitische Ordnung auf einem Makrolevel, sondern auf einem Mikrolevel gleichfalls das einzelne Individuum und ihr Alltagsleben. Exemplarisch hierfür ist, dass sich Bauman mit der wandelnden Struktur und Bedeutung von Partnerschaften, Liebesbeziehungen und Sexualität in der flüchtigen Moderne auseinandersetzt. Die von Bauman als äußerst dominant gekennzeichnete Konsumkultur spielt auch in diesem Bereich eine tragende Rolle und prägt zwischenmenschliche Beziehungen maßgeblich.

Selbst die intimsten Lebensbereiche sind in der flüchtigen Moderne einer zunehmenden Ökonomisierung ausgesetzt, wobei (Liebes-)Partnerschaften verstärkt marktwirtschaftlichen Logiken unterworfen und durch konsumistische Motive organisiert werden. So konstatiert Bauman die Herausbildung eines Beziehungsmarktes, auf dem Personen genauso wie Waren konsumiert werden: „[…] just as on the commodity markets, partners are entitled to treat each other as they treat the objects of consumption. Once permission (and the prescription) to reject and replace an object of consumption which no longer brings full satisfaction is extended to partnership relations, the partners are cast in the status of consumer objects" (Bauman 2007a: 21). Bauman stellt somit fest, dass die Individuen der flüchtigen Moderne letztendlich selbst zu Konsumobjekten werden, die ihre eigene „Attraktivität" auf dem (nun menschlichen) Warenmarkt zur Schau stellen: „[…] men and women must meet the conditions of eligibility defined by market standards. They are expected to make themselves available on the market and to seek, in competition with the rest of the members, their most favourable ‚market value'" (Bauman 2007a: 62). Indem die Individuen sich selbst als Ware begreifen, werden sie auch ihre (potenziellen) Partner*innen im Sinne eines Konsumobjekts ansehen.

8.2 Flüchtige Zwischenmenschlichkeit

Auf diese Weise folgen Partnerschaften nicht länger einem Ideal von dauerhaften und verbindlichen Beziehungen, vielmehr herrscht ein Nutzen-Kalkül vor, wobei das primäre Ziel eine wechselseitige Bedürfnisbefriedigung ist. Sobald diese erhofften Bedürfnisbefriedigungen in der (Liebes-)Beziehung ausbleiben, erscheint auch nicht länger ein Grund gegeben, an dieser festzuhalten. In der flüchtigen Moderne werden Bindungen daher rasch wieder aufgelöst und bereits das Eingehen einer Beziehung wird zentral mit einer Planung von Exit-Strategien verbunden, die den Ausstieg aus der Bindung leicht und schmerzfrei ermöglichen sollen (Bauman 2003: 21, Bauman/Attwood 2018: 132). Weil die flüchtige Moderne von einem umfassenden und rastlosen Drang zum Konsum dominiert wird, erwarten Individuen von Beziehungen nun das Gleiche wie beim Einkaufen im Kaufhaus: Vielfalt, Neuheit und Wegwerfbarkeit. Bauman spricht daher von „Top-Pocket-Beziehungen", die jederzeit aktiviert oder deaktiviert werden können, d. h. Beziehungen „of the sort they ‚can bring out when they need them' but push deep down in the pocket when they do not" (Bauman 2003: x). An die Stelle stabiler emotionaler Bindungen treten funktionale und interessengeleitete Beziehungen und sobald der oder die Partner*in in einer Beziehung nicht länger „nützlich" erscheint, wird diese/r – wie jedes andere unbrauchbar, alt oder langweilig gewordene Konsumobjekt – „entsorgt". In diesem Sinne erscheint etwa die Entscheidung über die Anschaffung eines neuen Autos der Entscheidung über das Eingehen einer neuen Beziehung äußerst ähnlich: „There are so many newer, better cars around, more handsome, attractive, easier to operate, more responsive. It is time to think of exchange. It is time to consign the old car to waste. Anyway, it was neither destined nor meant to last forever – was it?" (Bauman 2004c: 123).

Stabile Partnerschaften werden auf diese Weise in der flüchtigen Moderne zunehmend unmöglich und weil langfristige Beziehungen kaum dauerhaft eine unmittelbare Bedürfnisbefriedigung anbieten können, erscheinen diese auch wenig erstrebenswert. Im Kern zeigen sich die Individuen allerdings von widersprüchlicher Ambivalenz geprägt: Auf der einen Seite suchen sie durchaus weiterhin nach langfristigen partnerschaftlichen (Liebes-)Beziehungen, denn diese erwecken Hoffnung auf einen stabilen Ankerpunkt in einer von grassierenden Unsicherheiten geprägten flüchtigen Moderne. Andererseits und gleichzeitig sind die Individuen jedoch von einer Vermeidung endgültiger Festlegung geprägt, denn langfristige Beziehungen unterminieren die gleichfalls ersehnten Möglichkeiten immer neuer Erfahrungen. Das Streben nach Sicherheit durch das Eingehen langfristiger Beziehungen steht somit dem Streben nach individueller Freiheit sowie der Angst der Festlegung und des Stillstands in paradoxer Weise entgegen:

> [...] men and women, our contemporaries, despairing at being abandoned to their own wits and feeling easily disposable, yearning for the security of togetherness and for a helping hand to count on in a moment of trouble, and so desperate to ‚relate'; yet wary of the state of ‚being related' and particularly of being related ‚for good', not to mention forever – since they fear that such a state may bring burdens and cause strains they neither feel able nor are willing to bear, and so may severely limit the freedom they need – yes, your guess is right – to relate... (Bauman 2003: vii)

Derart zeigt sich eine tiefe Verunsicherung der Individuen, die sich gleichzeitig nach Stabilität und Geborgenheit als auch nach uneingeschränkter persönlicher Freiheit sehnen, wobei in Bezug auf zwischenmenschliche Beziehungen der Wunsch nach persönlicher Freiheit für Bauman jedoch zunehmend völlige Überhand gewinnen zu scheint. In loser Anlehnung an Robert Musils Roman „Der Mann ohne Eigenschaften" kennzeichnet Bauman das Individuum der flüchtigen Moderne daher auch als „Der Mann ohne Verwandtschaften"; als ein bindungsloses Wesen (Bauman 2003: 69).

Vor diesem Hintergrund ist es kaum überraschend, dass Bauman auch konkret in Bezug auf die Sexualität das Phänomen einer dauerhaften Nicht-Festlegung problematisiert. Wie auch Partnerschaften werden Sexualbeziehungen in der flüchtigen Moderne verstärkt nach marktwirtschaftlichen Prinzipien organisiert und Sex wird einer Ware ähnlich konsumiert, mit ähnlichen Folgeproblemen: „Today's agonies of *homo sexualis* are those of *homo consumens*. They have been born together. If they ever go away, they will march shoulder to shoulder" (Bauman 2003: 49). Während die Sexualität in einer „ersten" Moderne noch in einer engen Verbindung zu sexueller Reproduktion und/oder Liebe stand, wird diese Verknüpfung in der flüchtigen Moderne aufgelöst. Vielmehr wird Sex als Selbstzweck zur kulturellen Norm (Bauman 1998d: 21). Den herrschenden Konsumprinzipien folgend werden die Individuen auch in Bezug auf die Sexualität zu Sammler*innen neuer Erfahrungen und Eindrücke: Zur entscheidenden Aufgabe der Sexualität wird „to supply ever stronger, infinitely variable, preferably novel and unprecedented *Erlebnisse*; [...] the ultimate sexual experience remains forever a task ahead and no actual sexual experience is truly satisfying, none makes further training, instruction, counsel, recipe, drug or gadget unnecessary" (Bauman 2001c: 227). Wie auch der Warenkonsum den Wunsch der Bedürfnisbefriedigung niemals vollends stillen kann – und daher erneuten Konsum auslöst –, so kennt auch das Verlangen nach neuen Erfahrungen in Bezug auf die Sexualität keinerlei Grenzen. Auf diese Weise wird Promiskuität zum „Normalfall" und es findet eine beständige Suche nach außergewöhnlichen und „besseren" Sexualpartner*innen und -praktiken statt.

8.2 Flüchtige Zwischenmenschlichkeit

Wenn Sex zum reinen Selbstzweck wird, werden aus Liebesbeziehungen bloße Sexualverhältnisse, wodurch die Notwendigkeiten emotionaler Investition sowie die Risiken des ungewissen Gelingens langfristiger Beziehungen reduziert werden. Denn ungleich langfristig eingegangener Beziehungen können Sexualpartner*innen schnell und folgenlos gewechselt werden, sobald sie keinen „Nutzen" mehr versprechen. Einer Ware gleich werden sie nach ihrer „Verwendung" schlicht „weggeworfen": „Precarious economic and social conditions train men and women [...] to perceive the world as a container full of *disposable* objects, objects for *one-off* use; the whole world – including other human beings" (Bauman 2000: 162). Paradoxerweise bringen jedoch gerade jene scheinbar völlig folgenlosen und „wegwerfbaren" Sexualkontakte – wodurch Ängste (vor langfristigen zwischenmenschlichen Beziehungen) ja eigentlich minimiert werden sollen – neue Unsicherheiten für das Individuum mit sich: „The entitlements of sexual partners have become the prime site of anxiety. What sort of commitment, if any, does the union of bodies entail?" (Bauman 2003: 51). Ungleich langfristiger emotionaler Bindungen oder Ehen bleibt die Bedeutung einer flüchtigen sexuellen Bekanntschaft oftmals völlig unklar und auf diese Weise werden die Unsicherheiten des Individuums letztendlich nur weiter verstärkt.

In der flüchtigen Moderne wird der konsumistische Erwerb neuer Identitäten zur Alltäglichkeit, wobei das Individuum sich jedoch nie final sicher sein kann, die „richtige" Identität gewählt zu haben und daher kontinuierlich nach „besseren" Identitätsangeboten Ausschau hält (cf. Abschn 6.3). In Bezug auf die Sexualität konstatiert Bauman ebenfalls eine große Wahlfreiheit und erkennt einen unstillbaren Wunsch nach immer neuen „sexuellen Erfahrungen". In diesem Zusammenhang wird in der flüchtigen Moderne auch die Genderidentität verstärkt als eine Sache der Wahl begriffen, die fluide bespielt werden kann. Abstand nehmend von der Diskussion um „natürliches" und „kulturelles" Geschlecht – wie etwa durch Judith Butler prominent gemacht – sieht Bauman als zentralen Aspekt jedoch vielmehr, dass die Individuen beständig auf der Suche nach jener sexuellen Identität sind, die ihr „authentisches Selbst" vorgeblich „am besten" repräsentiert, wobei diese Suche jedoch zu keinem Zeitpunkt als etwas abgeschlossenes angesehen wird (Bauman 2003: 54 f.). In Bezug auf Geschlechtsidentitäten konstatiert Bauman daher, dass deren „Verwendung" durch die Individuen das primäre Ziel einer Vermeidung vollständiger oder endgültiger Festlegung besitzt:

> You try one identity at a time, but so many others, as yet untried, wait round the corner for you to pick them up. Many more undreamt-of identities are still to be invented and coveted in your lifetime. You'll never know for sure whether the identity you

are currently parading is the best you can get and the one most likely to give you the most satisfaction. Your bodily sexual equipment is just one of those resources at your disposal that [...] can be used for all sorts of purposes and put into the service of a whole range of objectives. The challenge, it seems, is to stretch the pleasure-generating potential of that ‚natural equipment' to the utmost – by trying one by one all known kinds of ‚sexual identity', and perhaps inventing still more on the way (Bauman 2004b: 85).

Auch in Bezug auf flexible und fluide Genderidentitäten erscheint mit Bauman somit eine Lustmaximierung als oberste Handlungsmaxime der flüchtigen Moderne. Der eigene Körper und seine sexuellen Möglichkeiten werden instrumentalisiert, um durch stetiges Ausprobieren neuer Praktiken und Identitäten das Lustempfinden zu steigern und den Wunsch nach neuen Erfahrungen zu stillen. An die Stelle von partnerschaftlicher Stabilität tritt ein Paradigma des flexiblen Experimentierens sowie eine zwanghafte, unablässige Selbstoptimierung der intimsten Lebensbereiche (Bauman 1999: 22 f.). Begleitet wird diese Entwicklung erneut jedoch durch fundamentale Ängste; die Angst vor „falschen" Entscheidungen oder die Angst noch nicht alles Mögliche ausprobiert zu haben und damit potenziell ein – letztendlich jedoch immer imaginär bleibendes – „wirkliches" Glücklich-Sein zu verpassen.

In diesem Zusammenhang blick Bauman zudem äußerst kritisch auf den Aufstieg sogenannter „Beziehungsratgeber", die die Möglichkeiten wahrhaftiger romantischer Liebesbeziehungen weiter unterminierten. Während eine herausfordernde und anstrengende Beziehungsarbeit zwischen zwei Partner*innen zunehmend vermieden wird, so wird Rat vielmehr von externen Instanzen eingeholt. Im Vergleich zur mühsamen Arbeit an einer erfüllenden emotionalen Beziehung erscheint die Hinwendung zu Expertenrat verführerisch: „[...] expertise being, so to speak, a *love without love* (love without the risks of reciprocity; love without the worrisome dependency on passion), it does not need to be offered by a *human* partner" (Bauman 1991: 208). Das Zurückgreifen auf (vorgebliches) Expertenwissen umgeht die Risiken und Abhängigkeiten, die emotionale Beziehungen mit sich bringen und macht – etwa mit Blick auf eine stetig wachsende Anzahl von Beziehungs-Ratgeberliteratur – direkte menschliche Interaktion nicht länger zwingend notwendig. In diesem Kontext diagnostiziert Bauman etwa auch in Bezug auf die die Expertise im Zuge therapeutischer Angebote, dass der Patient „purchases the illusion of being loved" (Bauman/May 2001: 87). Auch hier wird Liebe somit als Konsumobjekt verstanden, das nicht länger in zwischenmenschlichen Beziehungen gefunden wird, sondern deren Illusion in nicht-personalen Geschäftsbeziehungen erworben wird. Ein solches Ersetzten „wahrhaftiger" romantischer Liebe durch eine Illusion von Liebe diagnostiziert Bauman schließlich nochmals konkret in Bezug auf den Erwerb von Konsumobjekten, insbesondere elektronischer Geräte. Letztere seien leicht verfügbare Substitute für „echte" Zwischenmenschlichkeit, die stetiges Engagement erfordern. Elektronische Geräte hingegen seien im Konsumkapitalismus zwar darauf ausgelegt wie Subjekte geliebt zu werden, jedoch würden sie letztendlich nur den Narzissmus der Konsumierenden befriedigen (Bauman 2013: 50 ff.). Exemplarisch habe etwa zunächst die Verbreitung des Mobiltelefons eine Illusion von Intimität und des Verbundenseins erzeugen können, was später durch neue soziale Medien wie Facebook oder Twitter bzw. X nochmals verstärkt wurde. Die Leiden des Individuums an seiner Einsamkeit in der flüchtigen Moderne zu bekämpfen, könne auf dieser Weise jedoch unmöglich gelingen (Bauman 2004b: 25 ff., Bauman/Attwood 2018: 134 ff.).

8.3 Gemeinschaft in der flüchtigen Moderne

Wie das Beispiel des Erodierens langfristiger stabiler Beziehungen verdeutlicht, befindet sich das Individuum der flüchtige Moderne in einer komplizierten Lage. Zwar besitzt es im Vergleich zu einer „ersten" Moderne neuartige Freiheiten, jedoch fehlt es an Sicherheiten, die Stabilität gewährleisten könnten. Dieses Phänomen lässt sich auf verschiedenste Lebensbereiche übertragen, etwa die Arbeitswelt, wo sich das Individuum einer Zunahme von Kurzzeitarbeitsverhältnissen oder Arbeitslosigkeit gegenübersteht. In den 1990er Jahren diagnostiziert Pierre Bourdieu, dass „Prekarität überall" sei, d. h. nicht länger auf bestimmte Klassenlagen beschränkt (Bourdieu 1998). Zustimmend stellt Bauman fest, dass „precariousness, instability, vulnerability is the most widespread (as well as the most painfully felt) feature of contemporary life conditions" (Bauman 2000: 160). Nochmals zeigt sich also, dass Bauman ein Bild der flüchtigen Moderne zeichnet, in der zuvorderst gesellschaftliche Zersetzung stattfindet und eine Auflösung oder „Verflüchtigung" fester Strukturen ungeahnte Ausmaße annimmt. Verstärkt wird dieser Trend durch den oben thematisierten Bedeutungsverlust des Nationalstaats – der im Angesicht einer global ungebundenen Ökonomie von Auflösungserscheinungen gekennzeichnet ist – sowie einen allumfassenden Konsumkapitalismus, der die weitere Vereinzelung des Individuums vorantreibt (Abschn 8.1).

Auf den ersten Blick könnte es widersprüchlich erscheinen, dass Bauman die flüchtige Moderne gleichzeitig jedoch von einem starken gegenteiligen Trend gekennzeichnet sieht: Dem Entstehen von neuen Formen der Kollektivierung und Vergemeinschaftung. Bauman beobachtet das Emporsteigen einer Vielzahl von

Gemeinschaften oder Gruppierungen, die dem Individuum ein andauerndes Bedürfnis nach Identität und Sicherheit zu stillen versprechen scheinen, Selbstbewusstsein vermitteln sowie ein Gefühl der Zusammengehörigkeit erzeugen. So können etwa Religion, Ethnie, Nationalität, aber auch spezifische Interessensvereinigungen und Vereine das Gefühl erwecken, Teil von etwas Größerem zu sein, das über das eigene, in der flüchtigen Moderne auf sich selbst zurückgeworfene, Selbst hinausgeht.

Bauman stellt somit heraus, dass paradoxerweise gerade in dem Moment, in dem ein globalisierter (Konsum-)Kapitalismus einem ausgeprägten Individualismus Tür und Tor öffnet sowie sich die Relevanz der räumlichen Dimension aufzulösen beginnt, letztere erneut zu einem zentralen Bezugspunkt des Individuums wird: „[…] the more vulnerable place becomes, the more radically it is devalued of its ‚cosiness' (its feeding and sheltering capacity) […] the more it […] becomes a focus of intense emotions, hopes and fears which merge into hysteria" (Bauman 2001d: 19). Orte, die ihre ursprüngliche Funktion als schützender und geborgener Raum verlieren, werden gleichzeitig Brennpunkte intensiver Emotionen und zu Projektionsflächen für starke Gefühle und Sehnsüchte. Die Gemeinschaft kann als genau ein solcher „Ort" verstanden werden, der den Individuen das Stillen ihres Schutzbedürfnisses verspricht, insbesondere weil es ihr gelingt, positive emotionale Anziehungen auszulösen: „Words have meanings: some words, however, also have a ‚feel'. The word ‚community' is one of them. It feels good: whatever the word ‚community' may mean, it is good ‚to have a community', ‚to be in a community'. […] community is a ‚warm' place, a cosy and comfortable place. It is like a roof under which we shelter in heavy rain, like a fireplace at which we warm our hands on a frosty day" (Bauman 2001a: 1). Derart scheint die Gemeinschaft den Individuen der flüchtigen Moderne die grassierenden Ängste und Lasten abnehmen zu können, sie vermittelt Sicherheit und damit jenes, was dem Individuum maßgeblich mangelt.

In seiner Auseinandersetzung mit dem (Wieder-)Aufstieg von Phänomenen der Gemeinschaft knüpft Bauman an Michel Maffesoli an, der bereits in den 1980er Jahren ein neues „Zeitalter der Stämme" bzw. einen Neo-Tribalismus diagnostiziert (cf. Abschn 6.3). Maffesoli beschreibt dies als das Phänomen, dass in der postmodernen Gesellschaft verstärkt neue Formen fluider gemeinschaftlicher Zusammenschlüsse entstehen. Diese „Stämme" weisen laut Maffesoli gewisse Ähnlichkeiten zu archaischen Stammesstrukturen auf: Nachdem die Moderne das nicht-Rationale und Mystische sowie – in Anschluss an Durkheim – Erfahrungen der kollektiven Erregung (effervescence) maßgeblich unterdrückt hat, erhalten diese mit dem Aufstieg der Neo-Stämme erneut eine zentrale Stellung (Keller 2011: 253): „The rationalized society is replaced by an empathetic

8.3 Gemeinschaft in der flüchtigen Moderne

sociality (ambiences, feelings, emotions). Affectual tribes and a new social bond based on emotional pacts replace contractual groups, and we move from an abstractive and rational period to a more empathetic time (where experience is more direct)" (Dawes 2016: 737). Die Postmoderne umfasst für Maffesoli eine Abwendung von der Idee des rationalen Subjekts, hin zu einem ästhetischen Paradigma, das temporäre und von Emotionen und Affekten gesteuerte Formen der Vergemeinschaftung erzeugt. Zugehörigkeit definiert sich über geteilte emotionale Zustände, ästhetische Vorlieben oder einen gemeinsamen Stil, wobei sich in subkulturellen Szenen, virtuellen Communities oder im Alltagsleben neue Formen der Kollektivität entfalten, die Identität und ein Gefühl der Zusammengehörigkeit, jenseits traditioneller Milieus, stiften.

Anknüpfend an diese Diagnose erkennt auch Bauman „tribalism, miraculously reborn, that injects juice and vigour into the eulogy of community, the acclaim of belonging" (Bauman 1997: 79). In Anschluss an Maffesoli sieht Bauman Neogemeinschaften als tendenziell kurzlebige Phänomene, denn sie können lediglich durch wiederholte Praktiken und affektive Zuwendungen ihrer Mitglieder aufrecht erhalten werden: Diese sind „constantly in *statu nascendi* rather than *essendi*, brought over again into being by repetitive symbolic rituals of the members but persisting no longer than these rituals' power of attraction [...]" (Bauman 1992a: 198 f.). Sobald die individuellen emotionalen Investitionen in diese Gemeinschaften beendet werden, verschwinden diese wieder vollständig. Bauman spricht in diesem Zusammenhang daher auch von „cloakroom communities": Wie die Kleidungsstücke, die man für besondere Anlässe anzieht, sind diese Gemeinschaften flüchtig und von kurzer Dauer, d. h. die Mitglieder der Gemeinschaft „kleiden" sich für spektakuläre Zusammenkünfte und Rituale, jedoch ist die Garderobe schnell ableg- und austauschbar und nach dem Zusammentreffen zerstreut sich die Gemeinschaft schnell wieder (Bauman 2000: 199 ff.). An anderer Stelle verwendet Bauman zudem den Begriff „peg communities": Gemeinschaften organisieren sich um einen bestimmten „Pflock" herum – von der gemeinsamen Zuwendung zu einem „besonderen" Konsumprodukt oder einem außergewöhnlichen „Star" über das Teilen bestimmter Essgewohnheiten bis hin zu weitreichenden öffentlichen „Skandalen", die zu einem gemeinsamen Aufmerksamkeitspunkt werden – und so kann unter einer heterogenen Masse von Individuen ein vorübergehendes Gefühl der Zusammengehörigkeit erzeugt werden (Bauman 2001b: 111 f.). Diese Metaphern beschreiben somit Formen der Kollektivierung, die zwar kurzfristig ein Verlangen nach Gemeinschaft stillen, jedoch alsbald erneut von Auflösungserscheinungen betroffen sind und letztlich damit die individuellen Hoffnungen auf ein dauerhaftes Ausmerzen von flüchtig-moderner Unsicherheit nie erfüllen können.

Im Unterschied zu Maffesoli, der die beständigen Neuhervorbringungen und Auflösungen von (Neo-)Gemeinschaften in der Postmoderne tendenziell begrüßt und ihnen ein subversives Potenzial – gegenüber den starren und unflexiblen traditionellen Institutionen und Strukturen – zuschreibt, steht Bauman den Neostämmen deutlich kritischer bzw. pessimistischer gegenüber (Evans 1997: 238, Moebius 2014: 373). Einerseits ist dies auf Baumans Charakterisierung der flüchtigen Moderne zurückzuführen, in der ein unregulierter (Konsum-)Kapitalismus herrscht. Da das Individuum für Bauman in erster Linie als konsumierende Person in Erscheinung tritt, sieht er im Unterschied zu Maffesoli mitnichten ein völlig „freies" Wandern zwischen neotribalistischen Stämmen gegeben, vielmehr ist auch dieses im Kern von ökonomischen Prinzipien gesteuert: „Neo-tribes are, in essence, lifestyles and these relate to styles of consumption. Access to consumption leads through the market and to acts of purchasing commodities" (Bauman/May 2001: 156). Die Möglichkeit der Mitgliedschaft in einer Gemeinschaft hängt somit zentral von der Kaufkraft der Individuen ab und damit von der Frage, ob sie ökonomisch überhaupt in der Lage sind, einer bestimmten kollektiven „Kleiderordnung" zu folgen. Exemplarisch kann das Zurschaustellen bestimmter Markenkleidungen in verschieden Szenen genannt werden oder die Notwendigkeit eine bestimmte hochpreisige (etwa Sport-) Ausrüstung zu besitzen. Später wird Bauman anstelle von „Neogemeinschaft" daher auch von „Schwärmen" sprechen, die durch Konsum hervorgebracht werden und sich dabei immer wieder neuen, attraktiv erscheinenden Zielen und Objekten zuwenden (Bauman 2007a: 76 f.).

Andererseits und hiermit im Zusammenhang fokussiert Bauman, deutlich stärker als Maffesoli, eine inhärente Exklusivität von Neostämmen. Jedoch werden nicht nur anhand ökonomischer Faktoren Exklusionen vorgenommen. Weil die Neogemeinschaften eine sehr instabile Basis besitzen und lediglich auf einer wiederholten individuellen Wahl der Mitglieder beruhen – der Wahl sich zu einer Neogemeinschaft zu bekennen –, müssen sich Neostämme ihres Bestehens beständig vergewissern und dieses absichern: „Because of in-built uncertainty, such community lives under the condition of constant anxiety and thus shows a sinister and but thinly masked tendency to aggression and intolerance" (Bauman 1993: 235). Es handelt sich damit um postulierte Gemeinschaften, die allein durch die bewussten Entscheidungen ihrer Mitglieder, sich ihnen verbunden zu fühlen, existieren und deshalb von diesen unablässig durch Loyalitätsbekundungen gestützt werden müssen: Die Zusammengehörigkeit manifestiert sich im ritualisierten Bekenntnis zur gemeinsamen Sache ebenso wie in der aggressiven Verteufelung alles vermeintlich Stammesfeindlichen (Bauman 2000: 169, Moebius 2014: 371).

8.3 Gemeinschaft in der flüchtigen Moderne

Letztendlich sieht Bauman die Relevanz neotribalistischer Prinzipien jedoch nicht lediglich auf einer subnationalen Ebene von kleinteiligen Zusammenschlüssen, vielmehr wird er insgesamt einen globalen (Wieder-)Aufstieg tribalistischer Politik in der flüchtigen Moderne diagnostizieren. Gemeint sind unter anderem Formen des Nationalismus, wobei Bauman an das Werk von Benedict Anderson und dessen Konzept der „imagined communities" anknüpft, das die Nation als eine sozial konstruierte Gemeinschaft offenlegt, die sich die Menschen vorstellen, die sich als Teil einer Gruppe sehen (Anderson 1983). Obwohl bzw. gerade weil, der Nationalstaat in der flüchtigen Moderne maßgeblich an Relevanz verliert, ist die (erneute) emotionale Zuwendung zur Nation ein weiterer Ausdruck des Strebens nach verlorengegangener Sicherheit in der flüchtigen Moderne: „It is the dreams of certainty and security, not their matter-of-fact and routinized provision, that should prompt the orphaned individuals to huddle under the nation's wings while chasing the stubbornly elusive safety" (Bauman 2000: 185). Die Nation verspricht Stabilität, denn sie erscheint als genau das, was anfangs dieses Kapitels als „warmer" Ort bezeichnet wurde: Ein Gebilde, wo sich das Individuum „zu Hause" fühlen kann. Ein Grund hierfür liegt insbesondere darin, dass die Nation Ambivalenzen reduziert, indem sie eindeutige dichotome Aufteilungen vornimmt: „It is a typically either/or situation: the boundaries dividing ‚us' from ‚them' are clearly drawn and easy to spot, since the certificate of ‚belonging' contains just one rubric, and the questionnaire which those applying for the identity card are required to fill in contains but one question and a ‚yes' or ‚no' answer" (Bauman 2000: 176). Kurz: Entweder man ist Teil der Nation oder ist es nicht. Diese erzwungene binäre Entscheidung, die der Nation innewohnt, lässt die Last der Uneindeutigkeit verschwinden: „[…] there is no muddle and no cause for confusion – no cognitive ambiguity, and so no behavioural ambivalence" (Bauman 2001a: 12). Die hierdurch hervorgebrachten Gefühle von Sicherheit und Zusammengehörigkeit in der nationalen Gemeinschaft können jedoch ausschließlich durch Prozesse der sozialen Schließung und Exklusion aufrechterhalten werden. Die in der flüchtigen Moderne eklatant gewordene Erfahrung eines Übermaßes an Freiheit wird derart mit der Hinwendung zur Nation willentlich für eine Illusion von Sicherheit aufgegeben.

Indes zeigt sich diese durch die Nation eingeforderte binäre Entweder-Oder-Entscheidung in der globalisierten Welt der flüchtigen Moderne zunehmend als schwierig und es sind beständige Anstrengungen nötig, um diese klare Differenz aufrechtzuerhalten. Wie bereits in den frühen 1970er Jahren greift Bauman in diesem Kontext nochmals auf Lévi-Strauss zurück und widmet sich zwei Strategien des Umgangs und der Unterdrückung von Differenz bzw. Fremdheit:

der „anthropophagischen" und der „anthropoemischen" (Bauman 2000: 175 f.). Erstere beschreibt im Kern das Bestreben der Assimilation des Fremden, der derart zu einem „von uns" gemacht werden soll: „If you want to be a French citizen you have to become a Frenchman in your behaviour, your language, the way you act, your ideas, preferences and values" (Bauman/Stiks 2012). Die zweite Strategie hingegen bedeutet den Versuch, den „Fremden" vollständig und dauerhaft aus dem heimischen und Sicherheit vermittelnden nationalen Haus zu verbannen, also von dort, „where the orderly life is conducted; we keep them out of society's bounds – either in exile or in guarded enclaves where they can be safely incarcerated without hope of escaping" (Bauman 1995: 180). Zwar ist nur die zweite Strategie unverblümt exklusiv, letztendlich verbindet beide jedoch das primäre Anliegen, die Andersheit des Fremden auszulöschen, der Differenz Herr zu werden und somit die ersehnte Sicherheit eindeutiger binärer Kategorien wiederherzustellen. Allerdings wird Bauman konkludieren, dass in der flüchtigen Moderne beide Strategien letztendlich kaum von Erfolg gekrönt sind. Dies insbesondere, weil es in der globalisierten Welt eine immer größere Anzahl an – wie Bauman in Anlehnung an Derrida formuliert – fleischgewordenen „Unentscheidbaren" gibt (Bauman 2002: 113). Diese befinden sich auf der Schwelle von In- und Exklusion und stehen daher permanent zwischen dem Versprechen auf Aufnahme und der Gefahr der Marginalisierung.

Mit Blick auf die flüchtig-modernen Städte der Gegenwart wird Bauman vor diesem Hintergrund auch eine Gleichzeitigkeit von „Mixophobie" und „Mixophilie" diagnostizieren. Einerseits ist hiermit ein permanentes Misstrauen gegenüber der Andersheit der Anderen beschrieben: „[…] dangers proclaimed to be lurking just around the next corner, oozing and leaking from terrorist camps masquerading as Islamic religious schools and congregations, from immigrant-populated *banlieues*, from the underclassinfested mean streets, the ‚rough districts' incurably contaminated […]" (Bauman 2011a: 57). „Mixophobie" steht daher der „anthropoemischen" Strategie sowie rassistischen Denkweisen nahe, denn als Reaktion auf die Ängste vor dem Anderen, soll der Fremde „unschädlich" gemacht und mittels Ausschluss die Gleichförmigkeit der Gemeinschaft wiederhergestellt werden. „Mixophilie" bedeutet hingegen eine Affinität für abwechslungsreiche, vielfältige Umgebungen, die Raum für neue und unentdeckte Erfahrungen lassen. Zwar beinhaltet dies somit keinen Wunsch nach der „Entfernung" des Fremden, dennoch steht auch die „Mixophilie" letztendlich mit rassistischen Denkweisen in Verbindung. Der Fremde wird hier nämlich in erster Linie als bloßes Spektakel betrachtet und als attraktive Quelle neuer Eindrücke, wobei dies jedoch zumeist aus sicherer Distanz geschieht und somit letztendlich ebenfalls vermieden wird, dem Fremden tatsächlich nahe zu kommen (Weaver 2016: 127 f.).

8.4 Flucht und Migration

Vor diesem Hintergrund widmet sich Bauman Spätwerk, insbesondere seine letzten Bücher, nochmals verstärkt Migrations- und Flüchtlingsbewegungen sowie den gegenwärtigen nationalpopulistischen politischen Reaktionen hierauf. Aufgrund neoliberaler Globalisierung, Klimawandel und Kriegen finden sich weltweit immer mehr Menschen, die kaum noch Arbeit und ein Mindestmaß an Einkommen erzielen können oder denen es, noch grundlegender, einer sicheren Unterbringung und an Schutz des eigenen Überlebens mangelt. In der Hoffnung auf Unterschlupf umwandern diese Menschen den Planeten, größtenteils letztendlich jedoch ohne eine wirkliche Verbesserung ihrer Lage erreichen zu können (Bauman 1998b: 69 ff.). Die Nationalstaaten erscheinen wenig bereit, Verantwortung für diese Menschen zu übernehmen und vielmehr stoßen sie auf breite Ablehnung:

> The images of ‚economic migrants' and of ‚asylum seekers' both stand for ‚wasted humans' and whichever of the two figures is used to arouse resentment and anger, the object of the resentment and the target on which the anger is to be unloaded remains much the same. The purpose of the exercise remains the same as well: to reinforce (salvage? build anew?) the mouldy and decaying walls meant to guard the hallowed distinction between the ‚inside' and the ‚outside' in a globalizing world that pays it little if any respect and routinely violates it (Bauman 2004c: 58).

Obwohl es in der flüchtigen Moderne zunehmend aussichtslos erscheint, klare Grenzziehungen vorzunehmen, schwindet kaum der Versuch, diese doch zu etablieren. Geflüchtete und Migranten können daher kaum auf Hilfe hoffen, sie werden zu ausgestoßenen Fremdkörpern, die die nationale Gemeinschaft außer Sichtweite zu bringen strebt. Sie sind „unwanted leftovers" und werden derart zu wahrhaftig „überflüssigen" Menschen gemacht, die auf den „Müllhaufen" von Flüchtlingslagern oder Ghettos abgeladen werden (Bauman 2004c: 30). Wie auch im Kontext einer diagnostizierten „Wegwerfbarkeit" von (Liebes-)Partner*innen verwendet Bauman somit das drastische Bild des (menschlichen) „Abfalls" und das Konzept des „Fremden" erscheint zunehmend nicht länger ausreichend.

Bauman interessiert sich in diesem Zusammenhang ebenso für jene Menschen in den Heimatländern, auf die die Zugewanderten und Geflüchteten im Zuge ihres rastlosen Umherwanderns treffen. Einerseits kann deren Ansicht den Individuen der potenziellen Aufnahmeländern als scheinbare Entlastung von den – selbst dort – gespürten grassierenden Unsicherheiten und Ängsten des alltäglichen Lebens erscheinen, denn diese bringen zum Vorschein, dass es immer noch Andere gibt, denen es noch schlechter geht als einem selbst (Bauman 2016: 11). Andererseits rufen die Neuangekommenen jedoch zumeist fundamentale Ängste hervor und der menschliche „Abfall" erscheint als bloße Bedrohung: „[…] for the bulk of the population, already haunted by the existential frailty and precariousness of their social standing and prospects, that influx signals […] yet more competition on the labour market, deeper uncertainty and falling chances of improvement […]" (Bauman 2016: 4). Diese Ängste multiplizieren sich insbesondere nochmal deshalb, weil die Ansicht von Geflüchteten den „heimischen" Individuen konkret die Möglichkeit vor Auge führt, selbst ihre letzten gefühlten Sicherheiten verlieren und selbst vor dem Nichts zu stehen zu können und das – aufgrund der äußersten Unbeständigkeit der flüchtigen Moderne – möglicherweise bereits sehr bald. Geflüchtete sind derart eine Verkörperung „unserer" eigenen Ängste und führen dem Individuum die Möglichkeit vor Augen, dass die vermeintlichen Sicherheiten des eigenen Lebens alsbald von der Flüchtigkeit der Gegenwart weggespült werden könnten.

Schließlich rücken in Baumans Analysen die politischen Antworten auf zunehmende Migrationsbewegungen ins Zentrum. Anstelle der Hilfe für Eingewanderte und Geflüchtete oder der Auseinandersetzung mit den – oftmals durchaus berechtigten – Ängsten der eigenen Bürger*innen identifiziert Bauman eine Neigung der modernen Nationalstaaten, die Furcht vor den „Anderen" instrumentell zu nutzen: „[…] were there no immigrants knocking at the doors, they would have to be invented … Indeed, they provide governments with an ideal ‚deviant other', a most welcome target for the ‚carefully selected campaign issues'" (Bauman 2004c: 56). Nach Bauman wird das Thema der Migration und der Geflüchteten vor allem als Werkzeug zur Stimmenakquise bei kommenden Wahlen gesehen. Dabei werden entweder Ängste vor den Ankommenden geschürt oder das Versprechen einer grundlegenden Exklusion der „Anderen" gegeben. Bauman spricht in diesem Zusammenhang von einer politischen Strategie der „Versicherheitlichung": Diese „consists in shifting anxiety from problems that governments are incapable of handling (or are not keen on trying to handle) to problems that governments can be seen – daily and on thousands of screens – to be eagerly and (sometimes) successfully tackling" (Bauman 2016: 30). In der flüchtigen Moderne sieht Bauman den Nationalstaat zunehmend unfähig, den unberechenbaren Schwankungen des globalen Wirtschaftsmarktes etwas entgegenzusetzen oder auch nur seine Bürger vor den Folgen dieser Schwankungen zu schützen. Stattdessen konzentriert sich der Staat auf das Versprechen, Sicherheit und Schutz vor einem „Migrantenansturm" zu bieten. Auch dies kann als verzweifelter Versuch des Staates interpretiert werden, seine Legitimität überhaupt noch zu wahren, denn die politische und nationale Souveränität sind in der flüchtigen Moderne

8.4 Flucht und Migration

„crippled, diluted and washed out by the rising tides of globalization of finances, commodity trade and information [...]" (Bauman 2017: 77). Im Kontext der sogenannten „Flüchtlingskrise" in Europa seit 2015 wird Bauman schließlich eine umgreifende „moralische Panik" rund um das Thema der Migration diagnostizieren: „TV news, newspaper headlines, political speeches and tweets used to deliver foci and outlets for public anxieties and fears are currently overflowing with references to the ‚migration crisis' – which is overwhelming Europe and portending the collapse and demise of the way of life we know, practice and cherish" (Bauman 2016: 1). Das durch Stanley Cohen berühmt gewordene Konzept der „moralischen Panik" beschreibt eine übersteigerte, mit Angst besetzte öffentliche Reaktion auf ein Phänomen oder eine Gruppe, die als Bedrohung wahrgenommen wird (Cohen 1972). Hier anschließend beschreibt Bauman, wie durch mediale und politische Stimmungsmache ein Eindruck der Hysterie und des Kontrollverlusts erzeugt wird, die als Grundlage repressiver politischer Maßnahmen dient. Im Zuge der Offenlegung jener „moralischen Panik" kommt Baumans bereits in den 1980er Jahren verwendetes Konzept der Adiaphorisierung in seinem Spätwerk nochmals zu Tragen, denn auch hier wird eine „kognitive Dissonanz" erzeugt (cf. Abschn 6.2):

> [..] this ploy takes the form of ascribing to people exempted from our (otherwise unconditional) moral responsibility features that besmirch and defame their image; of re-presenting such categories of humans as unworthy of regard and respect, and thus justifying our disregard and lack of care as a deserved punishment for the incurable vices or vicious intentions of those whom we have disregarded and ignored, harshly treated or callously neglected (Bauman 2016: 84).

Im Zuge der eklatanten Verschmutzung des Bildes des Anderen werden Migrantinnen und Migranten sowie Geflüchtete aus dem Bereich der moralischen Verantwortung ausgeschlossen, sie werden außerhalb des Schutzes des Gesetzes gestellt, der Menschlichkeit beraubt und weitreichende exklusiven Maßnahmen legitimiert.

In seinem letzten Werk vor seinem Tod diskutiert Bauman im Jahr 2017 schließlich das Phänomen einer Retrotopie, die er heute in den „westlichen" Gesellschaften als vorherrschend identifiziert. Er bedient sich dabei einer berühmten Analyse des Kunstwerks „Angelus Novus" von Paul Klee, interpretiert durch Walter Benjamin. In diesem Bild erkennt Benjamin einen Engel, der, erschrocken und mit weit aufgerissenen Augen, auf die historischen Katastrophen und Schrecken der Vergangenheit blickt, während er jedoch von einem Sturm unaufhaltsam in Richtung Zukunft getrieben wird (Benjamin 1991 [1940]: 697 f.). Baumans

Interpretation zufolge befindet sich dieser „Engel der Geschichte" weiterhin in einem rastlosen Flug, allerdings hat sich die Blickrichtung vollständig gedreht. Der Blick richtet sich nun angstvoll und entsetzt in eine als unsicher und gefahrvoll empfundene Zukunft, während ein Streben in eine vermeintlich goldene Vergangenheit zentral wird. Die Retrotopie beinhaltet somit zentral „visions located in the lost/stolen/abandoned but undead past, instead of being tied to the not-yet-unborn and so inexistent future [...]" (Bauman 2017: 5). Derart weicht die Sehnsucht nach einer verbesserten Zukunft zunehmend einer intensiven Nostalgie und dem Wunsch, in eine Vergangenheit zurückzukehren, die retrospektiv als friedlich und stabil imaginiert wird. Das Versprechen nationalpopulistischer Bewegungen, einen Pfad zu diesem „Zurück" zu bahnen, findet Resonanz bei den Individuen der von Ambivalenzen durchzogenen flüchtigen Moderne. Denn für jene, die verzweifelt nach verlorenen Sicherheiten suchen, kann dieses politische Angebot oftmals wie ein letzter Anker wirken.

Gleichwohl Bauman mit dieser Krisendiagnose einen eher düsteren und pessimistischen Ton anschlägt, blitzt in seinen letzten beiden Büchern doch nochmals jenes utopische Denken auf, das ihn während seiner gesamten Schaffensphase nie vollständig verlässt. Anstatt immer weitere (Grenz-)Mauern, Zäune und Lager zu errichten und somit weitere Distanz aufzubauen, könne nur der intime Kontakt und die alltägliche Nähe die Antwort auf die Migrationskrise im Spezifischen und die wachsende Verunsicherung der Menschen im Allgemeinen sein und nur so könne Solidarität zwischen Menschen zur Möglichkeit werden (Bauman 2016: 18 f.). Bauman nimmt dabei nochmals ein Thema aus dem Werk der 1970er Jahre auf und wendet sich hierfür Papst Franziskus zu. Mit ihm fordert er die Wiederbelebung einer „Kultur des Dialogs", denn egal wie unüberwindbar die Hindernisse erscheinen, bleibe der Dialog der Königsweg zu gegenseitigem Verständnis und letztendlich gar die einzige Chance, eine friedliche Koexistenz der Menschheit zu ermöglichen (Bauman 2017: 164 ff., cf. Kap. 5): „Whatever the obstacles, and however immense they might seem, conversation will remain *the* royal road to agreement and so to peaceful and mutually beneficial, cooperative and solidary coexistence simply because it has no competitors and so no viable alternative" (Bauman 2016: 116). Mit Bezug auf Ulrich Beck fordert Bauman, dass die heutige unumkehrbare kosmopolitische Situation der Welt dringend um ein kosmopolitisches Bewusstsein ergänzt werden muss und er schließt sein letztes Buch mit einem eindringlichen Appell: „More than at any other time, we – human inhabitants of the Earth – are in the either/or situation: we face joining either hands, or common graves" (Bauman 2017: 167).

8.5 Kritische Betrachtungen und zeitgenössische Relevanz

Bauman beleuchtet mit seinem Konzept der flüchtigen Moderne eine dauerhafte Unbeständigkeit der Gegenwart sowie eine zunehmende Instabilität zeitgenössischer Gesellschaftsstrukturen. Bauman zeichnet ein Bild einer Welt im dauerhaften Wandel, in der traditionelle Strukturen und Normen an Beständigkeit verlieren und durch eine Ära der Unsicherheit und des ständigen Umbruchs ersetzt werden. Das Leben der Individuen der flüchtigen Moderne verläuft nicht länger linear und ganz gleich ob im Bereich der Arbeit oder der privaten (Liebes-) Beziehungen existieren lebenslange Garantieren nicht länger.

Obwohl Bauman den Begriff der Postmoderne in den 2000er Jahren gänzlich fallen lässt, ist diese Deutung der Gegenwart seinen „postmodernen Schriften" mitunter äußerst ähnlich und nicht immer erscheint es eindeutig, warum es gerade dieser neuen Metapher der „Flüchtigkeit" zwingend bedarf. Dass Postmoderne und flüchtige Moderne innerhalb Baumans Werk kaum trennscharf unterscheidbar sind macht sodann auch ein Blick auf verschiedene Sekundärschriften deutlich, wo beide teilweise gar nicht erst getrennt behandelt, sondern lediglich gemeinsam gegenüber einer „ersten" Moderne abgegrenzt werden (Blackshaw 2005, Rattansi 2017a: 211, Segre 2020). Best konkludiert sogar, der Wandel von Postmoderne zu flüchtiger Moderne bedeute letztendlich „little more than a theatrical change of scenery", wobei der Wechsel des Vokabulars lediglich veränderten Marktbedingungen geschuldet sei, d. h. Baumen habe schlicht auf ein abnehmendes Interesse an der Debatte um die Postmoderne reagiert (Best 2013: 102, 129). Auch angesichts der immensen Zahl an Buchveröffentlichungen seit den 2000er Jahren, die häufig ähnliche Argumente präsentieren, könnte man sogar argumentieren, dass Bauman, obwohl er die Bedingungen der flüchtigen Moderne scharf kritisiert, es dennoch versteht, diese Situation zu seinem Vorteil zu nutzen, indem er sich erfolgreich selbst vermarktet.

Abseits der Frage der Terminologie erscheint es jedoch vor allem auch auf inhaltlicher Ebene mitunter fraglich, ob die Diagnose einer absoluten Verflüchtigung von Strukturen nicht teilweise überzeichnet ist. Denn wenngleich die Brille der Verflüchtigung den Blick auf Prozesse der Auflösung und des Zerfalls öffnet, so macht diese tendenziell für jene Prozesse blind, die auch gegenwärtig weiterhin von Stabilität und Beständigkeit geprägt sind: „Wenn [...] Theoretiker ignorieren, wie Festes und Flüssiges interagieren, dann setzen sie ihre Fähigkeiten nicht umfassend ein, um einen vollen Einblick in die Komplexität der sozialen Welt zu geben" (Ritzer/Murphy 2014: 46). So steht beispielsweise die, ebenfalls erstmals in den 1990er Jahren formulierte, These einer „McDonaldisierung" des US-amerikanischen Soziologen George Ritzer Baumans Fokus auf Flüchtigkeit und der Diagnose einer individuellen Suche nach immer neuen Erfahrungen mitunter diametral entgegen. Denn „McDonaldisierung" beschreibt, wie Prinzipien von Fast-Food-Ketten auf viele Lebensbereiche übertragen werden, wobei gerade jene formal-rationalen Strukturen – Effizienz, Berechenbarkeit oder Standardisierung – neu hervorgebracht werden, die Bauman von Verfallserscheinungen gekennzeichnet sieht. Laut Ritzer gewährleisten neue Überwachungstechniken die Einhaltung von allgemeinen Standards, was zu einer Vereinheitlichung von Produkten und Dienstleistungen führt. Arbeitsprozesse und Konsumgewohnheiten verändern sich grundlegend, wobei – contra Bauman – die individuelle menschliche Erfahrung zunehmend in den Hintergrund tritt (Ritzer 1993).

Der Baumansche Fokus auf eine allgemeine „Verflüchtigung" erscheint somit zuweilen überstrapaziert, denn nicht alle Phänomene der Gegenwart können als „fließend" charakterisiert werden. Tatsächlich existieren auch gegenläufige Tendenzen, wie beständige Strukturen, feste Institutionen oder einschränkende Bürokratien, die weiterhin eine wichtige Rolle spielen. Ein markantes Beispiel sind nationale Grenzen, die trotz Baumans Feststellung eines abnehmenden Einflusses des Nationalstaats oft erfolgreich das freie „Fließen" von Menschen, insbesondere von als „unerwünscht" definierten Eingewanderten, Geflüchteten oder wirtschaftlich Benachteiligten, einschränken. Allgemein stimmt es zwar, dass im Vergleich zu einer „ersten" Moderne die globale Mobilität zugenommen hat, doch werden die Bewegungsfreiheit bestimmter Personengruppen durch verschiedene Barrieren oder Hindernisse weiterhin eingeschränkt (Ritzer/Murphy 2014: 54, 58). Erneut müsste also vielmehr ein komplexeres Zusammenspiel von Festem und Flüssigen bzw. Flüchtigen in der Gegenwart gedacht werden, denn „[w]as Mauern, Zäune, Sperranlagen, Wachdienste gemein haben, ist, dass sie den Zugang zur anderen Seite nicht für alle, sondern nur für einige versperren" (Weyand 2020: 290). In westlichen europäischen Gesellschaften manifestiert sich dies etwa im Bestreben, hochqualifizierten ausländischen Arbeitskräften die Migration zu ermöglichen und sogar zu erleichtern. Im Gegensatz dazu wird Menschen mit geringeren Ressourcen der Zugang häufig vollständig verwehrt. Insgesamt ließe sich in diesem Zusammenhang also sagen, dass sich insbesondere die ökonomischen Ungleichheiten innerhalb einer „zweiten" Moderne mitnichten verflüchtigt haben.

Ein weiteres Beispiel lässt sich im Kontext von Baumans Ansichten über Liebe und Sexualität finden. Einerseits können seine Arbeiten erneut als wegweisend angesehen werden, die auch Eingang in die Sexualwissenschaften im Spezifischen gefunden haben und dort adaptiert worden sind. So verwendet

8.5 Kritische Betrachtungen und zeitgenössische Relevanz

beispielsweise Volkmar Sigusch das Konzept „Liquid Gender" und nimmt auf Bauman Bezug, indem er, wie dieser, einen Imperativ zur Vielfalt sowie einen fortwährenden Zustand der Erregung, der ohne finale Befriedigung bleibt, diagnostiziert (Sigusch 2019). Andererseits erscheint es in Bezug auf Baumans Metapher der „Flüchtigkeit" zweifelhaft, ob Geschlecht und Sexualität in der Gegenwart tatsächlich in verallgemeinerter Form als instabil erlebt werden. Wenngleich die Gegenwart in der Tat größere Möglichkeiten des „Experimentierens" mit sexuellen Identitäten bietet und diese Möglichkeiten – insbesondere von jüngeren Erwachsenen – zunehmend genutzt werden, ist kaum zu beobachten, dass sexuelle Orientierungen oder Genderstile tatsächlich häufig und dauerhaft gewechselt werden und auch die (heterosexuelle) Ehe ist mitnichten ein Auslaufmodell (Branaman 2007: 133 ff.). Zudem unterliegt die Sexualität nach wie vor einer erheblichen Regulierung durch staatliche Einrichtungen, insbesondere durch das Bildungssystem, was die Möglichkeiten eines „freien Wanderns" zwischen verschiedenen sexuellen Identitäten einschränkt. Aktuelle Forschungsergebnisse im Bereich der Sexual- und Beziehungserziehung belegen, dass heteronormative Vorstellungen und Erwartungen im schulischen Umfeld weiterhin vorherrschend sind (Best 2019: 1105 ff.).

Obgleich sich Baumans grundlegende Sichtweise mit dem Übergang von der Postmoderne zur flüchtigen Moderne nicht grundlegend wandelt, lassen sich doch Entwicklungen in seinem Denken nachzeichnen. Insbesondere im Bereich der Politik nimmt Bauman in seinen späteren Werken zur flüchtigen Moderne eine zunehmend pessimistischere Haltung ein. In seiner „postmodernen Phase" äußerte Bauman oftmals noch die Hoffnung auf eine verstärkte menschliche Reflexion, wodurch die ausufernden Ordnungsideale der Moderne potenziell überwunden werden könnten. In seinem Werk „Modernity and Ambivalence" aus den frühen 1990er Jahre heißt es beispielsweise durchaus hoffnungsvoll: „Postmodernity is not the end of politics, as it is not an end of history. On the contrary, whatever may be attractive in the postmodern promise calls for more politics, more political engagement, more political effectivity of individual and communal action […]" (Bauman 1991: 276). Bauman weist hier die Idee einer Verbindung zwischen der Postmoderne und dem Konzept des Posthistoire zurück, d. h. einer Vorstellung, nach der sich mit dem Einsetzen der Postmoderne an der Grundstruktur der westlichen Gesellschaft nichts Wesentliches mehr verändert. Er betont im Gegenteil, dass die postmoderne Situation politisches Handeln nicht obsolet macht, vielmehr ermögliche erst diese überhaupt die Möglichkeit für ein emanzipatorisches politisches Engagement, das auf die Ziele der Freiheit und Sicherheit des Einzelnen ausgerichtet ist.

In Baumans späteren Schriften zur flüchtigen Moderne nimmt die Hoffnung auf die Möglichkeit und Wirksamkeit politischer Praxis hingegen deutlich ab. Angesichts seiner Diagnose eines allgegenwärtigen (Konsum-)Kapitalismus sieht er kaum noch Chancen, dass Individuen durch (kollektive) politische Praxis die sozialen Verhältnisse der Gegenwart substantiell beeinflussen könnten. Teilweise wurde in diesem Kontext daher angemerkt, dass in Baumans Werken kaum noch die Stimme eines postmodernen Denkers zum Vorschein komme, sondern vielmehr jene eines altgedienten Sozialisten, der lediglich den Individualismus und Egoismus der heutigen Zeit beklagt (Turner 2010: 174 f.). So wird dann etwa auch die Zivilgesellschaft zwar als potenzielles Gegengewicht zu einer Übermacht an ökonomischen Kräften gekennzeichnet, aufgrund einer Privatisierung dieser Sphäre entfaltet diese für Bauman jedoch ebenfalls kaum Wirkmacht mehr (Abschn 8.1). Baumans Schriften zeichnen sich durch einen zunehmend pessimistischen Grundton aus, und ein radikales politisches Handeln bleibt in der flüchtigen Moderne ein Ding der Unmöglichkeit: „[...] there are no buildings where the control desks of the system are lodged and which could be stormed and captured by the revolutionaries; [...] it is excruciatingly difficult, nay impossible, to imagine what the victors, once inside the buildings (if they found them first), could do to turn the tables and put paid to the misery that prompted them to rebel" (Bauman 2000: 5). Die Strukturen der gegenwärtigen Gesellschaftsformation verflüchtigen sich derart stark, dass nicht länger Schalthebel vorhanden sind, die es ermöglichen, die Gesellschaftsordnung im Ganzen grundlegend zu verändern. Die Machtstrukturen in der flüchtig-modernen Gesellschaft sind den Individuen unzugänglich; sie sind diffus, dezentralisiert und entziehen sich der Einflussnahme vollständig. Die Hoffnung auf die Möglichkeit politischer Veränderung schwindet: „[...] Bauman's liquid metaphor appears to evade the implications pertaining to the possible empowerment of agency in re-structuring society. [...] liquidity delivers a sombre message of dim hope glossed over by deluded freedom and uncaring consumerism" (Lee 2011: 662). Nicht länger mit Möglichkeiten der politischen Einflussnahme ausgestattet bleiben die Individuen für Bauman verzweifelte Konsumenten, die beständig, jedoch letztendlich erfolglos, im Konsum nach verlorengegangenen Sicherheiten suchen.

Bauman nimmt zwar nicht direkt auf Theorien der „Postdemokratie" oder „Postpolitik" Bezug, doch seine Darstellung der politischen Verhältnisse in der flüchtigen Moderne weist Parallelen zu diesen Konzepten auf. Diese beschreiben eine Auslieferung des Politischen an den kapitalistischen Markt, gekennzeichnet durch einen hegemonialen Neoliberalismus, der sich durch Demokratieabbau, eine Repräsentationskrise, Technokratie und Expertokratie auszeichnet (Rancière 2014 [1995], Crouch 2004, 2021, Mouffe 2005). Während jedoch bei Bauman der

8.5 Kritische Betrachtungen und zeitgenössische Relevanz

Niedergang des Politischen tatsächlich als absolutes Phänomen erscheint, betonen Theoretiker*innen wie Mouffe oder Crouch, dass trotz starker Tendenzen keineswegs von einer „vollständigen" postdemokratischen Ordnung ausgegangen werden darf. So kann etwa der relativ erfolgreiche Nationalpopulismus der Gegenwart – wenngleich aus normativer Perspektive durchaus problematisch – als Indiz für die fortgeführte Relevanz politischer Praktiken und die Möglichkeiten der Beeinflussung politischer Ordnungen durch neue politische Bewegungen angesehen werden (Crouch 2021: 140, Pradella 2023: 284 ff.).

Bauman hingegen sieht die Aussichten für politisches Handeln in der flüchtigen Moderne als gänzlich erodiert an und diese „neue" soziokulturelle Formation erscheint weder Denken noch Handeln außerhalb (konsum-)kapitalistischer Logiken zuzulassen. Das Individuum wird den Logiken des Marktes fundamental unterworfen und die Hoffnung auf eine Hervorbringung von politischem Widerstand geht vollständig verloren. In diesem Zuge kritisiert Bauman zusätzlich genau jene sozialen Bewegungen, denen es scheinbar doch gelingt, politischen Einfluss auszuüben. Bauman schließt sich insbesondere der Kritik von Richard Rorty an einer sogenannten identitätspolitischen Linken an, wobei Rorty beispielsweise kritisiert, diese gebe „cultural politics preference over real politics", womit gemeint ist, dass „[t]his cultural Left thinks more about stigma than about money" (Rorty 1998: 36, 77). In die gleiche Kerbe schlägt Bauman wenn er feststellt, dass „the movements which aspire to fill the vacated private/public space have deprived themselves of the chance to go ‚to the roots' of the present trouble" (Bauman 1999: 107). Weil sich die gegenwärtige „kulturelle Linke" allein auf Forderungen der Anerkennung konzentriere, habe sie „little chance of digging deeper into the roots of inhumanity", denn eine Lösung des Problems der monetären Umverteilung verlöre sie vollständig aus dem Blick (Bauman 2001a: 106). Weil diese linken Bewegungen nicht an die vorgeblichen „Wurzeln" der Probleme der Gegenwart – die ökonomische Dimension – gelangen könnten, würden sie letztendlich auch kaum zu einer wirklichen Verbesserung der Lebensverhältnisse in der flüchtigen Moderne beitragen.

Die Relevanz dieser Perspektive in der Gegenwart wird durch prominente zeitgenössische Werke unterstrichen, die ähnliche Gedanken aufgreifen. Als Beispiel können einerseits Steffen Mau et al. genannt werden, die – mit Fokus auf den deutschen Kontext – eine aktuelle Tendenz zur Erzeugung politischer Polarisierungen beobachten. Dabei stellen sie fest, dass ökonomische Verteilungsfragen, also die „Oben-Unten-Ungleichheiten", heutzutage immer weniger Polarisierungspotenzial besitzen. Stattdessen entzündet sich politische Polarisierung eher an „Innen-Außen-Ungleichheiten" (insbesondere Migration), „Wir-Sie-Ungleichheiten" (vor allem im Umgang mit Minderheiten) und

„Heute-Morgen-Ungleichheiten" (bezogen auf Klimaproblematiken) (Mau et al. 2023). Andererseits kann das Werk von Anton Jäger herangezogen werden, der die Entwicklung einer „hyperpolitischen" Politisierung in der Gegenwart diagnostiziert. Er beobachtet, dass (Massen-)Bewegungen wie Black Lives Matter zwar schnell an Bedeutung gewinnen, jedoch ebenso rasch wieder an Einfluss verlieren und letztlich ohne nachhaltige politische Wirkung bleiben. Analog zu Bauman führt auch Jäger dies vor allem auf eine verstärkte Konzentration auf Identitätsfragen zurück, wobei dadurch die wesentlichen materiellen Bedingungen vernachlässigt werden würden (Jäger 2023).

Innerhalb Baumans Werk selbst ist für die Ablehnung einer „kulturellen Linken" exemplarisch, dass er auch feministischen Bewegungen skeptisch gegenübersteht. Seine Kritik lautet erneut, dass diese heute insbesondere in identitätspolitische Diskurse involviert seien und damit die tatsächlich relevanten Machtstrukturen nicht wahrnehmen (cf. Abschn 7.4). Bauman scheint den, in der flüchtigen Moderne alles dominierenden, (Konsum-)Kapitalismus letztendlich von Fragen des Geschlechts unabhängig zu begreifen: „There are no separate drilling strategies for boys and girls; the role of consumer [...] is not gender-specific. In a society of consumers, *everyone* needs to be, ought to be, must be a consumer-by-vocation [...]" (Bauman 2007a: 55). Implizit wird mittels dieser Perspektive der feministischen Bewegung vorgeworfen, sich auf „sekundäre" Ungleichheitsstrukturen zu konzentrieren, wohingegen die primäre ökonomische Dimension vernachlässigt würde. Dass somit etwa das Patriarchat von Bauman nicht als eigenständiges – von ökonomischen Faktoren grundsätzlich unterscheidbares – Ungleichheitsphänomen begriffen wird, erscheint gegenwärtiger Genderforschung kaum gerecht zu werden. Obwohl der Blick auf die frühe semiotische Kulturtheorie gezeigt hat, dass Bauman sich bereits seit den 1970er Jahren von einem orthodoxen Marxismus distanziert, rückt in seiner Beschreibung der flüchtigen Moderne somit insgesamt doch wieder ein ausgeprägt ökonomistisches Denken in den Mittelpunkt. Es zeigt sich, dass das marxistische Denken bei Bauman eine in letzter Instanz unangetastete Grundannahme bleibt (Junge 2006: 11, Branaman 2007: 132).

Letztendlich erscheint in diesem Kontext teilweise eine komplexere Konzeption erforderlich, die Identitäts- und Klassenpolitik nicht als starre Dichotomie wahrnimmt und als eine Entweder-Oder-Frage begreift. Nur exemplarisch kann hier etwa auf poststrukturalistische und diskurstheoretische Ansätze verwiesen werden, mit denen es eher gelingen könnte, sowohl Identitäts- als auch Klassenfragen als notwendige und integrale Bestandteile einer übergreifenden emanzipatorischen Politik zu begreifen: „[...] socialism is simply a component of a radical democratic project – it is not something which is beyond it" (Laclau et al.

2002: 132). Zwar diagnostiziert auch Laclau eine Zentralität und Dominanz ökonomischer Strukturen in der Gegenwart, jedoch kann mittels einer solchen Perspektive – contra des Baumanschen Pessimismus – das emanzipatorische Potenzial von innerhalb des Sozialen auftretenden Brüchen betont und somit die Hoffnung auf „progressiven" politischen Wandel zumindest theoretisch aufrechterhalten werden: „Kommodifizierung, Bürokratisierung und Entfremdung. Auch durch sie entstehen ambivalente Dislozierungseffekte, die neue Kämpfe anstoßen können und den Raum der Politik erweitern" (Marchart 2013: 121, cf. Laclau 1990: 52, 82).

Zusammengefasst erscheint als eine Kernproblematik in Baumans Konzeption einer „zweiten" Moderne, dass es Bauman zwar in unnachahmlicher Weise gelingt, diese als eine soziokulturelle Formation offenzulegen, die Prozesse der Verflüchtigung in verschiedensten Lebensbereichen fördert, er jedoch den Individuen kaum Spielraum zugesteht, um ihrem prekären Dasein und den damit verbundenen tiefgreifenden Unsicherheiten durch aktives Handeln etwas entgegenzusetzen. Das Endresultat in seiner Betrachtung scheint somit jedoch unausweichlich eine Form der politischen Apathie zu sein. Baum und Kron resümieren daher skeptisch, dass Bauman

> der energetischen Kraft handelnder Individuen offensichtlich nicht viel zutraut und diese vernachlässigt. Nicht nur, dass er nicht erkennt, dass Akteure durchaus herrschaftliche Zwänge unterlaufen können [...]. Er traut ihnen auch nicht zu, die soziale Ordnung zu ändern [...]. Es gebe keinen Ort in der Gesellschaft, von dem aus die Verfasstheit der Welt in einem positiven Sinne verändert werden könne [...]. Baumans Individuen bleiben damit notwendigerweise beherrschte. Es ist jedoch nicht plausibel anzunehmen, dass sich Gesellschaft allein als ein totaler Herrschaftszusammenhang reproduziert (Baum/Kron 2012: 352 f.).

Im deutlichen Unterscheid hierzu lässt sich mit Blick auf das Gesamtwerk erkennen, dass eines von Baumans Hauptanliegen darin besteht, fortwährend die Möglichkeiten zur Überwindung bestehender sozialer Strukturen und der vorherrschenden *common sense*-Denkweisen hervorzuheben. Seine Arbeiten zeichnen sich durch ein nahezu durchgängiges utopisches Potenzial aus, das hervorhebt, dass stets eine völlig andere Welt denkbar ist, und somit Alternativen zu dem existieren, was im täglichen Leben unhinterfragt als „normal" angesehen wird (Jacobsen 2016: 350 ff.). Allerdings zeigt sich nun, dass genau diese utopische Grundhaltung in seinen Ausführungen zur „flüchtigen Moderne" zeitweise verloren zu gehen droht.

Ungeachtet dieser Kritik und obgleich die Metapher der Flüchtigkeit mancherorts als überstrapaziert erscheint, liefern Baumans Untersuchungen auch heute noch einen wertvollen analytischen Rahmen für weiterführende Forschungen, die sich mit der Untersuchung diverser aktueller Problemfelder befassen. Darüber hinaus bieten Baumans Arbeiten nicht nur im akademischen Kontext, sondern auch für ein breiteres Publikum außerhalb der expliziten Wissenschaft Mehrwert. Für jene Individuen, die in der flüchtigen Moderne nach verlorenen Sicherheiten und Gewissheiten suchen, können seine Texte gar als eine Art „Lebensberatung" fungieren, denn sie ermöglichen ein tiefergehendes Verständnis der von Ambivalenzen geprägten zeitgenössischen Existenz und der damit verbundenen Leiden (Reese-Schäfer 2020: 70). Baumans durchgängiges Hauptinteresse liegt in der konstanten Infragestellung sozialer Konstellationen, wobei es selten um die Ermittlung einer einzigen „korrekten" Antwort geht. Vielmehr zielt das Konzept und die Metapher der flüchtigen Moderne primär auf das Aufwerfen der „richtigen" Fragen ab; Fragen, die den Blick für neue Perspektiven öffnen und als Ausgangspunkt für einen Dialog über eine gemeinsam anzustrebende Zukunft dienen können: „I happen to believe that questions are hardly ever wrong; it is the answers that might be so. I also believe, though, that refraining from questioning is the worst answer of all" (Bauman 1999: 8, cf. Beilharz 2020: 98 f.).

Resümee 9

Obwohl im Zuge dieses Einführungswerkes eine Vielzahl an Baumanschen Schriften berücksichtigt werden konnte, so deckt es doch unmöglich das gesamte extensive Œuvre ab, und weitere Bücher und Themen – etwa die ebenfalls lesenswerten Ausführungen zu (persönlichem) Glück und Zufriedenheit in der flüchtigen Moderne (Bauman 2008b, 2008c, Bauman/Jacobsen 2014) – bedürfen an anderen Stellen sicherlich weiterer Aufmerksamkeit. Dennoch dürfte auch anhand der hier vorgenommenen Auswahl der wichtigsten Schriften bereits deutlich geworden sein, dass Baumans langjähriges Lebenswerk eine beeindruckende Heterogenität an Fragestellungen abdeckt. Die bereits in Polen begonnene Beschäftigung mit Fragen der Arbeiterklasse führt ihn über die Kulturtheorie, dem Entwurf einer kritisch-hermeneutischen Soziologie sowie der Entwicklung einer eigenständigen ethischen Perspektive zu seinem endgültigen Lebensthema: der Analyse der Transformation der soziokulturellen Makroformation „Moderne". Dabei schöpft Bauman aus einem reichen Fundus konzeptioneller Ansätze, verwebt diverse theoretische Perspektiven und verbindet diese mit einer durchgängigen, tiefgehenden Reflexivität und einem die üblichen wissenschaftlichen Konventionen überschreitenden, essayistischen und bildreichen Schreibstil.

Trotz der Themenvielfalt seines Werkes wird Bauman fälschlicherweise bis heute oftmals vor allem im Kontext des Diskurses um „die" Postmoderne wahrgenommen. Dies übersieht allerdings nicht nur seine umfassenden Beiträge zu anderen Themenbereichen, sondern verfehlt auch sein zentrales Anliegen in der Debatte über „die" Moderne: Es geht ihm nämlich gerade nicht um eine vollständige Abkehr von der Moderne. Etwa ab den 1990er Jahren nimmt Bauman zwar einen historischen Wendepunkt wahr, doch legt er Wert darauf, die fortwährende Präsenz und Bedeutung einer „ersten" Moderne zu betonen. Eine

„Überwindung" der Moderne wird von ihm weder gefordert noch enthusiastisch begrüßt. Für Bauman sind Moderne und Postmoderne – oder in seinen späteren Werken die flüchtige Moderne – untrennbar miteinander verbunden und nicht unabhängig voneinander zu verstehen. So macht Bauman beispielsweise bereits früh auf die Gefahren einer „Wiedererweckung" einer – nach vollständiger Eliminierung von Ambivalenz strebenden – „ersten" Moderne *innerhalb* der Postmoderne aufmerksam: „The formidable danger of postmodernity is that [...] it may resuscitate defunct (or merely hibernating?) ambitions of the adolescent modernity and feed into its own contemporaries desire to re-live them" (Bauman 1991: 101). Diese Perspektive ist entscheidend, um auch Baumans spätere Ansichten zu zeitgenössischen Erscheinungsformen des Nationalpopulismus zu begreifen, der in seinen Augen eine nostalgische Sehnsucht nach der vermeintlichen Ordnung, Sicherheit und Orientierung einer „ersten" Moderne widerspiegelt.

Bauman vereint eine bemerkenswerte Offenheit für unterschiedlichste theoretische Perspektiven mit einer herausragenden Beobachtungsfähigkeit, was seine Analyse des Wandels der modernen Strukturen in eine Art *„unstructured systematic analysis* of modernity" münden lässt (Elliott 2007: 52). Das bedeutet, obwohl Baumans Betrachtung der Moderne nicht einer strikten oder eng definierten Logik zu folgen scheint, gelingt es ihm dennoch, die Komplexität und Vielschichtigkeit des (flüchtig-)modernen sozialen Lebens offenzulegen und für seine Leserschaft zugänglich zu machen. Ein charakteristisches Merkmal dieser unstrukturiert-systematischen Analyse sind die zahlreichen Wiederholungen, die vor allem sein überaus umfangreiches Spätwerk kennzeichnen. Dabei werden Thesen, Argumente oder gar ganze Abschnitte in neuen Kontexten wiederaufgegriffen und ähnliche Fragestellungen erneut untersucht. Einerseits führte diese Praxis zu Vorwürfen des weitreichenden Selbstplagiats gegen Bauman, da bedeutende Teile neuer Publikationen im Grunde bereits in früheren Arbeiten enthalten seien (Walsh/Lehmann 2015). Andererseits wird dieses Vorgehen im Lichte seines Gesamtwerks von einigen als wesentliches Stilelement gewürdigt. So spricht beispielsweise Junge von einer Methodik der beständigen „hermeneutische[n] Wiederannäherung", und auch Tester deutet diese Praxis als „Anwendung" der von Bauman bevorzugten hermeneutischen soziologischen Methode: Gemäß dieser Auffassung ist Verstehen nur in Zyklen oder Spiralen möglich und ein Text, selbst wenn er wiederholt wird, trägt niemals dieselbe Bedeutung, da er in einem neuen Buch neue thematische Bezüge und Verbindungen zu den dort eingeführten Konzepten und Referenzen besitzt (Junge 2006: 14, Tester 2018, Palmer 2023: 167, cf. Abschn. 5.2).

Die Entwicklung von Baumans Werk zeigt, dass er sich schon früh, während seiner Zeit im realsozialistischen Polen, von einem marxistischen Verständnis, das sich stark auf ökonomische Prozesse und ein deterministisches Geschichtsverständnis konzentriert, löst und nach Ergänzungen dieses Ansatzes sucht. Ein Beispiel hierfür ist seine frühe semiotische Kulturtheorie – die insgesamt als wichtiger Grundstein seines Denkens gelten muss –, die Ambiguität als einen der Kultur innewohnenden Aspekt hervorhebt, gegen den durch menschliche Praxis und die Schaffung von Ordnungen fortwährend angekämpft wird. In den 1970er und 1980er Jahren bemüht sich Bauman darum, den Sozialismus als eine Form der Utopie zu bewahren, um so eine Kritik an der sich abzeichnenden globalen Vorherrschaft kapitalistischer Strukturen im Zuge des Niedergangs des Realsozialismus weiterhin zu ermöglichen. Mit seiner intensiven Auseinandersetzung mit „der" Moderne knüpft Bauman schließlich erneut an die Kulturtheorie an, indem er den modernen Drang nach extremer Ordnungsbildung in den Mittelpunkt stellt und am Beispiel des Holocaust die potenziell tödlichen Konsequenzen dieses Strebens analysiert. Neben der Identifizierung eines fortwährenden Kampfes gegen Ambivalenz richtet Bauman sein Augenmerk im Kontext des Strukturwandels der Moderne vor allem auf den zunehmend dominanten Konsumkapitalismus, der in Baumans Augen nun alle Lebensbereiche vollständig zu durchdringen scheint.

Wenngleich bereits seine frühe Kulturtheorie immer wieder auf die Möglichkeiten der Überwindung gegebener sozialer Ordnungen sowie *common-sense*-Denkweisen aufmerksam macht und dabei herausstellt, dass kulturelle Ordnungen durch menschliche Praxis verändert werden können, so erscheint diese utopisch-emanzipatorische Perspektive im Spätwerk etwas verlorenzugehen und „the theory of liquid modernity may be seen as lacking a normative political edge from which to call into question those aspects of societal liquidization Bauman is concerned to critique and contest" (Elliott 2007: 56). Obwohl es Bauman gelingt, die Verflüchtigung von gegebenen Strukturen in der Gegenwart in unterschiedlichsten Bereichen des Sozialen offenzulegen, so scheint er kaum noch Hoffnung zu sehen, dass ein grundlegender Wandel zum Positiven eine Möglichkeit darstellt. Dass die Moderne nicht nur Probleme verursacht, sondern ebenfalls Chancen beinhaltet, droht dabei teilweise aus den Augen verloren zu gehen – ein Phänomen, das sich bereits mit der „Dialektik der Aufklärung" von Adorno und Horkheimer zeigte. Angesichts globaler Entwicklungen lassen sich jedoch tatsächlich auch positive Begleiterscheinungen der Moderne feststellen, wie etwa die Reduktion der Kindersterblichkeit, ein Anstieg der Alphabetisierungsrate oder – trotz unsicherer Daten – generell ein Rückgang der Zahl der Menschen, die in extremer Armut leben. Die Kritik der Moderne erscheint somit bisweilen übermäßig absolut, da sie nicht nur mit historischen Katastrophen wie dem Holocaust in Verbindung steht, sondern auch mit der Etablierung der Demokratie und der

Förderung fundamentaler Werte wie Autonomie, soziale Gerechtigkeit und universelle Menschenrechte verbunden ist (Varcoe/Kilminster 2014: 40 f., Rommelspacher 2014: 329 f., Schröder 2019).

Baumans Werk zeichnet sich insbesondere ab den 1990er Jahren nicht nur auf inhaltlicher Ebene aus, sondern ebenfalls durch einen markanten literarischen, teilweise fast poetischen Schreibstil, der über die konventionellen Grenzen der Wissenschaft hinausgeht: Baumans Ansatz liegt jetzt „somewhere between science and literature/art" (Jacobsen/Marshman 2008: 20). Auch Bauman selbst betont wiederholt die Bedeutung der Literatur für seine Arbeit und führt beispielsweise aus, dass er aus den Werken von Autoren wie Tolstoy, Balzac, Dickens, Dostojewski, Kafka oder Thomas More tiefere Einblicke in das Wesen menschlicher Erfahrungen gewonnen habe, als es durch das Studium hunderter soziologischer Studien möglich gewesen wäre (Bauman/Pallares-Burke 2004: 317 f.). Wenngleich soziologische und literarische Texte unterschiedliche Techniken und Vorgehensweisen erfordern mögen, betrachtet er sie dennoch als „Geschwister", die ein gemeinsames Ziel verfolgen: Sie ermöglichen es, den Schleier von Vorurteilen und Annahmen zu lüften und tragen so zur Ermöglichung menschlicher Emanzipation bei (Bauman et al. 2014: 25 f.):

> […] we ought to come as close as the true poets do to the yet hidden human possibilities; and for that reason we need to pierce the walls of the obvious and self-evident, of that prevailing ideological fashion of the day whose commonality is taken for the proof of its sense. Demolishing such walls is as much the sociologist's as the poet's calling, and for the same reason: the walling-up of possibilities belies human potential while obstructing the disclosure of its bluff (Bauman 2000: 203).

In Einklang mit einer solchen Identifikation des Soziologen mit dem Poeten zeigt sich die reichhaltige Verwendung von Metaphern in Baumans Werk, die bis heute von anderen Autorinnen und Autoren immer wieder aufgegriffen werden. Beispiele hierfür sind vor allem die Metaphern des „Gärtnerstaats" und des „Unkrauts", des „Touristen" und des „Vagabunden", aber auch die Unterscheidung zwischen der „soliden" und der „flüchtigen" Moderne selbst.

Obgleich Metaphern wie die genannten nicht als streng wissenschaftlich-empirische „Beweise" betrachtet werden können, besteht ihr Wert doch darin, dass sie den Leser*innen immer wieder neue Perspektiven ermöglichen können. Die Deutung dieser in verschiedensten Zusammenhängen verwendeten Metaphern hängt dabei einerseits stark vom Kontext des Werks und andererseits von der ganz individuellen Interpretation des Lesenden ab, wodurch Letzterer gewissermaßen immer zur eigenständigen Auseinandersetzung mit dem Text

9 Resümee

„gezwungen" wird. Wenngleich somit unmöglich *eine* „richtige" Interpretation der Baumanschen Werke möglich erscheint, so lässt sich anhand der genannten Beispiele doch eine gewisse Vorliebe für dualistische Denkfiguren diagnostizieren, die auf eklatante Polaritäten innerhalb der Moderne hinweisen. Bauman hebt auf diese Weise entschieden zentrale Gegensätze und Extreme der (flüchtigen) Moderne hervor, macht auf sie aufmerksam und sensibilisiert dafür. Die Kehrseite jedoch ist, dass Bauman bisweilen in die Gefahr läuft, die Nuancen solcher Kategorien und Zwischenpositionen zu vernachlässigen (Jacobsen/Marshman 2008: 26, Davis 2008: 142 ff., Best 2013: 105 f., cf. Abschn. 7.4). Exemplarisch kann hier auf die Metapher des Mülls bzw. des Abfalls verwiesen werden, die Bauman in verschiedenen Kontexten nutzt, beispielsweise zunächst um Ambivalenz als Überbleibsel jeder Ordnungsbildung in der Moderne offenzulegen (Abschn. 6.3), später um die „Wegwerfmentalität" von (Liebes-)Beziehungen in der flüchtigen Moderne (Abschn. 8.2) oder die Ausweglosigkeit vieler Geflüchteter in heutigen Lagern zu illustrieren (Abschn. 8.4). Einerseits schafft das drastische Bild des „Mülls" eine dramatische Veranschaulichung, erzeugt Aufmerksamkeit und Irritation und öffnet somit den Blick für das Unbekannte. Andererseits jedoch werden sehr unterschiedliche und komplexe Phänomene auf die gleiche Art beschrieben, was die Prägnanz des Arguments doch wieder zu untergraben droht (Farzin 2016: 152 ff.).

Trotz den zuvor und in den einzelnen Kapiteln diskutierten Kritikpunkten hinterlässt Bauman ein außerordentlich breites und vielschichtiges soziologisches Œuvre, das die aktuelle Forschungslandschaft nachhaltig beeinflusst hat. Dies zeigt sich einerseits in spezifischen Forschungsbereichen, wie der Migrationsforschung, wo das Werk Baumans als zentrale Referenztheorie gilt. Seine durchgehenden Analysen von Ordnungsstrukturen, der Rolle von Nationen und der Mechanismen der Erzeugung und Bekämpfung von Fremdheit, der Produktion von Ausgrenzungen und der Definition von Nichtzugehörigkeit bieten hier wertvolle theoretische Ansatzpunkte (Messerschmidt 2015, Álvarez-Álvarez 2021). Insbesondere aber besitzt das Konzept und die Metapher der „Flüchtigkeit" bis heute starke wissenschaftliche Anziehungskraft, die weit über die Soziologie hinaus, bis hin zu sehr spezifischen Forschungsfeldern, ausstrahlt. Exemplarisch sei hier nur auf Beiträge verwiesen, die nach Baumans Beitrag und der Wirkmächtigkeit dieser Metapher im Bereich der Surveillance Studies, der Theologie oder der Militärwissenschaft fragen (Lyon 2010, Schüßler 2014, Mutschler 2016).

Andererseits übt Baumans Schaffen in der Gegenwart aber insbesondere einen prägenden Einfluss auf die Disziplin der Soziologie im Spezifischen aus, gerade auch in Bezug auf umfassendere, deutlich größer angelegte Studien. Neben den in den einzelnen Kapiteln genannten Beispielen, kann exemplarisch – mit Blick auf den deutschsprachigen Diskurs – an dieser Stelle abschließend Andreas Reckwitz' „Die Gesellschaft der Singularitäten" (2017) angeführt werden, das eine eigenständige Untersuchung zum Strukturwandel der Moderne darstellt und dabei einen spätmodernen Fokus auf das Einzigartige und Besondere fokussiert. Obwohl Reckwitz einen distinkten Ansatz verfolgt, bezieht auch er sich wiederholt auf Baumans Überlegungen, insbesondere in Bezug auf Rationalisierungsprozesse, den Widerstand gegen Irrationales und das Bestreben, die Andersartigkeit des Anderen in einer „ersten" Moderne zu eliminieren (Reckwitz 2017: 29, 45, 273). Bemerkenswert ist darüber hinaus die gemeinsame Berufung auf das Konzept des Neotribalismus nach Maffesoli, das Reckwitz, ähnlich wie Bauman, im Kontext (neo-)nationaler Strömungen und über kleinere Gemeinschaftsformen hinaus als bedeutend erachtet (Pradella 2020: 96 ff.).

Baumans geistiges Erbe lebt also fort, nicht nur in der theoretischen Auseinandersetzung, sondern auch in institutionalisierter Form. Das an der Universität Leeds gegründete Bauman-Institut engagiert sich sowohl für die eingehende Auseinandersetzung mit dem Lebenswerk von Janina und Zygmunt Bauman als auch für die Förderung neuer Studien, vor allem in den Bereichen der Kritischen Theorie. Ein herausragendes Merkmal des Instituts ist die seit 2018 etablierte „Lebendige Bibliographie" (The Bauman Institute). Dieses interaktive Archiv, das in Zusammenarbeit mit dem Institut für Philosophie und Soziologie der Polnischen Akademie der Wissenschaften entwickelt wurde und weiterhin weiterentwickelt wird, zielt darauf ab, Baumans gesamtes Werk – in polnischer und englischer Sprache – systematisch zu erfassen und zu katalogisieren. Als umfangreichste Sammlung dieser Art, die online frei zugänglich ist, stellt es eine unverzichtbare Ressource für zukünftige Forschungen über und im Anschluss an Bauman dar. Diese Bestrebungen unterstreichen das kontinuierliche Bemühen, Baumans intellektuelles Vermächtnis lebendig zu halten und für kommende Generationen von Forschenden zugänglich zu machen.

Literatur

Adorno, Theodor W. et al. (1950): *The Authoritarian Personality*. New York: Harper & Brothers.
Alexander, Jeffrey C. (ed.) (1988): *Durkheimian Sociology: Cultural Studies*. Cambridge: Cambridge University Press.
Álvarez-Álvarez, Elena (2021): "Where the Response to Migration Begins. Zygmunt Bauman's considerations about exile and migration". *Social Review* 3/10: 209–226.
Anderson, Benedict (1983): *Imagined Communities. Reflections on the Origin and Spread of Nationalism*. London, New York: Verso.
Arendt, Hannah (2007 [1964]): *Eichmann in Jerusalem. Ein Bericht von der Banalität des Bösen*. München: Piper.
Baum, Markus/Kron, Thomas (2012): "Von Gärtnern und Jägern – Macht und Herrschaft im Denken Zygmunt Baumans". In: Imbusch, Peter (ed.): *Macht und Herrschaft. Sozialwissenschaftliche Theorien und Konzeptionen*. Wiesbaden: Springer: 335–356.
Baum, Markus/Kron, Thomas (2019): "Zygmunt Bauman und die Kultursoziologie". In: Moebius, Stephan/Nungesser, Frithjof/Scherke, Katharina (eds.): *Handbuch Kultursoziologie. Band 1: Begriffe – Kontexte – Perspektiven – Autor_innen*. Wiesbaden: Springer.
Bauman, Janina (1986): *Winter In The Morning. A Young Girl's Life in the Warsaw Ghetto and Beyond*. London: Virago Press.
Bauman, Janina (1988): *A Dream of Belonging. My years in postwar Poland*. London: Virago.
Bauman, Zygmunt (1964): *Socjologia na co dzień*. Warschau: Iskry.
Bauman, Zygmunt (1968): "Marx and the contemporary theory of culture". *Social science information* 3/7: 19–33.
Bauman, Zygmunt (1972 [1960]): *Between Class and Elite*. Manchester: Manchester University Press.
Bauman, Zygmunt (1976a): *Socialism. The Active Utopia*. London: George Allen & Unwin Ltd.
Bauman, Zygmunt (1976b): *Towards a Critical Sociology. An essay on commonsense and emancipation*. London, Boston: Routledge & Kegan Paul.

Bauman, Zygmunt (1978): *Hermeneutics and Social Science. Approaches to Understanding*. London: Hutchinson & Co.
Bauman, Zygmunt (1981): "On the Maturation of Socialism". *Telos* 47: 48–54.
Bauman, Zygmunt (1982): *Memories of class. The pre-history and after-life of class*. London, Boston, Melbourne, Henley: Routledge & Kegan Paul.
Bauman, Zygmunt (1987): *Legislators and Interpreters. On modernity, post-modernity and intellectuals*. Cambridge, Oxford: Polity Press.
Bauman, Zygmunt (1988a): "On Immoral Reason and Illogical Morality". *Polin* 3: 294–301.
Bauman, Zygmunt (1988b): "Strangers: The Social Construction of Universality and Particularity". *Telos* 78: 7–42.
Bauman, Zygmunt (1989a): *Modernity and the Holocaust*. Cambridge: Polity Press.
Bauman, Zygmunt (1989b): "Sociology and Postmodernity". *The Polish Sociological Bulletin* 3-4 (87-88): 81–98.
Bauman, Zygmunt (1990): *Thinking Sociologically*. Oxford: Blackwell.
Bauman, Zygmunt (1991): *Modernity and Ambivalence*. Cambridge: Polity Press.
Bauman, Zygmunt (1992a): *Intimations of Postmodernity*. London, New York: Routledge.
Bauman, Zygmunt (1992b): *Mortality, Immortality and Other Life Strategies*. Cambridge, Oxford: polity.
Bauman, Zygmunt (1993): *Postmodern Ethics*. Oxford, Cambridge: Blackwell.
Bauman, Zygmunt (1994): "Morality without Ethics". *Theory, Culture & Society* 4/11: 1–34.
Bauman, Zygmunt (1995): *Life in Fragments. Essays in Postmodern Morality*. Oxford, Cambridge: Blackwell.
Bauman, Zygmunt (1996): "From Pilgrim to Tourist – or a Short History of Identity". In: Hall, Stuart/Du Gay, Paul (eds.): *Questions of Cultural Identity*. London, Thousand Oaks, New Delhi, Singapore: SAGE Publications: 18–36.
Bauman, Zygmunt (1997): *Postmodernity and its Discontents*. New York: New York University Press.
Bauman, Zygmunt (1998a): "Allosemitism: Premodern, Modern, Postmodern". In: Cheyette, Bryan/Marcus, Laura (eds.): *Modernity, Culture and 'the Jew'*. Cambridge: Polity Press: 143–156.
Bauman, Zygmunt (1998b): *Globalization. The Human Consequences*. Cambridge, Oxford: polity.
Bauman, Zygmunt (1998c): "On Glocalization: Or Globalization for Some, Localization for Some Others". *Thesis Eleven* 1/54: 37–49.
Bauman, Zygmunt (1998d): "On Postmodern Uses of Sex". *Theory, Culture & Society* 3-4/15: 19–33.
Bauman, Zygmunt (1998e): "What Prospects of Morality in Times of Uncertainty?". *Theory, Culture & Society* 1/15: 11–22.
Bauman, Zygmunt (1998f): *Work, consumerism and the new poor*. Buckingham, Philadelphia: Open University Press.
Bauman, Zygmunt (1999 [1973]): *Culture as Praxis*. London: SAGE Publications.
Bauman, Zygmunt (1999): *In Search of Politics*. Cambridge, Malden: polity.
Bauman, Zygmunt (2000): *Liquid Modernity*. Cambridge, Malden: polity.
Bauman, Zygmunt (2001a): *Community. Seeking Safety in an Insecure World*. Cambridge, Oxford, Malden: polity.

Bauman, Zygmunt (2001b): "On Mass, Individuals, and Peg Communities". *The Sociological Review* 2/49: 102–113.
Bauman, Zygmunt (2001 [1972]): "Praxis: the controversial culture-society paradigm". In: Shanin, Theodor (ed.): *The Rules of the Game. Cross-Disciplinary Essays on Models in Scholarly Thought*. Oxon: Routledge: 303–321.
Bauman, Zygmunt (2001c): *The Individualized Society*. Cambridge, Malden: polity.
Bauman, Zygmunt (2001d): "Wars of the Globalization Era". *European Journal of Social Theory* 1/4: 11–28.
Bauman, Zygmunt (2002): *Society under Siege*. Cambridge, Oxford, Malden: polity.
Bauman, Zygmunt (2003): *Liquid Love*. Cambridge, Malden: polity.
Bauman, Zygmunt (2004a): *Europe. An Unfinished Adventure*. Cambridge, Malden: polity.
Bauman, Zygmunt (2004b): *Identity. Conversations with Benedetto Vecchi*. Cambridge, Malden: polity.
Bauman, Zygmunt (2004c): *Wasted Life. Modernity and its Outcasts*. Cambridge, Oxford, Malden: polity.
Bauman, Zygmunt (2006): *Liquid Fear*. Cambridge, Malden: polity.
Bauman, Zygmunt (2007a): *Consuming Life*. Cambridge, Malden: polity.
Bauman, Zygmunt (2007b): *Liquid Times. Living in an Age of Uncertainty*. Cambridge, Malden: polity.
Bauman, Zygmunt (2008a): "Bauman on Bauman: Pro Domo Sua". In: Jacobsen, Michael Hviid/Poder, Poul (eds.): *The Sociology of Zygmunt Bauman. Challenges and Critique*. Hampshire, Burlington: Ashgate: 231–240.
Bauman, Zygmunt (2008b): "Happiness in a society of individuals". *Soundings* 38: 19–28.
Bauman, Zygmunt (2008c): *The Art of Live*. Cambridge, Malden: polity.
Bauman, Zygmunt (2010): "Conclusion: The Triple Challenge". In: Davis, Mark/Tester, Keith (eds.): *Bauman's Challenge. Sociological Issues for the 21st Century*. Basingstoke, New York: Palgrave: 200–205.
Bauman, Zygmunt (2011a): *Collateral Damage. Social Inequalities in a Global Age*. Cambridge, Malden: Polity Press.
Bauman, Zygmunt (2011b): "From Agora to the Marketplace, and Whereto from Here?". *Journal of Globalization Studies* 1/2: 3–14.
Bauman, Zygmunt (2013): *Does the Richness of the Few Benefit Us All?* Cambridge, Malden: polity.
Bauman, Zygmunt (2016): *Strangers at our door*. Cambridge, Malden: polity.
Bauman, Zygmunt (2017): *Retrotopia*. Cambridge, Malden: polity.
Bauman, Zygmunt (2018): "Concluding remarks to Volume 1: what is old and what is new in the dialectic of 'us' and 'them'?". In: Ledeneva, Alena et al. (eds.): *Global Encyclopaedia of Informality, Volume 1. Towards Understanding of Social and Cultural Complexity*. London: UCL Press: 385–388.
Bauman, Zygmunt (2018 [1968]): *Sketches in the Theory of Culture*. Cambridge, Medford: polity.
Bauman, Zygmunt (2021): "Culture, Values and Science of Society (1972)". In: Brzeziński, Dariusz: Davis, Mark/Palmer, Jack/Campbell, Tom (eds.): *Culture and Art. Selected Writings, Volume 1*. Cambridge, Medford: Polity Press: 67–83.
Bauman, Zygmunt/Attwood, Feona (2018): "Interview with Zygmunt Bauman". *Sexualities* 1-2/21: 131–138.

Bauman, Zygmunt/Bardmann, Theodor M. (1997): "Postmoderne als Chance der Moderne". In: Bardmann, Theodor M. (ed.): *Zirkuläre Positionen. Konstruktivismus als praktische Theorie*. Opladen: Westdeutscher Verlag: 121–128.

Bauman, Zygmunt/Bordoni, Carlo (2014): *State of Crisis*. Cambridge, Malden: polity.

Bauman, Zygmunt/Gane, Nicholas (2004): "Zygmunt Bauman: Liquid Sociality". In: Gane, Nicholas (ed.): *The Future of Social Theory*. London, New York: Continuum: 17–46.

Bauman, Zygmunt/Jacobsen, Michael Hviid (2014): "Sociology and happiness: An interview with Zygmunt Bauman". *The Journal of Happiness & Well-Being* 1/2: 85–94.

Bauman, Zygmunt/Jacobsen, Michael Hviid/Tester, Keith (2014): *What Use Is Sociology?* Cambridge, Malden: Polity Press.

Bauman, Zygmunt/Lyon, David (2013): *Liquid Surveillance*. Cambridge, Malden: polity.

Bauman, Zygmunt/May, Tim (2001): *Thinking sociologically*. Malden, Oxford, Carlton: Blackwell.

Bauman, Zygmunt/Pallares-Burke, Maria Lúcia Garcia (2004): "Entrevista com Zigmunt Bauman". *Tempo Social* 1/16: 301–325.

Bauman, Zygmunt/Stiks, Igor (2012): *The Past of Central Europe is the Future of Europe, an Interview with Zygmunt Bauman*. https://www.pure.ed.ac.uk/ws/portalfiles/portal/14183647/Past_of_Central_Europe_is_the_Future_of_Europe.pdf (20.12.2024).

Bauman, Zygmunt/Tester, Keith (2001): *Conversations with Zygmunt Bauman*. Cambridge, Oxford, Malden: Polity Press.

Bauman, Zygmunt/Tester, Keith (2007): "On the postmodernism debate". In: Goulimari, Pelagia (ed.): *Postmodernism. What Moment?* Manchester: Manchester University Press: 22–31.

Beck, Ulrich (2001): "Das Zeitalter des "eigenen Lebens". Individualisierung als "paradoxe Sozialstruktur" und andere offene Fragen". *Aus Zeitgeschichte und Politik* 29: 3–6.

Bedorf, Thomas (2003): *Der Dritte als Scharnier zwischen Ethischem und Politischem. Sozialphilosophische Überlegungen*. https://ub-deposit.fernuni-hagen.de/receive/mir_mods_00000807 (01.08.2024).

Beilharz, Peter (1998): "Reading Zygmunt Bauman: Looking for Clues". *Thesis Eleven* 1/54: 25–36.

Beilharz, Peter (2000): *Zygmunt Bauman. Dialectic of Modernity*. London, Thousand Oaks, New Delhi: Sage.

Beilharz, Peter (2014): "Baumans Moderne". In: Junge, Matthias/Kron, Thomas (eds.): *Zygmunt Bauman. Soziologie zwischen Postmoderne, Ethik und Gegenwartsdiagnose*. Wiesbaden: Springer VS: 215–230.

Beilharz, Peter (2016): "The Power of Culture: A Map, a Manifesto and a Message in a Bottle". *Prace Kulturoznawcze* 20: 19–28.

Beilharz, Peter (2020): *Intimacy in postmodern times. A friendship with Zygmunt Bauman*. Manchester: Manchester University Press.

Benjamin, Walter (1991 [1940]): "Über den Begriff der Geschichte". In: Tiedemann, Rolf/Schweppenhäuser, Hermann (eds.): *Walter Benjamin. Gesammelte Schriften I*. Frankfurt am Main: Suhrkamp: 691–704.

Best, Shaun (2013): *Zygmunt Bauman. Why Good People do Bad Things*. London, New York: Routledge.

Best, Shaun (2019): "Liquid Love: Zygmunt Bauman's thesis on sex revisited". *Sexualities* 7-8/22: 1094–1109.

Best, Shaun (2020): *The Emerald Guide to Zygmunt Bauman*. Bingley: Emerald.
Bielefeld, Ulrich/Bauman, Zygmunt (2002): "Conversation with Janina and Zygmunt Bauman". *Thesis Eleven* 70: 113–117.
Blackshaw, Tony (2005): *Zygmunt Bauman*. Oxon, New York: Routledge.
Blackshaw, Tony (2016): "Introduction". In: Blackshaw, Tony (ed.): *The new Bauman reader. Thinking sociologically in liquid modern times*. Manchester: Manchester University Press: 3–25.
Błesznowski, Bartłomiej (2022): "Ethical Resistance: Modernity, Revisionism, and the Warsaw School of the History of Ideas". *East European Politics and Societies: and Cultures* 2/36: 465–485.
Bogdal, Klaus-Michael (2014): "Überwachen und Strafen". In: Kammer, Clemens/Parr, Rolf/Schneider, Ulrich Johannes (eds.): *Foucault Handbuch*. Stuttgart, Weimar: J. B. Metzler: 68–80.
Bogusz, Tanja/Delitz, Heike (2013): "Renaissance eines penseur maudit: Émile Durkheim zwischen Soziologie, Ethnologie und Philosophie". In: Bogusz, Tanja/Delitz, Heike (eds.): *Émile Durkheim. Soziologie – Ethnologie – Philosophie*. Frankfurt, New York: Campus: 11–43.
Bonazzi, Giuseppe (2014): *Geschichte des organisatorischen Denkens*. Wiesbaden: Springer VS.
Bourdieu, Pierre (1998): "Prekarität ist überall". In: Bourdieu, Pierre (ed.): *Gegenfeuer. Wortmeldungen im Dienste des Widerstands gegen die neoliberale Invasion*. Konstanz: Universitätsverlag Konstanz: 96–102.
Branaman, Ann (2007): "Gender and sexualities in liquid modernity". In: Elliott, Anthony (ed.): *The Contemporary Bauman*. Oxon, New York: Routledge: 117–135.
Brown, Nicole Marie (2018): "Intersectional political consumerism: Re-examining consumer strategies of The Woodlawn Organization and Jobs or Income Now during the Chicago Welfare Rights Era". *Journal of Consumer Culture* 2/21: 180–199.
Brzezinski, Dariusz (2017): "Human Praxis, Alternative Thinking, and Heterogeneous Culture – Zygmunt Bauman's Revisionist Thought". *Hybris* 37: 61–80.
Brzeziński, Dariusz (2018 [1968]): "A Message in a Bottle: on the Recovered Work of Zygmunt Bauman". In: *Sketches in the Theory of Culture*. Cambridge, Medford: polity: vii–xxv.
Brzeziński, Dariusz (2022): *Zygmunt Bauman and the Theory of Culture*. Québec: McGill-Queen's University Press.
Buttigieg, Joseph A. (1995): "Gramsci on Civil Society". *boundary 2* 3/22: 1–32.
Campain, Robert (2008): "Bauman on Power – From 'Solid' to 'Light'?". In: Jacobsen, Michael Hviid/Poder, Poul (eds.): *The Sociology of Zygmunt Bauman. Challenges and Critique*. Hampshire, Burlington: Ashgate: 193–208.
Cohen, Stanley (1972): *Folk Devils and Moral Panics. The creation of the Mods and Rockers*. London: MacGibbon & Kee Ltd.
Crouch, Colin (2004): *Post-Democracy*. Cambridge, Malden: Polity Press.
Crouch, Colin (2021): *Postdemokratie revisited*. Berlin: Suhrkamp.
Davis, Mark (2008): "Bauman on Globalization – The Human Consequences of a Liquid World". In: Jacobsen, Michael Hviid/Poder, Poul (eds.): *The Sociology of Zygmunt Bauman. Challenges and Critique*. Hampshire, Burlington: Ashgate: 137–154.

Davis, Mark (2020): "Hermeneutics contra fundamentalism: Zygmunt Bauman's method for thinking in dark times". *Thesis Eleven* 1/156: 27–44.

Dawes, Simon (2016): "Introduction to Michel Maffesoli's 'From society to tribal communities'". *The Sociological Review* 4/64: 734–738.

Dawson, Matt (2017): "Keeping other options alive: Zygmunt Bauman, hermeneutics and sociological alternatives". In: Jacobsen, Michael Hviid (ed.): *Beyond Bauman. Critical engagements and creative excursions*. Oxon: Routledge: 224–242.

Dawson, Matt (2019): "Sketches in the Theory of Culture, Zygmunt Bauman". *European Journal of Social Theory* 3/22: 432–436.

Deutschmann, Christoph (2019): "Die Marx'sche Klassentheorie – oft totgesagt, aktueller denn je". *Leviathan* 1/47: 102–116.

Douglas, Mary (1966): *Purity and Danger*. London: Routledge & Kegan Paul.

Edemariam, Aida (2007): "Professor with a past". *The Guardian*.

Elias, Norbert (2006 [1970]): *Was ist Soziologie?* Berlin: Suhrkamp. (=*Norbert Elias – Gesammelte Schriften* Band 5).

Elliott, Anthony (2007): "The Theory of Liquid Modernity: A Critique of Bauman's Recent Sociology". In: Elliott, Anthony (ed.): *The Contemporary Bauman*. Oxon, New York: Routledge: 46–62.

Evans, David (1997): "Michel Maffesoli's sociology of modernity and portmodernity". *The Sociological Review* 2/45: 220–243.

Farzin, Sina (2016): "„Der Auswurf, Abfall, Abhub aller Klassen" – Müllmetaphorik und Ungleichheit in der soziologischen Zeitdiagnose". In: Junge, Matthias (ed.): *Metaphern soziologischer Zeitdiagnosen*. Wiesbaden: Springer: 143–160.

Fine, Robert (2000): "Hannah Arendt: Politics and Understanding after the Holocaust". In: Fine, Robert/Turner, Charles (eds.): *Social Theory after the Holocaust*. Liverpool: Liverpool University Press: 19–46.

Flügel-Martinsen, Oliver (2018): "Fehlt Marx eine Theorie des Politischen? Marx' politische Kritik und die postmarxistische Marx-Kritik". In: Bohlender, Matthias/Schönfelder, Anna-Sophie/Spekker, Matthias (eds.): *Kritik im Handgemenge. Die Marx'sche Gesellschaftskritik als politischer Einsatz*. Bielefeld: transcript: 245–264.

Flügel-Martinsen, Oliver (2020): *Radikale Demokratietheorien*. Hamburg: Junius Verlag.

Foucault, Michel (1977 [1975]): *Überwachen und Strafen. Die Geburt des Gefängnisses*. Frankfurt am Main: Suhrkamp.

Gdula, Maciey (2017): "The Warsaw School of Marxism". *Stanrzecy* 2/13: 197–225.

Gellner, Ernest (1983): *Nations and Nationalism*. New York: Cornell University Press.

Giddens, Anthony (1984): *The Constitution of Society*. Berkeley: University of California Press.

Giddens, Anthony (1986): *Sociology. A brief but critical introduction*. Basingstoke, London: Macmillan.

Goschler, Constantin (2020): "Die Postmoderne und der Holocaust. Ein Rückblick auf Zygmunt Baumans modernen Gärtnerstaat". In: Platt, Kristin (ed.): *Fehlfarben der Postmoderne. Weiter-Denken mit Zygmunt Bauman*. Weilerswist: Velbrück Wissenschaft: 71–86.

Hirst, Benjamin Adam (2014): "After Lévinas: Assessing Zygmunt Bauman's 'ethical turn'". *European Journal of Social Theory* 2/17: 184–198.

Literatur

Hobsbawm, Eric J. (1990): *Nations and Nationalism since 1780*. Cambridge: Cambridge University Press.

Horkheimer, Max/Adorno, Theodor W. (1988 [1947]): *Dialektik der Aufklärung. Philosophische Fragmente*. Frankfurt am Main: Fischer.

Illouz, Eva (2024): *Explosive Moderne*. Berlin: Suhrkamp.

Imbusch, Peter (2014): "Schattenseiten der Moderne: Zygmunt Baumans Perspektive auf den Stalinismus". In: Junge, Matthias/Kron, Thomas (eds.): *Zygmunt Bauman. Soziologie zwischen Postmoderne, Ethik und Gegenwartsdiagnose*. Wiesbaden: Springer VS: 119–152.

Imbusch, Peter (2020): "Die Bedeutung Zygmunt Baumans für die sozialwissenschaftliche Gewaltforschung". In: Platt, Kristin (ed.): *Fehlfarben der Postmoderne. Weiter-Denken mit Zygmunt Bauman*. Weilerswist: Velbrück Wissenschaft: 87–110.

Jacobsen, Michael Hviid (2016): "Zygmunt Bauman – An Ambivalent Utopian". *Revue Internationale de Philosophie* 277 (3)/70: 347–364.

Jacobsen, Michael Hviid/Hansen, Claus D. (2017): "Critical theory old and new. Theodor W. Adorno meets Zygmunt Bauman in the shopping mall". In: Jacobsen, Michael Hviid (ed.): *Beyond Bauman. Critical engagements and creative excursions*. Oxon: Routledge: 107–135.

Jacobsen, Michael Hviid/Marshman, Sophia (2008): "Bauman on Metaphors – A Harbinger of Humanistic Hybrid Sociology". In: Jacobsen, Michael Hviid/Poder, Poul (eds.): *The Sociology of Zygmunt Bauman. Challenges and Critique*. Hampshire, Burlington: Ashgate: 19–40.

Jaeggi, Rahel (2023): *Fortschritt und Regression*. Berlin: Suhrkamp.

Jäger, Anton (2023): *Hyperpolitik. Extreme Politisierung ohne politische Folgen*. Berlin: Suhrkamp.

Junge, Matthias (2000): *Ambivalente Gesellschaftlichkeit. Die Modernisierung der Vergesellschaftung und die Ordnungen der Ambivalenzbewältigung*. Opladen: Leske + Budrich.

Junge, Matthias (2006): *Zygmunt Bauman: Soziologie zwischen Moderne und Flüchtiger Moderne*. Wiesbaden: VS Verlag.

Junge, Matthias (2008): "Bauman on Ambivalence – Fully Acknowledging the Ambiguity of Ambivalence". In: Jacobsen, Michael Hviid/Poder, Poul (eds.): *The Sociology of Zygmunt Bauman. Challenges and Critique*. Hampshire, Burlington: Ashgate: 41–58.

Junge, Matthias (2014): "Ambivalenz: eine Schlüsselkategorie der Soziologie von Zygmunt Bauman". In: Junge, Matthias/Kron, Thomas (eds.): *Zygmunt Bauman. Soziologie zwischen Postmoderne, Ethik und Gegenwartsdiagnose*. Wiesbaden: Springer VS: 69–88.

Junge, Matthias/Kron, Thomas (2014a): "Zur Einleitung: Zygmunt Bauman im Kontext soziologischer Diskurse". In: Junge, Matthias/Kron, Thomas (eds.): *Zygmunt Bauman. Soziologie zwischen Postmoderne, Ethik und Gegenwartsdiagnose*. Wiesbaden: Springer VS: 1–15.

Junge, Matthias/Kron, Thomas (eds.) (2014b): *Zygmunt Bauman. Soziologie zwischen Postmoderne, Ethik und Gegenwartsdiagnose*. Wiesbaden: Springer VS.

Kastner, Jens (2000): *Politik und Postmoderne. Libertäre Aspekte in der Soziologie Zygmunt Baumans*. Münster: Unrast.

Kastner, Jens (2007): "Im Kampf gegen Linke. Zum Umgang mit der Vergangenheit des Soziologen Zygmunt Bauman". *graswurzelrevolution* 319: 17.

Keller, Reiner (2011): "Michel Maffesoli: Die Wiederkehr der Stämme in der Postmoderne". In: Moebius, Stephan/Quadflieg, Dirk (eds.): *Kultur. Theorien der Gegenwart*. Wiesbaden: VS Verlag für Sozialwissenschaften: 251–262.

Kellner, Douglas (1998): "Zygmunt Bauman's Postmodern Turn". *Theory, Culture & Society* 1/15: 73–86.

Kilminster, Richard/Varcoe, Ian (1996): "Addenum: Culture and Power in the Writings of Zygmunt Bauman". In: Kilminster, Richard/Varcoe, Ian (eds.): *Culture, Modernity and Revolution. Essays in Honour of Zygmunt Bauman*. London, New York: Routledge: 215–257.

Knöbl, Wolfgang (2020): "Was ist »modern« an Baumans »Moderne«?". In: Platt, Kristin (ed.): *Fehlfarben der Postmoderne. Weiter-Denken mit Zygmunt Bauman*. Weilerswist: Velbrück Wissenschaft: 21–38.

Kohn, Hans (1955): *Nationalism: Its Meaning and History*. Princeton: Princeton University Press.

Kron, Thomas (2000): "Postmoderne Ethik und Individualisierung". In: Kron, Thomas (ed.): *Individualisierung und soziologische Theorie*. Wiesbaden: Springer: 219–239.

Kron, Thomas (2001): *Moralische Individualität. Eine Kritik der postmodernen Ethik von Zygmunt Bauman und ihrer soziologischen Implikationen für eine soziale Ordnung durch Individualisierung*. Opladen: Leske + Budrich.

Kron, Thomas (2014): "Individualisierung und Entfremdung: Hoffnung oder Verhängnis für ethisches Handeln?". In: Junge, Matthias/Kron, Thomas (eds.): *Zygmunt Bauman. Soziologie zwischen Postmoderne, Ethik und Gegenwartsdiagnose*. Wiesbaden: Springer VS: 297–326.

Kurz, Heinz D. (2018): "Hin zu Marx und über ihn hinaus". *Perspektiven der Wirtschaftspolitik* 3/19: 245–265.

Laclau, Ernesto (1990): *New Reflections on The Revolution of Our Time*. London, New York: Verso.

Laclau, Ernesto/Mouffe, Chantal (2001 [1985]): *Hegemony and Socialist Strategy. Towards a Radical Democratic Politics*. London, New York: Verso.

Laclau, Ernesto/Mouffe, Chantal/Zournazi, Mary (2002): "Hope, Passion, Politics". In: Zournazi, Mary (ed.): *Hope. New Philosophies for Change*. Annandale, New York, London: Routledge: 122–149.

Lee, Raymond L.M. (2011): "Modernity, Solidity and Agency: Liquidity Reconsidered". *Sociology* 4/45: 650–664.

Lévinas, Emmanuel (1987 [1961]): *Totalität und Unendlichkeit*. Freiburg, München: Karl Alber.

Lévinas, Emmanuel (1996 [1963]): *Schwierige Freiheit. Versuch über das Judentum*. Frankfurt/Main: Jüdischer Verlag.

Lévinas, Emmanuel (1999 [1957]): "Die Philosophie und die Idee des Unendlichen". In: Krewani, Wolfgang Nikolaus (ed.): *Die Spur des Anderen: Untersuchungen zur Phänomenologie und Sozialphilosophie*. Freiburg, München: Alber: 185–208.

Lévi-Strauss, Claude (1992 [1949]): *Die elementaren Strukturen der Verwandtschaft*. Berlin: Suhrkamp.

Lyon, David (2010): "Liquid Surveillance: The Contribution of Zygmunt Bauman to Surveillance Studies". *International Political Sociology* 4/4: 325–338.

Lyotard, Jean-François (1982): *Das postmoderne Wissen*. Bremen: Impuls Assoziation.

Maffesoli, Michel (1988): *Le Temps des tribus*. Paris: Méridiens-Klincksieck.

Marchart, Oliver (2013): *Die Prekarisierungsgesellschaft. Prekäre Proteste. Politik und Ökonomie im Zeichen der Prekarisierung.* Bielefeld: transcript.
Maréchal, Nathalie (2015): "First They Came for the Poor: Surveillance of Welfare Recipients as an Uncontested Practice". *Media and Communication* 3/3: 56–67.
Mathiesen, Thomas (1997): "The viewer society. Michel Foucault's 'Panopticon' revisited". *Theoretical Criminology* 2/1.
Mau, Steffen/Lux, Thomas/Westheuser, Linus (2023): *Triggerpunkte. Konsens und Konflikt in der Gegenwartsgesellschaft.* Berlin: Suhrkamp.
Messerschmidt, Astrid (2015): "Fremd machen. Zygmunt Baumans Retrospektionen moderner nationaler Zugehörigkeitsordnungen". In: Reuter, Julia/Mecheril, Paul (eds.): *Schlüsselwerke der Migrationsforschung. Pionierstudien und Referenztheorien.* Wiesbaden: Springer: 215–230.
Meyer, Annette (2018): *Die Epoche der Aufklärung.* Berlin, Boston: Walter de Gruyter.
Moebius, Stephan (2001): *Postmoderne Ethik und Sozialität. Beitrag zu einer soziologischen Theorie der Moral.* Stuttgart: ibidem.
Moebius, Stephan (2009): "Strukturalismus/Poststrukturalismus". In: Kneer, Georg/Schroer, Markus (eds.): *Handbuch Soziologische Theorien.* Wiesbaden: VS Verlag für Sozialwissenschaften: 419–444.
Moebius, Stephan (2014): "Die Synthese zwischen postmoderner Soziologie und Gesellschaftskritik". In: Junge, Matthias/Kron, Thomas (eds.): *Zygmunt Bauman. Soziologie zwischen Postmoderne, Ethik und Gegenwartsdiagnose.* Wiesbaden: Springer VS: 363–378.
Moebius, Stephan (2020): *Kultursoziologie.* Bielefeld: transcript.
Mouffe, Chantal (2005): *On the Political.* London, New York: Routledge.
Mutschler, Max M. (2016): "On the Road to Liquid Warfare? Revisiting Zygmunt Bauman's thoughts on liquid modernity in the context of the "new Western way of war"". *BICC Working Paper* 3.
Obinger, Herbert/Petersen, Klaus (2019): "Die historische Entwicklung des Wohlfahrtsstaates: Von den Anfängen bis zum Ende des Goldenen Zeitalters". In: Obinger, Herbert/Schmidt, Manfred G. (eds.): *Handbuch Sozialpolitik.* Wiesbaden: Springer: 9–32.
Offe, Claus/Mückenberger, Ulrich/Ostner, Ilona (1989): "Das staatlich garantierte Grundeinkommen – Ein sozialpolitisches Gebot der Stunde". In: Krämer, Hans Leo/Leggewie, Claus (eds.): *Wege ins Reich der Freiheit. André Gorz zum 65. Geburtstag.* Berlin: Rotbuch: 247–278.
Palmer, Jack (2023): *Zygmunt Bauman and the West. A Sociology of Intellectual Exile.* Montreal, London, Chicago: McGill-Queen's University Press.
Palmer, Jack/Brzeziński, Dariusz (eds.) (2022): *Revisiting Modernity and the Holocaust. Heritage, Dilemmas, Extensions.* London, New York: Routledge.
Phillips, D. C. (1992): *The Social Scientist's Bestiary.* Oxford, New York, Seoul, Tokyo: Pergamon Press.
Platt, Kristin (ed.) (2020): *Fehlfarben der Postmoderne. Weiter-Denken mit Zygmunt Bauman.* Weilerswist: Velbrück Wissenschaft.
Pradella, Marian (2020): "Universalismus und partikulare Neogemeinschaftlichkeit in der zivilen Sphäre der Spätmoderne". *Zeitschrift für Kultur- und Kollektivwissenschaft* 1/6: 79–110.
Pradella, Marian (2023): *Hegemonialer Kampf um die öffentliche Sphäre.* Wiesbaden: Springer.

Ramin, Lucas von (2022): *Politik der Ungewissheit. Grenzen postmoderner Sozialphilosophie in Anschluss an Richard Rorty, Zygmunt Bauman und Oliver Marchart*. Bielefeld: transcript.
Rancière, Jacques (2014 [1995]): *Das Unvernehmen. Politik und Philosophie*. Frankfurt am Main: Suhrkamp.
Rattansi, Ali (2017a): *Bauman and contemporary sociology. A critical analysis*. Manchester: Manchester University Press.
Rattansi, Ali (2017b): "Race, imperialism and gender in Zygmunt Bauman's sociology: Partial absences, serious consequences". In: Jacobsen, Michael Hviid (ed.): *Beyond Bauman. Critical engagements and creative excursions*. Oxon: Routledge: 65–85.
Ray, Larry (2007): "From postmodernity to liquid modernity. What's in a metaphor?". In: Elliott, Anthony (ed.): *The Contemporary Bauman*. Oxon, New York: Routledge: 63–80.
Reckwitz, Andreas (2000): *Die Transformation der Kulturtheorien. Zur Entwicklung eines Theorieprogramms*. Weilerswist: Velbrück Wissenschaft.
Reckwitz, Andreas (2008): *Unscharfe Grenzen. Perspektiven der Kultursoziologie*. Bielefeld: transcript.
Reckwitz, Andreas (2017): *Die Gesellschaft der Singularitäten. Zum Strukturwandel der Moderne*. Berlin: Suhrkamp.
Reese-Schäfer, Walter (2020): "Warum alle Zygmunt Bauman lesen, den Soziologen der Postmoderne". In: Platt, Kristin (ed.): *Fehlfarben der Postmoderne. Weiter-Denken mit Zygmunt Bauman*. Weilerswist: Velbrück Wissenschaft: 53–70.
Ritzer, Georg (1993): *The McDonaldization of Society*. Thousand Oaks: Pine Forge Press.
Ritzer, Georg/Murphy, James (2014): "Festes in einer Welt der Flusses: Die Beständigkeit der Moderne in einer zunehmend postmodernen Welt". In: Junge, Matthias/Kron, Thomas (eds.): *Zygmunt Bauman. Soziologie zwischen Postmoderne, Ethik und Gegenwartsdiagnose*. Wiesbaden: Springer VS: 45–68.
Robertson, Roland (1995): "Glocalization: Time-Space and Homogeneity-Heterogeneity". In: Featherstone, Mike/Lash, Scott M./Robertson, Roland (eds.): *Global Modernities*. London, Thousand Oaks, New Delhi: Sage: 25–44.
Rommelspacher, Birgit (2014): "Ethik in der Postmoderne – Grenzen einer soziologischen Theorie". In: Junge, Matthias/Kron, Thomas (eds.): *Zygmunt Bauman. Soziologie zwischen Postmoderne, Ethik und Gegenwartsdiagnose*. Wiesbaden: Springer VS: 327–340.
Rorty, Richard (1998): *Achieving our Country. Leftist Thought in Twentieth-Century*. Cambridge, London: Harvard University Press.
Roth, Reiner (2018): *Marx und die "universalen" Menschenrechte*. http://www.dvs-buch.de/pdf/marx_menschenrechte_A5.pdf (20.12.2024).
Saussure, Ferdinand de (1959 [1916]): *Course in General Linguistics*. New York: The Philosophical Library.
Schröder, Martin (2019): "Der blinde Fleck der Soziologie. Das Leben wird besser, doch niemand spricht darüber". *Soziologie* 1/48: 52–63.
Schroer, Markus (2010): "Kultursoziologie". In: Kneer, Georg/Schroer, Markus (eds.): *Handbuch Spezielle Soziologien*. Wiesbaden: VS Verlag für Sozialwissenschaften: 197–220.
Schüßler, Michael (2014): "Liquid church als Ereignis-Ekklesiologie. Über Verflüssigungsprozesse in Leben, Lehre und Kirche". *Zeitschrift für Pastoraltheologie* 2/34: 25–43.
Schütz, Alfred/Luckmann, Thomas (2003): *Strukturen der Lebenswelt*. Konstanz: UVK Verlagsgesellschaft.

Segre, Sandro (2020): *Bauman, Elias and Latour on Modernity and Its Alternatives.* London, New York: Anthem Press.
Sigusch, Volkmar (2019): *Kritische Sexualwissenschaft: Ein Fazit.* Frankfurt/Main: Campus.
Simmel, Georg (1908): *Soziologie. Untersuchungen zu den Formen der Vergesellschaftung.* Leipzig: Duncker & Humblot.
Smith, Dennis (1999): *Zygmunt Bauman. Prophet of Postmodernity.* Cambridge, Oxford, Malden: Polity Press.
Smith, Philip/Alexander, Jeffrey C. (2005): "Introduction: the new Durkheim". In: Smith, Philip/Alexander, Jeffrey C. (eds.): *The Cambridge Companion to Durkheim.* New York: Cambridge University: 1–37.
Stegmaier, Werner (2009): *Emmanuel Levinas. Zur Einführung.* Hamburg: Junius.
Straub, Jürgen (2020): "Ordnung, Reinheit, Identität und ihre Au!ösung. Zygmunt Baumans Ideen von Mensch und Moral in der Post-/Moderne". In: Platt, Kristin (ed.): *Fehlfarben der Postmoderne. Weiter-Denken mit Zygmunt Bauman.* Weilerswist: Velbrück Wissenschaft: 111–203.
Tester, Keith (2002): "Paths in Zygmunt Bauman's Social Thought". *Thesis Eleven* 70: 55–71.
Tester, Keith (2004): *The Social Thought of Zygmunt Bauman.* New York: Palgrave.
Tester, Keith (2006): "Intellectual Immigration and the English Idiom". *Polish Sociological Review* 3/155: 275–291.
Tester, Keith (2018): "On repetition in the work of Zygmunt Bauman". *Thesis Eleven* 1/149: 104–118.
The Bauman Institute: *Zygmunt Bauman Living Bibliography.* https://baumaninstitute.leeds.ac.uk/bauman-archive/living-bibliography/ (20.12.2024).
Turner, Charles (2010): *Investigating Sociological Theory.* London, Thousand Oaks, New Delhi, Singapore: Sage.
Varcoe, Ian/Kilminster, Richard (2014): "Zygmunt Baumans Sozialkritik: Themenstellungen und Kontinuitäten". In: Junge, Matthias/Kron, Thomas (eds.): *Zygmunt Bauman. Soziologie zwischen Postmoderne, Ethik und Gegenwartsdiagnose.* Wiesbaden: Springer VS: 19–44.
Wagner, Izabela (2020): *Bauman: A Biography.* Cambridge, Medford: Polity Press.
Walsh, Peter W./Lehmann, David (2015): *Problematic elements in the scholarship of Zygmunt Bauman.* https://www.academia.edu/15031047/Problematic_Elements_in_the_Scholarship_of_Zygmunt_Bauman (20.12.2024).
Weaver, Simon (2016): "Strangers, 'Others' and the Unstable Metaphors of Race Representation in Liquid Modernity: The Case of the Gypsy Weddings". In: Davis, Mark (ed.): *Liquid Sociology. Metaphor in Zygmunt Bauman's Analysis of Modernity.* Oxon, New York: Routledge: 121–138.
Weber, Max (1972 [1920/21]): *Wirtschaft und Gesellschaft. Grundriss der verstehenden Soziologie.* Tübingen: Mohr Siebeck.
Weber, Max (2016 [1904/1905]): *Die protestantische Ethik und der „Geist" des Kapitalismus.* Wiesbaden: Springer.
Welsch, Wolfgang (2008 [1997]): *Unsere postmoderne Moderne.* Berlin: Akademie Verlag.
Welzer, Harald/Bauman, Zygmunt (2002): "On the Rationality of Evil". *Thesis Eleven* 1/70: 100–112.

Weyand, Jan (2020): "Einschließen und Ausschließen. Zur Einsperrung von Menschen in modernen Sozialordnungen". In: Platt, Kristin (ed.): *Fehlfarben der Postmoderne. Weiter-Denken mit Zygmunt Bauman*. Weilerswist: Velbrück Wissenschaft: 289–303.

Zajko, Mike (2023): "Automated Government Benefits and Welfare Surveillance". *Surveillance & Society* 3/21: 246–258.

The manufacturer's authorised representative in the EU is Springer Nature Customer Service Centre GmbH, Europaplatz 3, 69115 Heidelberg, Germany. If you have any concerns regarding our products, please contact ProductSafety@springernature.com

Printed and bound by CPI Group (UK) Ltd, Croydon, CR0 4YY

26/03/2026

02078935-0002